小学语文新课程教学研究

于人杰　刘华丽 ◎ 著

吉林出版集团股份有限公司 | 全国百佳图书出版单位

图书在版编目（CIP）数据

小学语文新课程教学研究 / 于人杰，刘华丽著. --
长春：吉林出版集团股份有限公司，2021.11
ISBN 978-7-5731-0684-1

Ⅰ. ①小… Ⅱ. ①于… ②刘… Ⅲ. ①小学语文课—
教学研究 Ⅳ. ①G623.202

中国版本图书馆 CIP 数据核字(2021)第 235035 号

XIAOXUE YUWEN XINKECHENG JIAOXUE YANJIU
小学语文新课程教学研究

著　　者 / 于人杰　刘华丽
出 版 人 / 吴　强
责任编辑 / 朱子玉
责任校对 / 王　红
封面设计 / 博健文化
开　　本 / 787mm×1092mm　　1/16
字　　数 / 357千字
印　　张 / 15.75
印　　数 / 1-100册
版　　次 / 2022 年 6 月第 1 版
印　　次 / 2022 年 6 月第 1 次印刷

出　　版 / 吉林出版集团股份有限公司
发　　行 / 吉林音像出版社有限责任公司
地　　址 / 吉林省长春市福祉大路5788号龙腾国际大厦A座
印　　刷 / 三河市嵩川印刷有限公司

ISBN 978-7-5731-0684-1　　　定价 / 55.00 元

内容简介

在新课程理念下，语文课堂教学要彻底摒弃传统教学观念的束缚，要关注学生学习的发展性，尽量呵护学生创新的灵性；关注学生学习方式的探究性，营造小学语文教学论文自由探索的空间；关注学生的互动性，提高学生在学习活动中的参与率；关注语文学习的社会性，把语文学习引向社会和生活；关注学生的学习过程，宽容地对待学生在学习中出现的挫折和失败。

小学语文课程作为九年义务教育的基础课程，教学质量的提高和新型教育模式探索是每一位小学语文教师都在思考、研究的问题。语言文字是人类生活中最重要的交流工具和信息传递的载体，是人类文化组成的重要部分。语言文字的运用存在于人类社会生活的各个领域当中，而语文课程就是这样一门学习语言文字综合运用和实践的课程。因此在新课程体系要求下，需要进一步奠定语文课程在教育领域的重要地位。

在平时的语文教学活动中我们应有意识地、系统地培养学生"发现问题、提出问题、解决问题"的能力，并以此为起点开展研究性学习，培养学生收集、处理和利用信息的能力，鼓励学生自主学习和合作学习，促进学生之间相互交流、共同发展并建立起终身学习的理念。

前　言

语文课程致力于培养学生的语言文字运用能力，提升学生的综合言文字素养，为学好其他课程打下基础；为学生形成正确的世界观、人生观、价值观，形成良好个性和健全人格打下基础；为学生的全面发展和终身发展打下基础。语文课程对继承和弘扬中华民族优秀文化传统和革命传统，增强民族文化认同感，增强民族凝聚力和创造力，具有不可替代的优势。

《义务教育语文课程标准》的颁布实施，促进了新教育理念在教学实践中的贯彻和落实，新的教学方法和模式也在教学中得到创造和发掘。作为长期培养小学教师的教师教育院校来说，希望师范生在学习期间就能对现行的小学语文课程有所了解，并能较好地掌握小学语文的教学方法和技能，为成为一名合格的小学语文教师打下坚实的基础。

尽管小学语文是一门核心课程，但是学生缺乏感性认识，教师感到难教的矛盾似乎越来越明显。为此，本书编写旨在为初等（语文）教育专业学习提供比较系统的语文学科教学理念、教学的策略及实施方法，以便他们能更好地掌握从事小学语文教学的技能，能够更有效地进行语文教育教学工作，提高教师的课堂与教学理论素养和教学实践能力，促进其教师专业技能的发展。

本书由山东省烟台市福山区河滨路小学于人杰和安徽省亳州市涡阳县第二小学刘华丽共同撰写。具体撰写分工如下：第一章至第五章由于人杰撰写，共计十五万字；第六章至第十章由刘华丽撰写，共计二十万字。全书由于人杰完成审校、统稿。

限于编者自身水平的局限，加上时间仓促，书中缺点、疏漏在所难免，敬请专家、同仁多提宝贵意见。最后，谨向本书的读者致以诚挚的谢意！感谢您阅读本书并希望您批评和指正！

目　录

第一章 小学语文课程

第一节 小学语文课程及其发展历史

一、小学语文课程的含义及结构

(一)课程

在我国,"课程"一词始见于唐宋时期。唐代孔颖达在《五经正义》里注释《诗经·小雅》时说:"教护课程,必君子监之,乃依法制。"此处"课程"的意思即以一定程序来授事。宋代朱熹在《朱子全书·论学》中也多次使用"课程"一词,如"宽著期限,紧著课程",又说"小立课程,大作工夫"。这里的"课程"已有课业、进程的意思。

在国外,"课程"一词是从拉丁语"currere"一词派生出来的,意为"跑马道",指赛马场上的跑道,后转义为"学习过程"。1861年,英国教育家斯宾塞在他的《教育论》中"什么知识最有价值"一文中最早使用"课程"一词,他把教育内容的系统组织统称为"课程"。课,指课业,即教育内容;程,指程度、进程。课程,就是学生所应学习的学科总和及其进程和安排。

当前,国内对课程普遍认同的定义为:课程是为了实现学校教育目标而规定的教育内容的总和。

(二)小学语文课程的结构

小学语文课程的结构由三大部分组成。一是学校的课程表内开设的语文学科的各项课程,它包含了"识字与写字、阅读、写话与习作、口语交际、综合性学习"等;二是学校计划并实施的课外活动,如结合语文课的学习,可以"组织参观访问、办报、演课本剧、开故事会等活动",还可以"根据学生的兴趣爱好,组织朗读、书法等课外兴趣小组"等;三是学校中的隐性课程,如优美的校园环境、良好的校规校风以及融洽的人际关系等对学生的影响。我们在学习中侧重第一部分的内容。

(三)语文的含义

"语文"究竟是什么意思呢? 何谓语文? 对这一概念,不同的人有不同的理解,有的理解为"语言文字"，有的理解为"语言文章"，还有的理解为"语言文学"甚至"语言文化"，可谓众说纷纭，莫衷一是。表面上看，这种种解释在"语言"这一点上是有着共识的，其分歧主要在对"文"的理解上，似乎只是一字之差，但实际上与语文的本质相去甚远。要正确理解这一概念，得追溯"语文"始用之时。这一名称最早见于1949年华北人民政府教育部教科书编审委员会选用的中小学课本。对此，曾经主持过这项工作的语文教育家叶圣陶先生有过几次权威性的阐释。他在1962年的一次讲话中明确指出："什么叫语文？平常说的话叫口头语言，写到纸面上叫书面语言。语就是口头语言，文就是书面语言。把口头语言和书面语言连在一起说，就叫语文。"简明扼要地揭示了"语文"的本质含义：语文=口头语言+书面语言=语言（广义）。语文课应当是广义的语言课。

二、小学语文的课程性质

课程的性质是某课程区别于其他课程的本质属性。只有正确地认识课程的性质，才能在教学中正确地把握方向，落实课程的教学任务，采用相应的教学方法。因此，正确地认识语文课程的性质是语文教学的首要问题。

语文课程的基本性质是工具性和人文性。

（一）工具性

1.语文是彼此交际和交流思想的工具

列宁说："语言是人类最重要的交际工具。"斯大林说："语言是工具、武器，人们利用它来互相交际、交流思想，达到互相了解。"如前所述，语文学科是口头语言和书面语言统而言之的广义的语言学科。从这个意义上说，语文就是语言。学生学习语文的根本目的，就是为了熟练地掌握和运用语言。

2.语文是进行思维和开发智力的工具

思维主要依凭语言进行。当然，也有形象思维，但不占主要地位。思维力是智力的核心，智力的高低在很大程度上取决于思维力的强弱，思维的发展势必会促进智力的开发。而思维的发展又必须借助语言的训练。正如爱因斯坦所言："一个人的智力发展和他形成概念的方法，在很大程度上是取决于语言的。"在学校语文教育中，对学生进行有效的语言训练，也就是进行思维训练，其结果必然促进学生智力的开发。因此，教学语文，就是帮助学生通过语言学习掌握进行思维和开发智力的工具。

3.语文是传递文化的工具

语文不仅是语言，更是文化的结晶。山东大学曹明海教授认为："语文是一种文化的构成物，即语文是文化的一种构成和存在形式，文化是语文构成的'底座'，语文与文化血肉同构，语文就是文化。"从语文的本体来看，语文作为交际工具和文化载体，传达的是思想与感情，承载的是文化精神、价值观念和人类的文化成果。语言文字作为重要的文化符号，是人类进入文化世界的主要导向，是文化发展与传播的重要手段。人类借助语文的学习可以感受人类优秀的文化成果和精神价值观念，因此，从这个意义上说，语文是传递文化的工具。

4.语文是学习知识和增长才干的工具

语文是学习其他学科的基础和前提。各门课程的学习，都要以祖国的语言文字为媒介，通过听说读写开展教学活动。如果学生缺乏识字、释词、阅读、概括等能力，就不能很好地理解自然及其他课本中的知识（例：对"增加了，增加到"的理解）。因此，语文是学习其他学科的基础和前提。如果说中小学开设的各门课程都是基础课程的话，那么，语文课程便是基础的基础。学生学习语文，不仅可以增强听说读写能力，而且可以提高分析问题和解决问题的能力，增长才干。

（二）人文性

语文是工具，不过它和锄头、刨子等其他工具又有不同，它是人们表情达意的工具。既然是表情达意，那么，语文一经人们掌握和运用，也就很自然地产生思想和情感。同一语言可以表达不同的思想感情，同一思想感情可以用不同的语言来表达。

人文性指人类社会的各种文化现象。语文的人文性内涵包括两个方面，一是指语文教材中孕育着丰富的人文精神，它囊括了中华五千年光辉灿烂的精神文明和世界各国的先进文化，包含着主体意识、创造思想、责任感、独立人格、权力意识和审美精神等诸多方面的内容。二是指语文教学过程中充满着浓郁的人文情怀，它主要体现在师生之间和谐融洽的关系之中。教师在教学过程中要始终做到"以人为本"，尊重人、关心人、服务人、发展人，引导学生热爱生活，关爱生命，健全人格。人文内涵对学生精神领域的影响是深广的，同时又是潜移默化的。学习语言的过程也是人的生命、心灵、精神律动的过程，是人实现自我成长的过程，是激发人创造力与生命力的过程。语文教育绝不仅是概念的分析、概括，也不仅是工具的掌握，更重要的是一种精神的熏陶和人格的养成，所以说其人文价值是不言而喻的。

（三）工具性与人文性的统一

需特别强调的是语文的工具性和人文性不是相互对立的，也不是"工具"与"人文"的简单相加，而是相互渗透、融为一体的。工具是就其形式而言，人文是就其内容而言；工具性是躯壳，人文性是灵魂。没有语言这个工具，人文内涵无以依托；舍弃人文，语言也失去了存在的价值。语文应是这样的一门课程：发展语言，发展思维，传承文化，培养人格，促进人的社会化，提高人的审美能力和文化品位。

三、我国小学语文课程设置的历史

综观我国语文课程设置，可谓源远流长。我们大致可以将之分为三个时期。

(一)清末民初语文课程设置

我国古代没有专门的语文课程。但早在两千多年前的先秦时期，开始教学"六艺"——礼、乐、书、数、射、御。其中的"书"大体相当于现代的语文课程。两汉以后，教学就是诵习儒家经典四书五经。当然，其中有识字、写字、阅读、作文等教育因素。可见，在漫长的古代，语文与经学、史学、伦理学融为一体，没有严格意义上的语文课程。

鸦片战争以后，我国沦为半封建、半殖民地社会。当时的资产阶级改良派主张向西方学习，提出"废科举、兴学校"的口号，提倡"中学为体，西学为用"。1901年清政府明令各地兴办学堂，次年颁布《钦定学堂章程》规定：蒙学、小学、中学均设"读经"科。此外，蒙学再设"字课"和"习字"课，初等小学再设并行的"习字""作文"课，高等小学再设"习字""作文""读古文词"课，中学再设"词章"课。这里的"读经""习字""作文""读古诗词""词章"，大体也相当于我们现在的语文课程，以分科形式存在的语文课程初见端倪。但由于种种原因，这个章程公布后未能在全国实际推行。

1903年，清政府颁布《奏定学堂章程》，该章程在课程设置上规定：初等小学、高等小学和中学均设"读经讲经"外，初等小学另设"中国文字"（教学内容包括识字、读文、作文），高等小学和中学另设"中国文学"（教学内容包括读文、作文、习字、习官话）。该章程将识字、写字、读书、作文、说话等科目合为一科，语文课程独立设科。

1907年，清政府颁布了《奏定女子小学堂章程》，不再设置"读经"课程，而设置"国文"课程，这标志着学科意义上的语文教学开始进入学校课程。

1912年，南京临时政府教育部制订的《普通教育暂行课程标准》中规定，废止读经，将清末以来的"中国文字"和"中国文学"改称为"国文"科，并将该科分为读法、做法、书法、语法（练习语言）四项。这一时期，语文与经学、史学、伦理学分离，作为一门独立的课程在中小学开设，尽管人们对它的认识还未深入到学科领域内部，但使语文在中小学教育中取得了一定的位置，为以后的语文课程的发展奠定了基础。

(二)五四运动后语文课程设置

1919年，五四运动中的新文化运动提倡白话文与新文学，反对文言文与旧文学，并倡导把国语作为全国统一使用的共同语言，这对当时的语文教育和语文课程的发展产生了重大影响。在全国文化教育界的一致呼吁下，1920年北洋政府教育部通令全国，将国民学校一、二年级的国文改为语体文，并规定至1922年止，此前编写的文言文教科书一律废止，改为语体文。中学各科教科书，也逐渐用语体文改编，实现"言文一致""国语"科诞生。这是"国文"设科以来又一件具有里程碑意义的大事，胡适评价说，这一道命令，"把中国教育的革新，至少提早了二十年"。

1922年，北洋政府颁发了《学校系统改革案》，即新学制。配合新学制，于1923年颁布了我国小学及初级中学的《国语课程纲要》，第一次较为完整地以教育法则形式确定了语文课程的性质、教学目的任务、教材体系、教学原则、教学内容及阶段教学要求，使国语课程趋于成熟，对以后的语文课程设置产生了重大的影响。此后，国民党政府虽又几度颁布和修订课程标准，但在内容和框架上没有质的变化。

20世纪三四十年代，共产党领导的中央苏区、边区和解放区的国语教育卓有成效。当时的课程设置及目的，均紧密结合当时的国内战争与抗日战争的需要。各解放区的小学国语课程，都以学习文化为中心，强调国语教学为解放战争和土地改革运动服务，将"政治""常识"与国语融合，体现了课程的综合性。在战争的特定历史条件下，老区的中等学校实际上就是各种干部学校和职业学校，不另设普通中学。课程设置比较精简集中，干部学校设有政治、军事、文化、劳动等课程，文化课中语文课是必修课。职业中学为青年的义务教育，设有社会科学、自然科学、生产技术和文字课四门课程，文字课主要就是语文课。

这一时期，国语学科应运而生，语文教学走上了以口语型书面语言为重点的道路，课程标准也日趋完善，标志着我国具有汉语特色的语文课程理论体系的建立。

(三)新中国成立后语文课程设置

新中国成立后，党和政府开始有计划、有步骤地对旧有学校的教育制度、课程设置和教材教法进行社会主义改造。

1950年6月，中央人民政府出版总署编审局在编辑全国通用的语文教材时指出："说出来的是语言，写出来的是文章，文章依据语言，'语'和'文'是分不开的。语文教学应该包括听话、说话、阅读、写作四项。这套课本不用'国文'或'国语'的旧名称，改称'语文课本'。"显然，"语文"这一课程名称避免了过去"国语"只指口头语言，"国文"只指书面语言，甚至只指文言文的误解，使课程名称更加科学、规范，体现出听说读写并重的思想。"语文"这一课程名称自此命名并一直使用至今。

20世纪50年代初，受苏联的影响，国内普遍认为语言和文学混在一起教，两败俱伤，提出文学、汉语分科教学。为此，制定了中学文学、汉语教学大纲和小学语文教学大纲，还制定了《暂拟汉语教学语法系统》。从1955年到1958年，中学实行文学、汉语分科教学，小学虽没有分编文学和汉语课本，但在语文课本中充实了语言方面的内容，并且除课本之外还编写了系统的、着重进行语言训练的语文练习。这是新中国成立后语文课程的第一次有计划有组织的大规模改革，对语文课程产生了较大的影响。但由于过于强调汉语与文学的系统，偏重纯文学教学，忽视了综合运用语言能力的培养和思想政治教育，文学、汉语分科教学实行不到两年，两科又重新合并为"语文"。

1963年，教育部颁布了《全日制小学语文教学大纲（草案）》和综合型的《全日制中学语文教学大纲（草案）》，突出语文课程的工具性，重视"双基"（语文基础知识的传授和基本技能的训练），强调读写能力的培养，较好地纠正了以往偏重语文知识传授的倾向。

1978年教育部颁布《全日制十年制学校小学语文教学大纲（试行草案）》和《全日制十年制中学语文教学大纲（试行草案）》，语文课程回到了健康的发展道路上。

随着语文教学实践的发展和语文教育理论研究的深入,1986年国家教委根据《中华人民共和国义务教育法》正式颁布了《全日制小学语文教学大纲》和《全日制中学语文教学大纲》,对教学目的的规定有了突破性的进展,语文课程朝着"加强基础,培养能力,发展智力"的方向前进。语文课程逐步走向现代化。

1992年,国家教委制定了《九年义务教育全日制小学语文教学大纲(试用)》和《九年义务教育初中语文教学大纲(试用)》,在原有基础上又有所发展,特别是把语文课外活动提到了应有的高度,指出:"课外活动是语文教学的有机组成部分。"并具体规定了其内涵,这表明语文课程不仅包括语文课堂教学,而且包括语文课外活动,标志着语文课程日益走向成熟和完善。

1999年,我国颁布《中共中央国务院关于深化教育改革,全面推进素质教育的决定》,提出要继续深入教育改革,全面推进素质教育,强调培养学生的创新精神和实践能力。为了适应这一形势,加快中小学语文教育改革,2000年教育部对1992年大纲试用稿做了修订,颁布了《九年义务教育全日制小学语文教学大纲(试用修订版)》《九年义务教育全日制初级中学语文教学大纲(试用修订版)》,2001年又颁布了《全日制义务教育语文课程标准(实验稿)》,我国基础教育的语文课程改革进入了一个全新的发展阶段。在新一轮的基础教育课程改革中,语文课程设置的改革,旨在推进素质教育,促进学生语文素养的整体提高。

可以说,新中国的语文课程走过了一条漫长而曲折的道路。但从整体来看,语文课程取得了重大的成就,那就是:科学认定课程名称、完整把握课程性质、全面拓展课程领域、准确确定课程目标。语文课程体系及其理论构建更加趋于完善与科学。

第二节 小学语文课程理念与课程目标

一、小学语文课程的基本理念

(一)全面提高学生的语文素养

与过去的大纲比,语文课标核心理念发生了变化。"语文素养"第一次出现。素养是介于素质和修养二者之间的一个概念。修养指的是理论、思想、艺术、知识、能力等方面的一定水平。素质是一个心理学术语,指人的先天的解剖特点,主要是感觉器官和神经系统方面的特点。素质只是人的心理发展的生理条件,不能决定人的心理的内容和发展水平。人的心理来源于社会实践,素质也是在社会实践中逐渐发育和成熟起来的,某些素质上的缺陷可以通过实践和学习获得不同程度的补偿。可以说,素养是指一个人通过教育训练在先天生理条件的基础上发展起来的某一方面的一定的水平。语文素养则是指学生通过语文教育与训练在先天生理条件的基础上发展起来的语文方面的一定的水平。

素养与能力之间存在区别:能力指人能胜任任务的主观条件。心理学上指使人能完成某一活动、任务的心理特征。素养是指平日的修养。内涵很广,低一点,包括人的知识、能力;高一点,包括人的政治思想、道德品质、知识技能、待人处世的态度等。能力重视的是功用性,素养包括功利性和非功利性,重视的是整体性,是人长期素质的养成,重在养成。

具体说来,语文素养的内容是十分丰富的,课标中的素养包括:1.热爱祖国语文的思想感情;2.正确地理解和运用祖国语文;3.丰富的语言积累;4.语感;5.思维和适应实际需要的语文能力(识字写字能力、阅读能力、写作能力、口语交际能力);6.品行修养和审美情趣;7.良好的个性和健全的人格。这实际是三个维度的统一,特别强调情感态度价值观。这主要是改变过去以学科为本位进行教学的观点。教学应以人的发展为根本,而人的发展又是以情感、态度、价值观为导向的。对某一事物的兴趣、情感、态度会直接影响一个人的行为及行为结果,故这一维度要加强。

我们的课程观经历了这样一个过程:重语文知识→重语文能力→重语文学习的过程与方法、语文学习的情感态度价值观。"全面"包含三方面的理解:第一,语文素养的各个方面;第二,面向全体学生;第三,教学全过程。

(二)正确把握语文教育的特点

1.语文课程具有丰富的人文内涵

语文是属于人文科学的学科,它与数学、物理、化学、生物等自然科学的学科不同。自然科学要求科学化、客观性、确定性。人文学科更多的是情感性、主观性、不确定性。自然科学的学科可以由原理、公式、定理、法则等组成。这些原理、公式、定理、法则等是人们对客观世界的认识，具有客观真理性。这些学科可以先讲清原理公式，再围绕公式做一些练习加以巩固，并且这些练习的答案往往是唯一的。语文则不同，我们将语文课程和自然科学类的课程进行比较，可以发现：语文课程中具有大量具体形象的、带有个人情感和主观色彩的内容。许多语文材料本身就是多义的，具有丰富的内容和很强的启发性。当然人们对于语文材料应该有理解一致的地方，否则人际交流就无法进行。但是，人们对语文材料的反应又往往是多元的。在很多情况下，有个人的知识背景、生活体验、体悟的角度等方面的差异，面对同样的作品，特别是文学作品，不同的人会有不同的理解或感受，这是完全正常的。正如人们常说的，"一千位读者就有一千个哈姆雷特"，甚至同一个人在不同的时期，对同一个材料完全可以有不同的理解。而我们的语文教育曾一度极力追求科学化，追求客观性、确定性，在自觉或不自觉地向自然科学靠拢，搞标准化，过度地进行理性分析。这不仅降低了语文教育的效率，而且也伤害了学生在语文学习中的兴趣和创新意识。

因此，语文课程应把握人文性的特点，对学生进行文化和精神的教育。首先，要重视语文的熏陶感染作用。要通过优秀作品的浸染，怡人性情，提升人格。语文对人的影响是深广的，有时是隐性的、长期的、潜移默化的，短时期不容易看出来。而且，常常是"有心栽花花不开，无心插柳柳成荫"，因而不能指望立竿见影，不能急功近利。如果像理科学习那样，围绕知识点、能力点做大量的练习，难以让学生领悟语文丰富的人文内涵。其次，要注意教学内容的价值取向。具有丰富人文内涵的语文课程对人们精神领域起作用，而且对人们精神领域特别是对学生的情感、态度、价值观的影响是广泛而深刻的。俗话说"开卷有益"，但实际是开卷可能是有益的，也可能是有害的。即使都是有益的作品，它们的含金量可能也有差异。因此，为了让学生在语文学习中多多受益，提高效率，必须重视对于语文教学内容的认真选择。最后，要尊重学生的独特体验。学生的多元反应是正常的，也是非常珍贵的。尊重学生在语文学习过程中的独特体验，是对学生的尊重和鼓励，也是对真理的尊重，这是语文特点决定的。在课堂中特别需要提倡师生之间的平等对话，也特别需要注意尊重学生独特的情感体验和有独创性的理解。阅读是学生个性化体验的过程。

2.语文教育具有很强的实践性

语文的工具性决定了语文课程是一门实践性很强的课程。《语文课程标准》"课程的基本理念"第二条"正确把握语文教育的特点"中指出：语文是实践性很强的课程，应着重培养学生的语文实践能力，而培养这种能力的主要途径也应是语文实践，不宜刻意追求语文知识的系统和完整。这就是说，语文实践能力不应当按照完整的语文知识体系去设计、培养。对此，我们应当清醒地认识它，这跟要不要语文知识不是一回事，不能把语文知识与语文实践能力对立起来。语文课程标准是开展语文教学的基础，由此可以看出语文的实践性是从目标到具体实施过程的。语文教育应以培养语言的实践能力和良好习惯为根本目标，即培养学生正确理解和运用祖国语文的能力，使他们具有适应实际需要的写字能力、阅读能力、写作能力、口语交际能力和综合语文实践能力，而不是以传授语言、传授文学知识、研究语言和研究文学理论为目标，不是要帮助学生掌握一个由若干概念规则、原理构成的理论系统，也不是要系统地传授有关语言、文字、文章、文学、文化的知识。语文的实践性还表现在重视学生的语文实践活动。语文实践活动是将已有的语文知识技能在实践中应用，又在应用中获得新知，提高能力的过程。教师只是学生语文实践活动的组织者、引导者和合作者，绝不能以烦琐分析和机械练习去干扰和压抑学生的求知和探索。一句话，教师的职责是因势利导、从旁协助，而不是越俎代庖，包打天下。因此，作为语文教师，在日常语文学习过程中，要注重引导学生不断参与到语文实践活动中，增强语文学习的实践性。语文教学的过程也是一个实践的过程。备课、讲课、批改作业、命题阅卷、搜集材料、组织活动、参加教研、了解学生、联系家长与学校等一系列教学实践活动，不仅需要有明确的实践目的、实践的计划与步骤，还需要一定的技能和技巧以及科学的理论指导。所以，语文教学是一种实践的技能，仅有知识是远远不够的，仅靠记住一些教育学、心理学的概念原理，是成不了能力出众的好老师的。教学能力必须在教学的实践中，通过不断摸索锤炼逐步形成。

3.语文学习应重视感性把握、整体把握

（1）语文是母语

母语是本民族的语言，是民族文化精神的载体。母语具有很强的形象性，这使得孩子在学习时已具有本能的形象感应，对母语的认识都是出于感性。孩子学习母语，因为有早已具备的语言心理机制为基础，具有对本国本民族文化背景熟悉的有利条件。亲身处于使用这种语言的社会环境之中，有书刊、广播、电视、媒体等丰富的学习资源，有大量的读写听说的实践机会，生活中时时、处处都有语文活动，可以说生活即语文。事实是，孩子有母语学习的环境，孩子入学前已有很长时间的母语习得体验。他们学习母语主要是靠感性把握，而不是依靠语法知识。语法有时解释不了我们复杂的语言现象。靠语法知识不能很好地学习语言，且是先有语言，再有语法规律。语法规律是根据语言总结出来的。语文的学习首先应建立在感性的认识上。在《语文课程标准》中明确指出："在教学中要重视培养良好的语感和整体把握的能力。"从这句论述中我们认识到："整体把握"不仅指要从整体上把握课文的大概内容，品味文章的语言，理解文本所表达的思想、观点和感情，更要根据语境揣摩语句含义，阐发文本内容，研究表达形式等。明乎此，才能从整体出发去解读文章，把部分同整体联系起来，从整体的角度去考虑问题，找到解决问题的线索，从而对文章的理解更准确、更全面、更深层，使"整体把握"的内涵和价值真正得以实现，真正按照课程标准去达到育人的目标。

（2）汉字的特点对语文教育具有重要的影响

汉字有其独特的构造方式和结构特征，它独特的形体本身就蕴含着丰富的文化意蕴和文化资源。汉字形体结构具有直观性、象征性等特点，其形体构成与人的思想、情感、生活、行为往往有机地联结在一起，充盈着丰富的文化意蕴。一个汉字，往往就是有关人的一个故事、一种姿态、一种行为和情致；一个汉字，往往就是一种情感智慧、生存智慧、生命智慧或伦理智慧。它不同于西方的拼音文字。拼音文字是抽象的字母线形排列形态，它的唯一功能就是将语言摹写记录下来，文字和概念之间有较大的距离，无任何形象结构上的内在关联。而外语单词与单词之间有空格，这就是逻辑关系的体现，汉语则没有。汉语也没有多少性、数、格的区别。汉语句子组合的重要语法手段是语序和虚词，如果一个句子的语序发生变化，句子的意思也就发生变化，句法对词语意义的控制力不大，有时，词的组合就像玩积木和玩魔方，灵活性很强，变数很多，弹性很大。语言学家王力先生曾说，中国的语言是"人治"的语言，欧美的语言是"法治"的语言。在具体场合人们依据语境和语言结构内部的相互衬托来获取词的确定意义，这种语言更宜于在模糊中求准确。因而心领神会成了确定语法关系、理解句子的重要方法。因此，基于汉语言文字的特点，在语文教育教学中应重视整体感悟。

（三）积极倡导自主、合作、探究的学习方式

语文新课改在学习方式上做了巨大变革，即倡导自主、合作、探究的学习方式，在《语文课程标准》中也明确了这一点。这不仅是语文教育中对于学习观念的改变，更是思维、价值观的一次新的阐释。大家都知道学习是一个从"未知"到"知"，从"不会"到"会"，从"没有"到"有"，从旧的"有"到新的"有"的过程。长期以来，学生所习惯的学习过程便是由教材、教师把别人"已知""已会""已有"的东西传授给自己。通常的做法是，在教师的训练下一步一步靠近现成的答案，或者干脆等教师把答案告诉自己之后，花工夫背下来；再就是跟着教师按照设定的模式反复操练，逐步掌握由别人设计好的技能和方法。这样的接受性学习当然还是需要的，但是，它产生的"被动性"、一定程度上的"强制性"和"简单重复性"等不利因素，也是需要加以改变的。语文学习是人生存发展的需要。自主、合作、探究的学习方式正是从学习者发展的内在需要出发，关注学习的过程。在这个过程中更加注重的是学习者自己的独立学习、交往学习及深入探究学习的能力，而不仅仅只关注学习者被动地接收到了多少知识。在这个过程中更加注重学习者学习时的感受和体验，关注学习者在学习中的生命成长。

之所以特别倡导自主学习、合作学习和探究学习，其理由就在于：教育必须着眼于学生潜能的发挥，促进学生有特色地发展，促进学生的可持续发展（后面还会进一步学习）。自主学习，是指学习主体有明确的学习目标，对学习内容和学习过程具有自觉的意识和反应的学习方式。合作学习，是指学生在学习群体中"为了完成共同的任务，有明确的责任分工的互助性学习"。探究性学习，是指学生独立地发现问题、获得自主发展的学习方式。

倡导自主、合作、探究的学习方式，实际上是激活学生的积极性和创造性，使其成为知识的发现者和研究者。需要指出的是，接受学习仍然是人类重要的也是特有的学习方式。接受学习的最大价值在于学生不必从零开始学习活动。他们可以通过直接接受前人与他人的认识成果从而加速个体的认识发展过程，从而使有限的生命个体能够更从容地面对无限的知识海洋与大千世界。所以接受学习不仅是人类重要的学习方式也是学校教育的基本形式。新课程倡导自主、合作、探究的学习方式，并不意味着拒绝接受学习。只是应注意，即使是采用接受性学习方式，也要尽力把这样的学习变得有意义有价值。

(四)建设开放而有活力的语文课程

当前的课程改革要改变过于强调学科本位、课程内部各部分之间割裂的状况。语文课程要加强综合性，沟通与其他学科之间的联系，沟通与生活的联系，沟通与生命的联系。

开放而有活力的语文课程应具备如下特点：

第一，从课程功能来看，开放而有活力的语文课程应尽可能满足不同地区、不同学校、不同学生的需求，并能够根据社会的需要不断自我调节、更新发展。这要求语文教育应采取差异性教学，根据不同社会需求、不同的地域、不同的学习主体、不同的课程资源等从宏观上采取语文教育合适的方式。

第二，从课程结构来看，开放而有活力的语文课程应包括国家课程、地方课程、校本课程等层面。在课程类型方面，应包括语文学科课程和语文综合性课程。这就要求在语文课程的教学中要做到上、中、下的结合，既要有国家课程纲领性的指导，又要结合本地的实际和本校的实际开展个性化的课程设置结构。同时要考虑到语文学科性和综合性的结合，既要突出语文专业的特色化教育（工具性和人文性兼顾），又要涵盖在语文学科中渗透其他学科的知识与内容，凸显语文的综合性。

第三，从课程目标来看，开放而有活力的语文课程应该包括语文知识和语文能力、语文学习态度和情感、语文学习过程和方法等层面，而不应仅仅限于系统的语文知识的传授。实际上，我们如果认真解读《语文课程标准》中关于三维目标的定位，我们就会发现，语文教育应是人的教育。只有面对人才可以谈习得知识和能力，才可以谈学习的方法和学习的过程，也才可以谈人的情感、态度和价值观的熏陶。开放而有活力的语文课程理应关注人的发展，最大限度从目标、过程、结果关注人的发展，实现生命的发展。

第四，从课程存在的方式来看，开放而有活力的语文课程不限于教科书、教师，不限于校园，而是与家庭、社会与自然生活的密切相连。学生的学习不可能一直在封闭的空间里，作为人，学生是充满生命活力的社会的人，限制与封闭的环境只可能培养出一些没有生命活力的"机器人"。因此，语文课程的存在应是突破特定场所、特定区域、特定时空的与学生生活密切相关的家庭、社会、自然结合在一起的大语文的课程。

第五，从课程的实施来看，开放而有活力的语文课程强调师生与课程文本的互动，强调师生对课程的构建。在2011版的《语文课程标准》中，不仅突出师生在语文教学中交往的重要性，还更加强调师生与文本作者、编者之间的互动对话。当然，从语文课程的实施方面讲，关键在于教师和学生对课程的再建构，这种建构的言外之意是凸显教师的主导和学生的主体地位。于教师，强调的是对语文课程正确到位的开发；于学生，强调的是学生独特的感受和生命体验。

二、小学语文课程目标

课程目标是按照国家的教育方针，根据学生的身心发展规律，通过完成规定的教育任务和学科内容，使学生达到的培养目标。它受国家为基础教育规定的教育目的的制约，是总的人才培养目标的具体体现。课程目标是课程编制、课程实施和课程评价的准则和指南，在课程标准中属于主体部分。语文课程目标则是从语文的学科角度规定人才培养的具体规格和质量要求。语文新课程的目标体系由总目标和阶段目标组成，它具有如下特点。

（一）九年一贯整体设计

1.九年一贯，通盘安排

这是新中国建立以来颁布的课标或大纲中第一次整体考虑并通盘安排小学与初中的教学目标，有利于中小学教学的衔接。"识字与写字""阅读""写作""口语交际"的教学目标在每个学段都保持合适的梯度，避免小学与初中脱节。

2.突出主体，注重实践

语文新课程的总目标是基于人的终身需要及和谐发展所应具备的综合语文素养而提出的。它有三个鲜明的语文课程与教学的时代特色：一是强调学生在语文学习中的主体地位。总目标关于学习语文的情感态度和价值观的表述，是从学习主体发展的内在需要出发的。二是凸显现代社会对语文能力的新要求。总目标中有培养信息素养、口语交际能力的表述，又有"发展思维能力，激发想象力和创造潜能"，以及"汲取人类优秀文化的营养"等精彩表述。三是突出语文课程的实践性本质。语文课程的一个基本目标是培养学生运用语文的实践能力，大大淡化了对系统的语文知识传授的要求。即使设计必要的语文知识，也都是和有关能力的要求结合在一起表述的。

3.阶段分明，大体有序

语文新课程阶段目标根据儿童心理和语言发展不同阶段的特点和要求安排，每项目标之间保持一定的梯度，循序渐进，有些目标梯度不太明显，但大体有序。

（二）五个领域协调一致

每个阶段目标从"识字与写字""阅读""写作""口语交际"和"综合性学习"五个领域提出要求。各个领域的目标相互联系，协调一致，以利于语文素养的整体提高，协调发展。比如，汉语拼音与识字，识字与阅读、写作，写字与写作，阅读与口语交际，等等，充分考虑它们之间的各种关系，考虑各种能力水平的协调。

（三）三个维度有机融合

与以前的语文教学大纲相比较，《语文课程标准》的最大发展，就是"系统地提出'三个维度'的课程目标，并使这三个方面的目标综合性地体现在各个阶段目标之中"。课程标准中的三个维度，知识和能力维度属于显性目标；过程和方法、情感态度和价值观则属于隐性目标。过去我们的目标设计，只是从可见的显性目标入手，而忽略了事实上对人的发展具有更大作用的隐性目标。

1.凸显"情感态度和价值观"

以往的语文课程与教学由于受单一"工具性"的片面影响，人们往往看不到作为语文知识、技能的"工具"实际上蕴含着浓烈的"人文性",而忽视了作为"工具"的知识、技能所黏附的情感态度和价值观,造成了语文课程与教学目标的人为分裂。实际上"工具"学习与使用的同时也实际地在形成着情感态度和价值观,学习语文的同时,学生实际上也学习着对世界、对人生的认识。如不注意这一点,可能就会造成比较恶劣的后果。比如,让学生每个字抄写一百遍,尤其是在他们犯错误的时候,这显然在培养着与热爱祖国语言文字相抵触的思想感情;又如,必须"同心协力"不能"齐心协力",这种"标准答案"与其说在培养语言能力,毋宁说是扼杀个性。阅读教学中按一定模式"归纳中心"的技能,写作教学中按一定模式"构思作文"的策略,都不可避免地同时在练习、训练着对待语言文字、对待认识社会的一种态度、一种认识方式。就像有人说的,一味宣扬"崇高+光明"的主题,"导致学生作文与做人的两极对立""我们的孩子们就是这样被纳入了一个早已准备好的套子之中,孩子们的精神、个性就是如此被泯灭的"。

语文知识、技能中同时包含着情感态度和价值观,而且后者往往更为关键。这是以往语文教学的失误给我们的教训,也是本次语文课程改革着意要改观的。现在按"三个维度"来设计语文课程目标,就是将过去在知识、技能中潜藏的往往被掩盖了的情感态度和价值观凸显出来,从而引导教师正确面对。

2.关注"过程和方法"

语文学习是一个体验的过程,语文能力往往体现为正确地运用听、说、读、写的方法。"过程和方法"本来就是语文课程目标的一个侧面,有时可能还是比偏重于结果的"知识和能力"更为重要的侧面。但在过去,由于语文课程目标的单维设计,过程和方法很大程度上也被掩盖了。语文教学更关注那些结果性的东西,甚至使学生沦为"标准答案"的"刻录机",而语文教师则很少反思教学中塞给结论、告知答案的做法有多少合理性。"三个维度"的设计强有力地引导语文教师关注"过程和方法"这一维度,这尤其体现在阅读、写作和综合性学习等方面。

3.落实"知识和能力"

凸显"情感态度和价值观"、关注"过程和方法"并不等于轻视乃至放弃"知识和能力"。关于知识与能力,现在有一种说法:以前语文学习重视"双基",即强调基础知识和基本技能,现在似乎不需要"双基"了。这是一种误解,任何一门课程的学习都有知识和能力方面的要求,语文课程也不例外。本次课程改革从三个维度确定课程目标,知识和能力仍是不可或缺的一维,说明语文课程不是不要知识教学和能力培养。但是,过去那种只追求知识和能力,并把它们的作用强调到不适当的程度,这样的教训必须汲取。

关于语文知识,我们的语文教学一直存在两大问题:一是什么是真正的语文基础知识?二是学习语文基础知识的目的是什么?过去,我们的语文教学过于强调学科知识体系,逐渐形成了以知识为中心的教学。以知识为中心,必然导致对知识的烦琐分析和训练,并追求知识的"深刻性""系统性"和"全面性",实践证明它容易使语文教学发生异化。以知识为中心,教师只需要传授,学生则从根本上丧失了成为学习主体的可能。因为这种教学中重视知识的本体价值而忽视知识的工具价值;只承认知识重要而轻视或完全忽视经验和体验的重要;只重视掌握知识的结果而轻视掌握知识的过程。语文课程不是不要知识的教学,但在基础教育阶段,尤其是九年义务教育阶段的语文教学,重点应该是应用语言教学,重在言语技能的培养,所以我们应该从言语技能培养的角度,或者说从语用学的角度,重新审视语文课程的基础知识。对于实践性和人文性都很强的语文课程来说,应用、实践、体验无疑是更重要的。

关于语文能力,《语文课程标准》在新中国成立以来历次大纲的基础上,重申要"指导学生正确地理解和运用祖国语文"。这是语文教学的基本任务,也是区别于其他学科的主要特点。同时,对"语文能力"内涵做了一些新的界定:在"前言"中提到包括阅读理解与表达交流在内的多方面的基本能力,以及运用现代技术搜集和处理信息的能力。在"理念"中增加了"识字写字能力",把听话、说话能力改为"口语交际能力"。这是因为识字写字是阅读写作的起点,在基础教育阶段打好识字写字的基础,对于继承民族优秀文化和加强国际交往都是极为重要的。而口语交际的核心在于"交际",听方和说方双向互动,是人与人之间的交流和沟通。《语文课程标准》中"语文能力"的提法更全面、准确,更符合时代要求。

能力的培养离不开训练。《语文课程标准》中言简意赅地指出:"语文教学要注重语言的积累、感悟和运用,注重基本技能的训练,给学生打下扎实的语文基础。"从形式上看,新课程似乎也淡化了训练,但从它强调"基本训练"和"科学训练"来看,新课程遏制的只是充斥我们语文教学中的机械训练和重复训练。以往,我们的语文教学把教学内容分解成上百个知识点、能力点,然后围绕这些"点"设计大量的系统,再让学生反复机械地做练习,还美其名曰"熟能生巧",这是违背语文教学规律的,也是造成语文课程繁、难、偏、旧的罪魁祸首。如"五颜六色"的意思,三四年级的学生不仅理解,而且无论在口头语言还是书面语言中也很少用错,但有的教材编者设计的课文练习却不仅要学生回答"五颜六色"形容什么,而且还要回答"五""六"各形容什么。这不是什么天方夜谭,而是在语文教学实践中大量存在的真实状况。而且,所有这些都打着加强基础,培养学生扎实的基本功的旗号进行。对于这种训练,学生苦不堪言,因为它不是有意义的言语实践。新课程遏制这种"题海战"的训练,倡导"基本训练"和"科学训练",预示着我们的语文教学今后将一改旧的套路,形成一种崭新的格局。基础教育的基本任务是为每个学生的发展打好基础,而人的语言的发展是人的一切发展的基础,因此毫无疑问,新课程必将把发展学生的言语实践能力置于中心的地位。

需要特别强调的是,这"三个维度"是内在的融合在一起的。所以对语文课程目标的把握,必须坚持"三维一体"的观点。

总之,课程目标根据知识和能力、过程和方法、情感态度和价值观三个维度设计。三个方面相互渗透,融为一体,注重语文素养的整体提高。各个学段相互联系,螺旋上升,最终全面达成总目标。

第二章 小学语文新课程改革

第一节 小学语文新课程设置

一、课程的含义

有研究者把几种有代表性的课程定义加以归类，分为以下类型：

1.课程即教学科目；

2.课程即有计划的教学活动；

3.课程即预期的学习结果；

4.课程即学习经验；

5.课程即社会文化的再生产；

6.课程即社会改造。

课程定义的种种阐释，有侧重教学方面的，有侧重于学习方面的，还有侧重于社会方面的。就侧重于教学方面来说，"课程"的界说就有广义与狭义之分：广义的课程是指为了实现学校培养目标而规定的所有教学科目的总和；狭义的课程指某一教学科目，如小学语文课程。随着课程理论研究的深入与实践的发展，人们对课程的认识也越来越全面和深刻。《美国新教育百科辞典》"课程"条目写道："所谓课程指在学校的教师指导下出现的学习者学习活动的总体。"可见，"课程"有了新的、更为宽泛的含义。它包含学校开设的正式课程、组织的课外活动以及学校的传统或校风等。

很多专家将"课程"与"教学"简要而通俗地称为"教什么"与"怎么教"。具体地说，小学语文课程是对小学语文教学的目标、内容、活动方式和方法的规划和设计，也就是小学语文教学方案、小学语文教学标准和小学语文教材中预定的教学内容、教学目标和教学活动。小学语文教学就是按照小学语文课程所提出的计划，由教师指导学生从事小学语文学习活动，实现小学课程所规定的各种教学目标的过程。从"课程"和"教学"的内涵来看，恰似事物的两个方面，我们可以把它归结为内容与形式。

若从小学语文课程实施和小学语文教学实施的实际过程来看，小学语文课程总是在特定的小学语文教学中进行、实现的；而小学语文教学必然是在特定的小学语文课程的基础上进行、实现的。两者相对独立，又相互依存。"离开了教的内容，怎么教就无从发生；而离开了教的形式，教什么就完全落空。同时，教什么一定会影响到怎么教;怎么教也必然制约着教什么。"小学语文课程与小学语文教学的确是互为表里、相互融合并且密不可分的。

二、小学语文课程的结构

1.小学语文课程结构的特点

小学语文课程综合化是新课程结构调整的重要指导思想之一，主要表现在:

（1）《标准》对小学语文学习领域的界定体现了课程综合性的思想;

（2）《标准》规定的小学语文课程结构体现了课程综合性的思想。

新的小学语文课程结构应有如下特点:

（1）开放化。必须从以"三个中心"为特征的"小学语文课"走向课内外相结合的"小学语文课程"，要给学校、教师和学生留下选择、更新、拓展的空间。

（2）立体化。小学语文课程不能只是几个不同领域学习的简单相加，而要成为一个引导学生语文学习从课内延伸向课外、从学习延伸向实践、从理解延伸向运用的有层次的立体体系。

（3）多样化。要从同一走向多样，小学课程结构的内部设置、课时计划的具体分配，要从学校和学生实际出发，改变"千校一面"的局面，在统一要求下力求体现学校个性。

（4）选择化。要从固化结构走向富有弹性结构，从改变现行的强制性的统一要求，适当增强小学语文课程设置的可选择性。

2.小学语文课程的多维结构

小学素质教育是一个多维的结构，而小学语文课程的建构又是多维结构中的一个主件。它的建构应该坚持以现代课程理论为指导，以发展个性为出发点，以学科课程为主、活动课程为辅、环境课程为补充延伸的三类课程。

（1）小学语文学科课程:学校课程表内开设的语文学科的各项课程，包含了"口语""写字""阅读""习作"等。

（2）小学语文活动课程:学校计划开设并实施的课外活动，如综合语文课的学习，可以"组织参观访问、办报、演课本剧、开故事会等活动"，还可以根据学生的兴趣爱好，"组织朗读、书法等课外兴趣小组等"。

（3）小学语文环境课程:学校优美的校园环境、良好的校规校风以及融洽的师生、学生间的人际关系等积极影响。

从课程在教学计划中的排列来看，小学语文课程结构可分为必修课、选修课和课外活动;从课程内容的组织来看，小学语文课程结构可分为学科课程、综合课程、活动课程、问题课程;从课程的外在表现来看，小学语文课程结构可分为显性课程和隐性课程。

根据人们对于课程的认识与分类，我们可以对小学语文课程的结构从不同的角度来分类:从学科课程和活动课程来看学校开设的语文课程，显然为学科课程;而学校组织的语文课外活动，就与活动课程有关系了。如从显性课程与隐性课程来看，学校开设的语文课程与组织的语文课外活动，自然为显性课程；而学校的传统和校风，对语文学习来说，当属于隐性课程了。如从关联课程与融合课程来说，常言所说的"文史不分家"恰好提示我们，语文与历史为关联课程，要相互联系，配合教学；而"文道结合"则提醒我们，语文又与思想品德教育为关联课程，要在教学中自然地进行渗透；假如语文课和思想品德课合为一体，进行合课教学，那就是融合课程了。浙江省小学低年级就有"语文·思想品德"课程。

从课程这一概念的含义及其演变，我们可以了解到，课程是个含义广泛且发展变化的概念。小学语文显然也是含义广泛且发展变化的课程。从课程的结构及其分类，我们还可以知道小学语文课程的结构丰实而鲜活。它是发展的，由平面构建成立体，由小语文扩展到大语文；它是联结的，或学科课程联结活动课程，或显性课程联结隐性课程。

三、小学语文课程的沿革

（一）课程名称的演变

1."国文"时期

我国古代没有专门的语文课程，但有漫长的儿童识字、语句训练和习作八股文的历史。在小学独立设置语文学科，始于1902年。1902年，清政府颁布了《钦定学堂章程》。该章程将初等教育划分为蒙学堂、寻常小学堂、高等小学堂三个阶段。蒙学堂修业年限为4年，规定的课程包括读经、字课、习字等8科；寻常小学堂3年，包括读经、作文、习字等8科；高等小学堂3年，包括读经、读古文词、作文、习字等11科。以分科形式存在的小学语文课程已初见端倪。

1903年清政府颁布的《奏定初等小学堂章程》规定：在课程方面，除读经科外，还注重讲解；字课、作文、习字已合为一科，在初等小学堂称为"中国文字"，在高等小学堂称为"中国文学"。显然读、作、写三项已有联系。

1912年制定的高等小学堂废除读经，将清末以来的"中国文字"和"中国文学"改称为"国文"科。在国文科目中，分为读法、作法、书法、语法（练习语言）四项，并且规定："国文要旨在使儿童学习普通文字，养成发展思维之能力，兼以启发其智德。"

可见，小学语文学科分项教学已初具雏形，又有较为明确的教育目的，在我国语文课程的发展史上，是一次重大的改革，具有划时代的意义。

2."国语"时期

1920年，教育部通令将"国文"改为"国语"科。1924年，全国教育联合会课程标准起草委员会颁布《新学制小学课程标准纲要》，规定：学校课程分为国语、算术、卫生、公民、历史等12科。"国语"一科包括语言、读文、作文、写字四项。1929年颁布的《小学课程暂行标准》，有关国语科目内容包括说话、读书、作文、写字四项。可见，现代小学语文分项教学内容已成型。

3."语文"时期

新中国成立后，新组建的教科书编审委员会确定："国语"改为"语文"。1950年出版的《编辑大意》里解释道："说出来的是语言，写出来的是文章。"文章语句依据语言，"语"和"文"是分不开的。语文教学应该包括听话、说话、阅读、写作四项。这套课本不用"国文"或"国语"的旧名称，改成"语文课本"。小学语文教学分项名称由此固定下来。

1956年，小学语文教学大纲规定，语文课程包括阅读、作文、识字、写字四项，3年以上增设汉语课。1958年以后，语文课程政治化倾向严重。20世纪60年代初，总结了经验教训，注重语文学科基础知识、基本技能的培养（双基），注重读写能力的培养。1963年的大纲规定课程内容包括：识字、写字、课文、练习、作文。十年动乱，由于极左思想的影响，语文课程停滞不前。20世纪80年代改革开放以来，语文课程提出全面培养学生语文能力、注重提高语文素质的理念。1978年的全日制教学大纲规定：语文课程包括识字、写字、阅读、作文四项。1992年九年义务教育全日制教学大纲中，语文课程包括汉语拼音、识字与写字、听话与说话、阅读和作文五项。语文课程体系与理论建构更加科学与完善。

4."新语文"时期

2001年，教育部颁布的《全日制义务教育语文课程标准（实验稿）》对分项教学名称了较大的修改。各个学段分为识字与写字、阅读、写话（第一学段叫"写话"，第二、第三学段叫"习作"）、口语交际和综合性学习。这样的修正，目的在于整合知识与能力目标，简化头绪，突出重点，强调语言学习的实践性，着重培养学生的语文实践能力，是新中国成立以来小学语文课程的一次根本性的变革。

（二）课时比重的演变

自清末设立语文课程至今，规定的语文授课时数比其他课程都多。《钦定学堂章程》规定：每周授课72小时，蒙学堂字课、习字、读经三科每周12小时。寻常小学堂读经每周12小时，作文每周6小时，习字第一学年每周12小时，第二、三学年每周6小时，三科学习时间占总时间的1/2。在《奏定学堂章程》中规定：每7日为一周，每周授课36小时。初等小学堂读经讲经每周12小时，中国文字每周4小时。高等小学堂读经讲经每周12小时，中国文学每周8小时。宣统元年（1909），读经讲经授课时间有所减少。中国文字与中国文学改为国文，初小每周授课时间为14小时，高小每周8小时。民国初年（1912），废止读经，初小国文课每周12课时、14课时不等，占周课时的一半左右；高小国文课每周10课时、8课时不等，占周课时的30%左右。国文改为国语后，从1923年公布的第一个课程标准看，国语占周课时的30%。在这以后，国语课一直在各课程中处于领头羊的地位。1948年，国民党政府在修订的课程标准中提出低年级不设美术课，而国语课的地位没有被削弱，反而有所增强。在中国共产党领导的抗日根据地和解放区，办学条件非常差，但国语课程仍然放在最重要的地位。例如，1942

年，山东抗日根据地课程标准规定，低年级国语课程占66.7%，中年级占44.4%，高年级占22.6%。1949年，华北解放区低年级国语课程占54.5%，中年级占32%，高年级占27.6%。陕甘宁边区即使在最困难的时候，对基础课特别是国语课仍然非常重视，国语占了全部学习时间的1/3。

新中国成立后，全国实行统一的教学计划和教学大纲。小学语文一直是一门最重要的基础课，授课时数多，在总课时中占的比例最高。1953年，教学计划规定，语文初小每周14课时，高小10课时，六个年级一年共授课2888课时，占小学总课时的48.7%。1956年，小学语文教学大纲规定，语文课程包括阅读、作文、识字、写字，三年级增设汉语课，一至六年级语文课时分别为12、12、12、12、9、9，较1953年有所减少。1963年教学计划规定，语文课包括讲读、作文和写字，一至六年级语文周课时分别为15、15、16、16、12、12，六个学年上课总时数为3176课时，占小学总课时的48%，表明国家进一步确认语文基础学科的地位。在1978年、1981年的教学计划中，小学语文教学时数分别占总课时的41%和40.3%。在《义务教育全日制小学教学计划》中，语文包括阅读、写字、说话和作文。五年制小学一至五年级语文课课时分别为11、11、9、9、9，六年制小学一至六年级分别为10、10、9、8、7、7，小学阶段语文课课时占总课时的35%左右。尽管新中国成立以来语文课占总课时的比例呈递减趋势，但与其他学科相比，课时仍高居榜首。特别值得注意的是，义务教育教学计划在学科课程之外增设活动课程，为语文课程开辟了第二渠道。从1902年小学语文学科作为一门专门的课程开始，直到21世纪的开端，百年历史中，小学语文课程经历了读经讲经—中国文字、中国文学—国文—国语—语文这样一个名称演变的过程。追踪其发展的轨迹，不难发现，每一次的变革标志着一种新思潮的兴起，又带来一场教学上的革新。小学语文就这样稳步前进，不断完善。

第二节　全日制九年义务教育语文课程标准

一、课程标准的认识

(一)课程标准的基本认识

课程标准是国家课程的基本纲领性文件，是国家对基础教育课程的基本规范和质量要求。课程标准是教材编写、教学、评估和考试命题的依据，是国家管理和评价课程的基础。课程标准体现国家对不同阶段的学生在知识与技能、过程与方法、情感态度与价值观等方面的基本要求，规定各门课程的性质、目标、内容框架，提出教学建议和评价建议。关于课程标准应该掌握以下基本认识：

1.课程标准主要是对学生在经过某一学段之后的学习结果的行为描述，而不是对教学内容的具体规定（如教学大纲或教科书）。

2.课程标准是国家制定的某一学段的共同的、统一的基本要求，而不是最高要求。

3.课程标准的范围涉及作为一个完整个体发展的三个领域：知识与能力、过程与方法、情感态度与价值观。

4.课程标准关于学生学习结果的行为描述应该尽可能是可理解的、可达到的、可评价的。

5.课程标准隐含教师不是教科书的执行者，而是课程的开发者，即教师是用"教科书"教，而不是教"教科书"。

(二)语文课程标准的本质变化

早在1912年，中国就已经启用"课程标准"一词，至今已有近百年的历史。当时的南京临时政府教育部就颁布过《普通教育暂行课程标准》，并对此进行过多次修改。中华人民共和国成立之初，也颁布过《小学各科的课程标准（草案）》。1952年，在前苏联教育专家的指导下，首次引进了"教学计划""教学大纲"，这对中国的大、中、小学教育产生了深远的影响，并一直使用至今。在1992年的课程改革中，在理论上倾向于"课程标准"取代"教学大纲"，教育部还曾制定过部分学科的课程标准（草案）。1996年，中国开始新一轮义务教育课程标准的研制，重新启用"课程标准"一词。

从以上简短的回顾中我们可以看出，第一，"课程标准"一词对中国语文教育界来说并不陌生，它比"教学计划""教学大纲"的历史还要悠久。第二，从"课程标准"到"教学大纲"，又到"课程标准"，不只是概念上的简单重复，更重要的是教育理念上的提升，说明对语文教育认识的深入。

1.从"教学大纲"走向"课程标准"

在我国很长时间实施的课程方案，主要是由"教学计划""教学大纲"两部分组成的。其中的"教学大纲"是规范学科课程的指导性文件，其中关注的重点是学科教学本身。它有两个显著特点：一是关注教师。教学大纲作为一个直接指导教学工作的指导性文件，主要面向教师，解决教师的上课问题，忽视对学生的主体思考。二是规定具体。教学大纲对教学过程中各个方面的规定具体细致，不仅对教学目标、教学内容有具体的规定，而且对教学的先后顺序也做出了详尽的安排。例如，对许多知识点有量化标准，对多数教学内容有难度和深度上的明确指标，甚至对各个部分分别占用的课时都有具体要求。这样的规定，使得教学大纲对教材的编写、教学过程、学业评价的影响是直接的、硬性的和严格的，这为教学过程的直接操作提供了方便，但不利于教学创造性的发挥。

而课程标准的重点是对公民素养的基本要求做出规定，因此它对教材编写、教学过程、学业评价的影响是间接的、弹性的和指导性的，从而使教学工作具有更大的自主性、灵活性和创造性。所以国家课程方案应该包括的是规定学生各方面素养的基本要求的各科课程标准，而不是直接指导学生的教学大纲。当然，课程标准与教学大纲之间有许多相同内容，但是，两者的出发点和重点是不同的。

从教学大纲走向课程标准，折射出语文教育在新时期的变化和调整思路。

（1）指导思想的变化。教学大纲以基本知识为主线，重在培养和发展学生的思维能力和自学能力。课程标准以发展素养为宗旨，重在培养学生的创新思维和终身学习的能力。

（2）教学目标的变化。教学大纲按学科知识体系编排，教学目标侧重知识，而且比较单一，并与教学内容分离。课程标准设计"三维"教学目标：知识和能力、过程和方法、情感态度和价值观，这就保证了教学目标的多元性、灵活性和创造性。

（3）教学内容的变化。课程标准在原有教学大纲的知识基础上，删减部分比较陈旧、难度较大的内容，补充现实生活知识和高新科技知识。这种变化在《语文课程标准》指导下编写的北师版小学语文教材中更为明显地得到体现。

（4）教学要求的变化。教学大纲提出了许多具体的"教学要求"，而课程标准则只提出原则性的"教学建议"。从教学大纲的"静态"要求到课程标准的"动态"建议，不仅是表述方式上的变化，更重要的是使学生由被动的接受性学习转变为主动的探究性学习，为培养学生的创新精神和实践能力提供条件。

（5）教学评价的变化。教学大纲指导下的教学评价更多的是鉴定、选拔，评价的主要功能是"区别"。课程标准更强调教学评价对教学过程的诊断和反馈，强化教学评价对教学过程的调控作用，注意教学评价与教学过程的相互结合与渗透。

2.从"最高要求"走向"基本要求"

教学大纲的出发点和重点是对语文教学工做出细致的规定，甚至规定教材编写、教学过程、学业评价的"最低要求"和"最高要求"。特别是提出了"最高要求"限制，强调教学不能超过"大纲"，这就势必限制学生各方面的发展。试想，在一个限制1米高的小房间里给学生量身高，所有学生的身高那就只能在1米以下，不可能有身高超过1米的学生，这是多么可恶的事情。

《语文课程标准》规定了国家对公民在语文素养方面的基本要求。下面对"基本要求"做引申说明：

（1）绝大多数学生都必须达到这个"基本"要求

《语文课程标准》作为国家课程文件，只能对中国绝大多数地区、绝大多数教师、绝大多数学生提出需要达到的一个基本要求，而不可能是所有。所以，《语文课程标准》的要求和实施就有地区之间的差异、学校之间的差异、教师之间的差异、学生之间的差异。

（2）绝大多数学生"基本"达到这个要求

《语文课程标准》作为一个国家法定的标准，只求绝大多数学生基本达标，并不要求每一个学生在每一个方面都是优秀。在语文教学总体目标上，要求绝大多数学生在每一个方面都基本达到《语文课程标准》中"基本"的要求。

《语文课程标准》开篇明义，提出现代社会对公民提出的"基本要求"是：人文素养、科学素养、创新精神、合作意识、开放的视野、阅读理解和表达交流能力、运用现代技术搜集和处理信息的能力。

（3）从"学科课程"到"整合课程"

长期以来，语文课程强调学科本位，以传授本门学科的基础知识为中心，这固有它的积极意义，但是这样的语文课程缺乏与学生生活、社会实践的联系，导致语文课程的内容空、偏、旧、繁。《语文课程标准》积极倡导新的课程观，主要是：

①"生成的课程观"。课程的英文是"Curriculum"，意思是阅历、经历、过程。所以课程不是既定的固定系统，而是预设的变化系统。课程是不断生成的：课程观念是生成的，课程体系是生成的，课程内容是生成的，师生的经验是生成的，教学方法是生成的，教学评价也是生成的……这种生成、变化的特性既为课程的不断延伸提供了可能，也为语文教师创造性地使用教材留下了广阔的空间。

②"活动的课程观"。语文课程包括学科课程和活动课程。学科课程有利于学生掌握系统的科学知识，但固守学科本位，认识有余，实践不足，不利于学生主动地、生动活泼地、可持续性地发展。"实践出真知"，活动也是学生学习语文的重要形式。《语文课程标准》大力提倡的"综合性学习"就是建立在活动课程观基础之上的。让学生在活动中认知，在活动中体验，在活动中创意，在活动中发展，这就是学习《语文课程标准》后留下的深刻思考。活动课程观的兴起，已经开始动摇"课堂是语文教学的主渠道"的传统观念。

③"整合的课程观"。这就要求改变单一传授语文知识的课程功能，构建各种因素整合的优化体系。这种整合主要有两个基本思路：语文教学内部的整合、语文教学与外部因素的整合。具体包括语文教学功能的整合、知识的整合、方法的整合、能力的整合、评价的整合

等等。从某种意义上说，语文课只是一个案例，学生要掌握的不仅仅是课文内容、情节，更重要的是课文背后隐含得更为丰富的人文内涵。

二、小学语文课程标准的主要内容

（一）小学语文课程的性质和地位

1.小学语文课程性质

课程的性质是某课程区别于其他课程的本质属性。具体到语文学科来说，就是语文不同于其他学科的特点，是语文所独有的。只有正确地认识课程的性质，才能在教学中正确地把握方向，落实课程的教学任务，采用相应的教学方法。因此，正确地认识语文课程的性质是语文教学的首要问题。

那么，语文的性质是什么呢？这一直是个备受争议的问题。

1952年，教育部颁布的《小学语文教学大纲（草案）》指出："小学语文学科是以社会主义思想教育儿童的强有力的工具。""小学语文学科是各科教学的基础。"

1963年5月颁布的《全日制小学语文教学大纲（草案）》明确指出："语文是学好知识和从事各种工作的基本工具。"

1978年2月，教育部颁发的《全日制十年制学校小学语文教学大纲（试行草案）》指出："语文是小学的一门重要学科。""它的重要特点是思想教育和语文教学的辩证统一。""学生学会了看书、作文，掌握了语文这种基础工具，对于学习其他各门知识是非常重要的。"

1986年12月，国家教委颁布的《全日制小学语文教学大纲》明确指出："小学语文是基础教育中的一门重要学科，不仅具有工具性，而且有很强的思想性。"

1992年1月，国家教育部颁发的《九年义务教育全日制小学语文教学大纲（试用）》指出："小学语文是义务教育中的一门重要的基础学科，不仅具有工具性，且有很强的思想性。"

从以上不同时期的小学语文教学大纲对小学语文学科性质的表述可以了解到，据不完全统计，对语文课程的性质的看法不下20种。如工具性、基础工具性、思想性、文学性、综合性、实践性、社会性、民族性等。

1956年的大纲第一次涉及思想性、工具性和基础性，然而语焉不详；1963年的大纲突出了小学语文学科的工具性质；1978年的大纲点明了思想性是语文学科与其他学科的重要区别；1986年的大纲为小学语文学科性质的认识开始整合，较为全面地概括了学科性质的三个方面：基础性、工具性和思想性；1992年的大纲基本上承袭前说。

随着新世纪的到来，教育部2001年新制定的《语文教学大纲》，给人耳目一新的感觉。它开宗明义地指出："语文是最重要的交际工具，是人类文化的重要组成部分。"旗帜鲜明地表达了小学语文学科的性质：工具性和文化性的统一。继而具体地阐述："小学语文是义务教育阶段的一门基础学科，对于培养学生的思想道德品质和科学文化素养，对于学生学习其他学科和继续学习，对于弘扬祖国的优秀文化和吸收人类的进步文化，提高民族素质，都具有重要意义。"既弥补了学习语文学科的第三个性质，又连用三个"对于"强调小学语文对提高民族素质的作用。显而易见，语文教学大纲对小学语文学科性质概括为：工具性、文化性和基础性。

（1）语文课程的工具性

语文课程的工具性，不仅意味着语文本身是一种工具，而且是用以达到目的的工具。因此所谓"工具性"在这里实际上是强调了语文课程的功能与目的。

语文本身是一种工具。就个体而言，人们使用语言（即言语活动），表达思想感情，进行思维活动。就人际而言，经由语言，人们可以交流思想与情感；经由语文，人们还可以造成预期的行为事实；就人类总体而言，语言是人类文化得以积淀和传承的载体。除了涵盖语言基本功能之外，语文课程的学习使儿童在学习语文过程中，还有思想情感、政治以及审美价值的功能。就课程体系而言，语文课程的工具性还表现在语文的学习还有助于其他学科的学习，即语文是学习其他学科的工具。

综上，我们得知，工具性是语文学科的本质属性，语文课程的工具性是指语文本身是表情达意、交流思想的工具，可以帮助学好其他学科。同时，语文可以传承文化，可以传达社会价值观，从而维系社会的正常运作。

（2）语文课程的人文性

语文是一种交际工具，也是一种思维工具。语言是因为人的思维而存在的。语文又是文化的载体。语文教育是一种特殊的语文实践活动，其特殊性表现在特定的时空和对这种活动的特别的联想。语文实践活动的主体当然是人，语文教育的主体也是人——一群特殊的人，即教师与学生。我们在强调语文课程的工具性时，实际上是从语文教育的外在目的的角度去看语文课程的属性的。但从语文教育内在目的的角度，语文实践活动就是在特定历史文化下人的一种具体而又丰富的生命活动。所以从语文教育的完整角度看，语文课程当然是有了人文性。

语文课程的人文性，是指语文学习过程是人实现自我成长的过程，是激发人创造力与生命力的过程。语文教育活动是指在特定的时空中，教师与学生双向、积极的生命运动过程。尊重人、尊重具体的人的文化及其多样性，是语文课程的应有之义。

（3）语文课程的基础性

从课程论的国际分类法角度来说，小学中的核心课程是由语文、数学两门学科构成，语文处于基础地位。从小学语文课程对学习者起到的作用和影响来说，其地位也是非常重要的。首先，小学语文是学习者学习各科知识和终身学习的基础。数学家苏步青十分强调语文的基础作用，他认为语文和数学都是基础，但语文是基础中的基础。其次，小学语文为学习者服务社会、学会做人打下基础。小学语文要培养学生理解与运用祖国语言文字的能力，即听、说、读、写四项基本能力。将来无论从事什么工作，乃至于自身的发展，都离不开这四项能力。在语文的文化学习与能力培养的过程中，学生的情感、品德、心理得到健康的发展，这又为学会做人、认识世界打好了基础。

2.小学语文课程性质的关系

工具性是语文课程的本质属性，是语文的本色行当，它侧重于形式、技能；文化性是语文课程的特有属性，它侧重于内容、教育，语文的文化性集中体现为人文性。因此，在小学语文教学中，应该把语言文字的工具训练和人文教育结合起来。忽视人文精神，只在语言文字上兜圈子，语言文字就失去了灵魂和生命；脱离语言文字的运用，架空讲人文性，人文教育也无法落实语文的基础性。如果说工具性侧重于交际功能，文化性侧重于教育功能的话，那么基础性则侧重于发展的功能。或者说，工具性和文化性着眼于语文课程的特点，着眼于语文课程的特殊功能，基础性着眼于语文课程在基础教育和终身发展中的特殊意义和地位。

如果说语文课程的工具性着重指明学生应学什么、怎么学，那么，语文课程的人文性则重在揭示学生为什么而学，以及将来怎样去学。语文课程的工具性和人文性统一的客观基础还在于人的完整性。

我们既要从局部，又要从全局的角度认识小学语文学科的性质。

3.小学语文课程的地位

《语文课程标准》(实验稿)明确指出："语文课程应该致力于学生语文素养的形成与发展。"

其中提到的"两个基础，一个重要"，指出了语文课程的重要地位。语文素养具有基础性。"语文素养是学生学好其他课程的基础，也是全面发展和终身发展的基础"；语文课程具有多重功能和奠基作用。学语文，学做人，学创造，能为一个人的一生打好基础。正是由语文素养的基础性，由语文课程的多重功能和奠基作用，决定了它在九年义务教育中的重要地位。

新中国成立以来，我国的课程计划有过多次调整。有种迹象表明：语文课程的课时数的绝对值和相对比例在逐步减少。义务教育阶段，语文约占总课时的20% ~ 30%。与历次课时计划相比，这次课程计划增加了"综合性学习"这门课程，减少了语文课程的学习时间。但是，语文课程的时数仍然是最多的。这是语文课程基础性和重要性的体现。无论从质上，还是在量上，语文课程的重要地位都是显而易见的。

(二)小学语文课程的基本理念

在《标准》前言部分中阐述的又一个重要问题是课程的基本理念。课程的基本理念，体现了课程改革的指导思想、改革重点和实践追求。"理念"原本是一个哲学术语，指的是具有意义的理性观点，是介于理论与实践之间的一个概念，是对规律的一种诠释。《语文课程标准》使用理念一词，其目的是为语文教育提供一种理性规范，引发对语文教育的理性思考，以此更好地指导语文教育实践。语文课程理念是一个理念系统，包括目的和途径两个方面。根据《语文课程标准》关于基本理念的规定，"全面提高学生的语文素养"是语文课程的目的，"正确把握语文教育的特点"是达到语文课程目的的前提，"积极倡导自主、合作、探究的学习方式"是达到语文课程目的的策略，"努力建设开放而又有活力的语文课程"是达到语文课的目的的保障。

1.全面提高学生的语文素养

（1）"基本的语文素养"的内涵

"九年义务教育阶段的语文课程必须面向全体学生，使学生获得基本的语文素养。"这句话指明了义务教育阶段语文课程和教学应达到的目的。

"素养"这个提法在以前的大纲里是不曾有的。20世纪五六十年代强调的是语文基础知识和语文基本技能的"双基"教学（1963年的《小学语文教学大纲》）；1978年的《小学语文教学大纲》和《初中语文教学大纲》重视的是培养学生的语文能力，发展学生的智力；20世纪90年代，提出了普及义务教育，对学生进行素质教育，要提高学生的科学文化素质和思想道德素质。语文素养的提出是时代发展的需要，是教育科学发展的必然。

"素养"在《现代汉语词典》里的解释是"平日的修养"。《辞海》里的解释是"经常的修习和培养"。而对于"修养"，《现代汉语词典》里的解释是指"理论、知识、艺术、思想等水平"。可以看出，素养是后天培养起来的，不是先天的。素养是一种水平，一种高度。那它是不是一种能力？和能力有什么区别吗？"能力"在《现代汉语词典》里的解释是"能胜任某项任务的主观条件"。由此可见，能力的培养和形成带有具体明确的目的性，它关注的是功用或功力，如培养聆听的能力、说话的能力、默读的能力、写作的能力等。而"素养"的"修习培养"，没有明确的具体的目的性，或者说其目的性表现为抽象的、潜在的。它关注的是一种终极的发展。如培养温文尔雅的言行举止、大方得体的待人态度、睿智敏锐的思考风格等。它是对知识、能力、情感、态度等的综合抽象。它涵盖了能力，但不等于能力。譬如：如果说能力是能照明的火，素养则更像不竭的油。如果说能力是能解渴的茶，素养则更像源源不断地流淌着的泉。新课标提出要全面培养学生的语文素养，就是着眼于学生的终身发展，能为学生的终身学习打下扎实的基础。

"语文素养"也不同于"语文素质"。"素质"在《现代汉语》里的解释有两条：指事物本来的性质；心理学上指人的神经系统和感觉器官上的先天的特点。在一定范畴里，"语文素养"和"语文素质"都指语文教育的一种结果形态和存在（即通过语文课程达到我们希望在学生身上形成的东西），两个概念概括同一个对象及其本质属性，二者相互作用。但如果对这种结果形态进一步做生成上的分析就会发现，"语文素养"这一概念虽然不便拆开，可是由动词性的词素"养"反映出学生在语文学习过程中的持续的自主发展作用。它的形成不是单纯"教"的结果，更不是一种终结状态，而是必须由学生自己借助语文课程将优秀的语言文化成果内化成生命个性的一部分，内化的过程伴随语文教育过程不断进行下去。因此，动态性、实践性是语文素养的重要特点。

我们可以把"语文素养"的概念定义为：在语文课程学习过程中，学生通过识字写字、阅读、写作（写话）、口语交际、综合性学习，内化汉语言的优秀文化成果，最终在自己身上养成的一种涵养水平。语文素养是一种语文教育结果的表现形态，可以是一种新的价值，一种新的文化底蕴，也可以是一种新的水平。语文素养呈现语文水平的生成性的动态结构。伴随着语文知识的积累、语文能力的提高，语文素养也不断得到提升。语文素养概念的提出，可以启发我们重新审视语文课程的价值和功能，调整当前的、今后的语文教育的观念和策略。

《语文课程标准》指出对小学生的"基本的语文素养"的培育和提高要关注以下七项要素：①热爱祖国语文的思想感情；②正确地理解和运用祖国语文；③丰富的语言积累，培养语感；④发展思维；⑤识字写字能力、阅读能力、写作能力和口语交际能力；⑥品德修养和审美情趣；⑦培养良好个性和健全的人格。

其中，语文四方面的能力和良好的个性与健全的人格是最为"基本"的两个要素，在这七要素中尤为重要。

《语文课程标准》在"总目标"中所列的10条是对九年义务教育阶段每个学生在语文素养方面的具体要求，其中1~5是宏观要求，6~10条是微观上的要求。一般认为，如果达到了这10个目标，就应该认为已经全面提高了学生的语文素养。

（2）"全面提高学生的语文素养"的含义

作为新课程核心理念的"全面提高学生的语文素养"中的"全面"包含了三个方面的意思：一是全员、二是全面、三是全过程。

一是全员。即必须面向全体学生，学生的语文素养要全员提高。20世纪80年代联合国教科文组织发表过一个题为《学会生存》的研究报告，认为：作为一个世界公民，要想在"地球村"更好地学习、有效地工作、高质量地生活，人人必须掌握五大最基本的本领，即"听、说、读、写、算"五大生存本领，属于语文素养范畴的便是听、说、读、写四个方面。这就提醒我们树立全员提高的意识，着眼于全体学生的语文素养。《课程标准》所设计的课程目标必须面向全体学生，不是少数学生，也不是绝大多数学生。"一个不能少"，要因材施教，提高每一位学生的语文素养，并使之达标。这是每个学生都应该获得的最基本的语文素养，这是义务教育给他的基本权利，也是他将来赖以学习、生活和工作的保证。

二是全面。语文素养的内涵非常丰富，九年义务教育的语文课程标准，是全体学生通过9年的语文课程教学能够达到的最基本的教育要求，这一要求，将使学生的语文素养得以全面提高。以往的语文教学比较侧重于双基的学习与训练，忽视人文精神的熏陶，学生容易失去个性，异化为"工具"。而语文新课程和教学既重视"语言基本技能的训练"，又"重视语文的熏陶感染作用"，旨在促进学生语文能力的形成和良好的个性与人格的培养；并以这两项要素为基本点，关注每一项语文素养的培育与养成，促进每一位学生语文素养的全面形成与发展。

三是全过程。学生语文素养的提高是一个过程。这是一个时空持续递进与发展、素养逐渐培育与提高的动态过程。它提醒我们要建立过程的意识，着力于每一时段、每项素养不断提高的过程。从时间看，义务教育的学习时间为九年一贯制，前六年为第一、二、三学段，相当于过去的小学低、中、高年级。每一学期、学年和学段中学生语文素养的提高，都是一个依次渐进的过程。从空间看，每位学生的智能结构、价值体系的建构，都是一个渐趋发展的过程。可见，在这动态的过程中，学生语文素养的提高是个不断丰富、逐步完善的过程。

2.正确把握语文教育的特点

（1）人文

语文课程的性质决定了语文课程有着丰富的人文内涵。将语文课程和自然科学类的课程比较，可以看到，语文课程中有大量具体形象的、带有个人情感和主观色彩的内容。由于学习者知识背景、生活经验、体悟角度的不同，面对同样的课文，不同学生会有不同的理解、感受。如学习《落花生》，有的人认为花生默默奉献的品质值得学习;但也有学生不同意，认为现在是市场经济，一个人要有竞争意识，要善于展示自己，推销自己，所以既要像花生那样埋头苦干，也应该像桃子、石榴、苹果那样善于展示自己。学生学习过程中，这些独特的体验、个性化的感受、多元化的理解、独特的思考，作为语文教师要鼓励他们不唯书、不唯师、不唯上的多元价值判断。

强调学生独特体验的同时，我们也必须注意教学内容的价值取向。孔子认为，教学不但要"博学于文"，还要"约之于礼"因此语文教师除组织学生"博学于文"，进行语言教育与言语训练外，还要"约之于礼"，引导学生求真、向善、趋美。价值取向的引导，对小学生成长、发展的一生来说，其必要和重要是不言而喻的。语文学习材料中，描述的人物正邪忠奸、记叙事情的是非曲直、抒发的情感美丑好恶、引用数据的真假虚实、谋篇布局的高下优劣、遣词造句的得体与否，都要引导明辨。语文对人的影响往往是终身的，其深广不可低估。语文课程应该从对人的健康发展负责的高度选择教学内容，把握个性解读的分寸。

（2）实践性

大家都知道，学游泳光懂得游泳的理论知识是不行的，必须到水中去练习、去实践。小学生学语文也是这样，应该通过大量的语文实践活动培养语文实践能力，而不是建构语文知识系统。

20世纪70年代末，语文教育界对于传统语文教学中的混沌状态很不满意，对于文选型的语文课本很不满意，试图为语文教学设计一条"科学化"的路线，将数理化的教学体系搬到语文教学上来，想靠系统讲语文知识，靠按部就班的系统化训练来形成小学生的语文能力，结果将语文教学带入"死胡同"。

"学理如筑塔，学文如聚沙"。我们应该遵循语文学习活动的规律。何况语文是母语课程，母语教育有基础、有语境、有资源。我们应该不断开发、充分利用无时不在、无处不有的语文教育资源，让学生在大量的、丰富多彩的语文实践中感悟、习得，丰富语言积累，形成良好语感，逐渐掌握运用语文的规律。

（3）汉字的特点

汉字是音形义的结合体，其中"形"是关键，是区别于拼音文字之所在。象形、指事、会意、形声，都是汉字特有的极富创意的造字方法。因此，汉字因形求义，可以省去死记硬背的苦恼，学习、理解、书写汉字，本身就应该是一件很有趣味的事情。

从母语本身的特点出发，我们就不能按照印欧语法的条条框框，也不应该像他们那样重视语法教学，而应该重整合，重感悟，重积累，提倡多读多写，培养语感；不应该急功近利，指望立竿见影，而应该长期熏陶，增加积淀；不应该照搬西方分析的一套，而应重视整体把握能力的培养。

3.积极倡导自主、合作、探究的学习方式

学习方式，是指学生在完成学习任务过程中的基本的行为和认知取向。而自主性、合作性和探究性是新课程倡导的学习方式的三个基本特征。这种学习方式相对以往的被动式、接受式的学习来说，可谓革新鼎故；相对以往的封闭式、孤独的学习来说，可谓翻天覆地；相对以往死记硬背、训练应试的学习来说，它是一场学习的革命。这场学习方式的革命，将变"死读书"为"活读书"，将变"一言堂"为"群言堂"，旨在培养中小学生有个性的学习和有创意的学习意识、习惯与能力，并逐步形成创造精神与实践能力。

要切实实现学生学习方式的转变，自主学习是基础。自主学习，是指学习主体有明确的学习目标，对学习内容和学习过程有自觉的意识和反应的学习方式。学生是学习的主人，是发展的主体，是"教学之本"。我们要研究小学生身心发展和学习语文的特点，了解他们的个体差异和学习需求，激发其学习兴趣、好奇心、求知欲和进取精神，使他们乐学，主动学，越学越爱学。

合作、探究是实现有效学习的重要方式。要倡导在自学、自悟基础上的各种形式的合作、探究学习。要让每一个学生在群体面对的共同任务中都积极承担自己的责任，互相支持，互相配合，互相启发，提高学习效率，增强合作精神。要鼓励和帮助学生自己探究问题，探索解决问题的途径，寻求答案。要鼓励学生在探究中尝试采用不同的方法，探索适合自己获取新知识的能力和途径。

在课堂教学的探究学习过程中，教师的作用重在组织、指导、适时参与，切忌主观地将学生的探究引入自己的思维定式。教师要千方百计地、最大限度地调动学生参与探究的积极性、主动性，使参与的面更宽；教师要把学生的思维恰当地向广度、深度引导，使参与的程度更高；教师要引导学生自主地、科学地获得知识与技能，从而学会学习，提高学习能力。

倡导自主、合作、探究的学习方式，教师应切实树立学生为主体的观念，把自己置于与学生平等对话的地位，并努力使自己成为民主、平等对话的引导者，做"平等中的首席"。

在运用"自主、合作、探究"学习方式时应注意的问题：

（1）要辩证地看三者之间的关系。自主是实现合作、探究的基础和前提，合作是促进自主、探究的途径和形式，探究是表现自主、合作的最终目的。三者可谓互为一体，相辅相成。

（2）教师要找准角色位置，注意角色位置的转换，成为学生"自主、合作、探究"学习的引导者、组织者、合作者、参与者、学生发展的促进者。营造民主、开放、和谐的学习氛围，提供"自主、合作、探究学习"的空间；尊重学生独立人格，发展其个性；遵循学生的生理心理特点、已具备的认知水平和能力情况，每次自学、合作、探究学习的目标定位要恰当；组织好相对稳定的实实在在的合作学习的集体，提高合作学习的效益。

4.努力建设开放而有活力的语文课程

"开放"是相对于"封闭"来说的，语文课程的开放性是针对传统教学"书本中心、课堂中心、教师中心"的封闭性弊端提出的。

（1）开放性语文课程的特征

时代性。时代发展的大背景是语文教育发展的客观依据。当前国际、国内政治、经济、文化、教育开放的趋势，为语文课程的开放提供了条件。语文课程应与时代的特点相适应，并随着时代的变化而发展。

社会性。语文课程的视野不能仅仅局限于语文教育自身系统，而应触及整个社会大系统，并从中得到思维上的启迪。语文课程的建设应该向社会开放，密切联系现代社会实际，促进学生主动适应现代社会生活。

客观性。语文课程的开放不拘泥于某一内容和方法，它是语文教育全过程、全方位的开放。所以，现代化的开放的语文课程体系包括：课程目标的开放、课程内容的开放、课程时空的开放、课程类型的开放、课程评价的开放等。

时效性。从目前众多的语文教育现象看，开放更多地体现在外部形式上，其精神实质容易被忽略，造成"为开放而开放"的形式主义。语文课程的开放要更多地关注它的实际效果，把开放的形式与效果的优化结合起来思考，这称为"开放–增效"效应。

（2）开放性语文课程的内容

从课程目标来看，开放的语文课程目标不仅仅局限于语文知识传授这一维度，而应从知识和能力、过程和方法、情感态度和价值观三个维度进行开放性设计。特别是"过程与方法"这一维度的提出，为语文课程目标的确定打开了思路，扩大了视野。

从课程类型来看，开放的语文课程应包括国家课程、地方课程和校本课程。既包括语文学科课程，也包括语文活动课程和语文综合学习课程。

从课程的时空看，开放的语文课程不局限于课本、教师、校园，还应该与社会、家庭、学生生活沟通。不仅存在于物理的真实空间，而且存在于虚拟的网络空间，甚至师生的整个精神世界。

从课程实施看，开放的语文课程要求学生、教室、文本之间交流，互动，强调师生对课程、教材、教法的意义重建。教师应拓宽语文学习和运用的领域，注意跨学科的学习，注重现代科技手段的运用，使学生在不同内容和方法的相互交叉、渗透和整合中开阔视野，提高教学效率。语文课程还应满足不同地区、不同学校、不同师生的需求。

从课程发展来看，开放的语文课程应植根现实，更要面向世界，面向未来，应根据社会的需求不断自我调节，更新发展。还应密切关注当代社会信息化的进程，推进语文课程的变革与发展。新时期的语文课程应该是开放的、变化的、发展的、有活力的。

综上所述，语文新课程的四个基本理念各有侧重："全面提高学生的语文素养"为语文课程目标的理念；"正确把握语文教育的特点"为语文教学的理念；"积极倡导自主、合作、探究的学习方式"为语文学习的理念；而"努力建设开放而有活力的语文课程"则为语文课程内容的理念。

（三）小学语文课程的目标体系

课程目标是《语文课程标准》的核心内容，体现了语文课程在培养人方面提出的要求、应达到的目的。

1.课程目标的设计思路和呈现方式

（1）纵向的整体性——九年一贯整体设计

以往的教学大纲，小学和初中分开设计，彼此缺少联系，在课程目标上难免出现重复要求、相互脱节等问题。这必然导致教材、教学上出现同样弊病。《语文课程标准》在课程目标上九年一贯整体设计，在"总目标"之下，按1~2年级、3~4年级、5~6年级、7~9年级这四个学段分别提出"阶段目标"。四个"阶段目标"任务明确，要求具体，拾级而上，保证了"总目标"的落实。这样设计，有利于中小学教学的衔接，很好体现了语文课程的整体性、阶段性、连续性。

（2）横向的协调性——五个板块并列呈现

阶段目标从"识字与写字""阅读""写作"（1~2年级为"写话"，3~6年级为"习作"）、"口语交际"和"综合性学习"五个方面提出要求。

五个板块的设计体现了对综合化的追求，有利于增强目标之间的协调性。比如，"综合性学习"属学习方式，与上述四个方面不在一个层次，之所以单列出，意在超越和沟通听、说、读、写，提高多方面的能力，促进协调发展；"汉语拼音"放在"识字与写字"部分，有利于汉语拼音教学的准确定位，也有利于激发刚入学孩子学习语文的兴趣。

（3）三维的交融性——三维目标有机结合

上述的"纵向结构"（九年一贯的四个学段）与横向结构（"识字与写字""阅读""写作""口语交际"和"综合性学习"构成的五个板块）组成了一个纵横交织的平面系统，目标中三个维度的交融则使这个平面系统血肉丰满，成为一个多元化、立体化的生命体。

①知识和能力。我们过去对于"知识和能力"这一维度是重视的，但新时期对这一维度的界定有了变化，如培养学生略读与浏览的能力，增强他们的信息意识，形成其搜集和处理信息的能力，等等，都是过去的大纲不曾提到的。对于知识和能力的关系也有了新的认识。过去认为语文知识决定语文能力，学生的语文知识越丰富，语文能力越强。《语文课程标准》则认为，语文教育是培养学生语文能力的，不宜刻意追求语文知识的系统和完整。

②过程和方法。课程目标中有一些"过程和方法"方面的目标，更多的是在"知识和能力"的目标中渗透了"过程和方法"。如第三学段（5~6年级）"习作"部分的目标："修改自己的

习作,并主动与他人交换修改,做到语句通顺,行款正确,书写规范、整洁。"这些目标是以往的大纲少有的。《语文课程标准》重视"过程和方法"这一维度的目标,其意义在于改变以往教学只重结果不重过程的现象,注重学习者的学习经历和学习经验,引导学生在学习中掌握学习方法,从而让学生学会学习,切实提高语文能力。

③情感态度和价值观。值得注意的是:课程标准强调了"情感态度和价值观"这一维度。语文教育不单是教给学生一种交际工具,还要立足于人的发展。要全面提高学生的语文素养,培养他们的爱国主义精神和社会主义道德品质,逐步形成其积极的人生态度和正确的价值观,还要培养学生热爱祖国语文的情感,提高他们的文化品位和审美情趣,增加他们的文化底蕴。这就需要我们重视语文教育的熏陶感染作用,以语文丰富的人文内涵来影响学生的精神世界,从小上好人生的底色。

更要注意的是《语文课程标准》突出了三个维度的有机融合。以第三学段(5~6年级)"口语交际"六条目标为例,几乎每一条都是三个维度的融合,很难将它们分开:①与人交流能尊重、理解对方;②乐于参与讨论,敢于发表自己的意见;③听他人说话认真耐心,能抓住要点,并能简要转述;④表达要有条理,语气、语调适当;⑤能根据交流的对象和场合,稍微准备,做简单的发言;⑥在交际中注意语言美,抵制不文明的语言。

三个维度的交融,体现了工具性与人文性的高度统一,体现了语文教学改革的方向,使日常的语文教育上升到追求真善美的境界。

(4)具体目标的弹性设计

《语文课程标准》立足于开放的教育思想,在具体目标的表述和实施建议中都留下空间,为教师创造才能的发挥提供了条件。例如,课程具体目标的表述分三种:一是明晰性表述。有明确的知识、能力达成度。如"认识3500个左右常用汉字"。二是描述性表述。由于语文的模糊特点,有的目标不可能十分确定,只能是描述性的,特别是关于情感、态度和价值观的目标。三是弹性表述。主要体现课程目标的包容性和适应性。弹性课程目标的提出,为教材编写、课堂教学、教学评价留下灵活的余地。这是一种教学理念的嬗变。

2.语文课程总目标的理解

根据对语文课程性质与地位的理解,以及对课程改革新理念的研读,经过综合、梳理,总目标归纳为十条。这十条并不是随意排列的,而有一定的逻辑顺序。大致而言,前五条目标从语文素养的宏观方面着眼,在"情感态度和价值观"和"过程和方法"两个维度上有所侧重:第一条是关于道德情操、文化品位、审美情趣等方面的要求;第二条是关于对待古今中外不同文化的要求;第三条是关于语文学习的态度方法等方面的要求;第四条是关于思维品质和科学精神等方面的要求;第五条说的是学习语文重在探究,重在实践。后五条目标从具体的语文能力培养方面着眼,侧重在"知识和能力"这个维度;第六条关于汉语拼音、识字写字能力;第七条关于阅读能力;第八条关于写作能力;第九条关于口语交际能力;第十条关于使用工具书和搜集处理信息的能力。

但这种侧重不是绝对的，三个维度还是相互交融、渗透的关系。如第一条的表述强调"在语文学习过程中"，这就涉及过程与方法；第二条既是对各种文化的态度，也可以理解为学习内容和能力要求；第三条侧重语文学习习惯和方法，但"热爱祖国语言文字的情感"又属情感态度的要求；第四条既讲能力，又讲态度，还讲方法，等等。后面的五条虽侧重于语文知识与能力，但阅读方面提出"注重情感体验""受到高尚情操与趣味的熏陶，发展个性，丰富自己的精神世界""学会运用多种阅读方法"就属于情感态度和过程方面的要求，"文明地进行人际沟通和社会交往，发展合作精神"又属于情感态度方面的需求。对这十条总目标的内容要有辩证灵活的理解，努力把握其中的基本精神。

"总目标"是基于人的终身需要及和谐发展所应具备的综合语文素养而提出的，它的基本精神体现了人文性与工具性的统一、思想性与审美性的统一。具体说来，其中突出了这样一些思想：

（1）强调了学生在语文学习中的主体地位。"总目标"关于学习语文的情感态度和价值观的表述，是从学习主体发展的内在需要出发的，不是外加的灌输，所以特别注意不脱离语文学科的特点，将价值观的引导和提高文化品位、审美情趣联系起来考虑，将学习语文的自信心化为养成良好学习习惯的先决条件。在学习方式方面，强调"能自主进行探究性学习"，也是为了强调学生在语文学习中的主体性。在能力培养方面，如第七条关于阅读能力，强调"具有独立阅读能力"，也就是把每一个在阅读中的学生都视为一个独立的自我，这样才能做到目标中所说的在阅读中"注重情感体验""发展个性、丰富自己的精神世界"等要求。如果只是以落实所谓的"知识点"为前提，以单纯的接受式学习为过程，以知识技能的熟练为目的，就无法真正实现学生的主体地位。

（2）凸显了现代化对语文能力的新要求。如：考虑信息社会特点，加上"初步具备搜集和处理信息的能力"一条；着眼于现代社会人际交往频繁的要求，口语交际方面提出"具有日常口语交际能力"，强调文明交往和合作精神，改变了过去大纲将"听"的能力与"说"的能力分开，且未重在双向交流的表述。为了提高学生的思维品质和创造精神这些现代公民的重要素质，特加上"在发展语言能力的同时，发展思维能力，激发想象力和创造力"这一条，突破原来只强调听说读写能力的局限性。思维与语言关系密切，过去谈到思维能力，比较偏重于逻辑思维，诸如划分段落、概括段落大意、归纳中心思想等分析套路，都属逻辑思维训练。语文课程应使学生的形象思维和逻辑思维得到均衡发展，让学生学会学习，很大程度上依赖于思维品质的提高，依赖于学生本就具有的创造潜能的激发，这有利于学生的终身发展。爱因斯坦说过："想象力比知识本身更重要。"如有的同学通过研究，就发现形象思维与自然科学家成才有密切的关系。此外，有鉴于语文不仅是文化的载体，而且本身就是文化的重要组成部分，加入"认识中华文化的丰厚博大，吸收民族文化智慧。关心当代文化生活、尊重多样文化，吸取人类优秀文化的营养"一条，体现继承中华优秀文化传统，具有全球性的文化视野以及语文学习与当代文化密不可分的联系。

（3）突出了语文课程的实践性本质。语文课程的一个基本目标是培养学生运用语文的实践能力，而提高语文能力的主要途径是语文实践。"总目标"第五条对此做了总的描述："能主动进行探究性学习，在实践中学习运用语文。"同时，让这一精神贯穿于汉语拼音、识字写字、阅读、写作、口语交际的诸方面能力的要求中，而大大淡化了对系统的语文知识传授的要求。如关于识字写字汉语拼音学习，强调能识、能写、能说，不提或少提知识要求；关于阅读，强调丰富积累，发展语感，学会运用多种阅读方法；关于写作，也注重实际的表达和交流能力，不提或少提写作知识的要求；关于口语交际，强调在人际沟通和社会交往的背景下，通过各种交际活动来培养口语交际能力。即使涉及必要的语文知识，也都是和有关能力的要求结合在一起表述的，注重知识与能力的整合及其在实际运用中的价值。

(四)小学语文课程的实施建议

历年的语文教学大纲都是以"教学要求"提出的，涉及的主要是课堂教学的要求。而《语文课程标准》的这部分内容具有较强的操作性，是《语文课程标准》的主要内容，开拓了新思路，提出了四个方面的建议，包括教材编写建议、课程资源的开发与利用建议、教学建议以及评价建议（本书中，后文都有相关论述）。其中"课程资源的开发与利用建议"是《语文课程标准》首次提出的新建议，这提示语文教师要增加开发和利用课程资源的任务。

第三节　小学语文课程资源和小学语文教材

一、小学语文课程资源概说

"资源"，在《辞海》中的解释为"资财的来源"。《现代汉语词典》的解释为"生产资料或生活资料的天然来源"。从以上解释可以看出"资源"有以下的特点：资源作为原材料，一方面具有利用、开发的价值；另一方面这种价值是有待加工、开发的价值，而不是现成的、可以直接为人消费或享用的东西。因此，资源通常是指具有潜在利用价值的东西。可见，作为课程资源的各种事物必须能够为教育服务，有利于课程实施和教育目标的实现，或可以直接转化为学校课程，或能够为课程的实施提供良好的条件。20世纪80年代，随着美国经济学家舒尔茨"人力资源"概念的提出，人也被列入可供开发和利用的资源范围。

一般认为，语文课程资源指的是富有语文教育价值的、能够转化为语文课程内容的、服务于语文课程实施的必要而直接的各种资料来源和条件的总和。语文课程资源是一个外延较为丰富的概念，也包括为语文课程、语文课堂教学、语文教师专业发展所用的一切设备、资料和条件。

小学语文课程资源概念有广义与狭义之分。广义的小学语文课程资源是指那些有利于实现小学语文课程目标的各种因素；狭义的小学语文课程资源仅指形成小学语文课程的直接因素来源。这里所使用的小学语文课程资源是相对广义的课程资源概念，是形成小学语文课程的来源与必要而直接的实施条件。

（一）课程资源的分类

课程资源是指有利于实现课程目标的各种因素。从不同的角度出发，课程资源可以有不同的分类。

1.按照课程资源的功能特点，课程资源可划分为素材性资源和条件性资源。

素材性语文课程资源作用于课程并且能够成为小学语文课程的素材和来源，比如语文知识、技能、经验、活动方式与方法、情感态度和价值观念，以及培养目标等方面的因素。条件性语文课程资源指并不是形成课程本身的直接资源，也就是那些并非学生学习和收获的直接对象，但却是学习和有所收获的条件，比如决定语文课程范围和水平的人力、物力、财力和时间、场地、媒介、设备、设施和环境等因素。小学语文教学实践中的许多课程资源既包含课程的素材，又包含课程实施的条件。比如图书馆、博物馆、实验室、互联网、学生、教师等人力资源和环境资源就是如此。

2.按照课程资源空间分布的不同，课程资源可分为校内课程资源和校外课程资源。

校内语文课程资源包括学校内的图书室、阅览室、广播站、墙报等各种教育场所以及教科书、教学挂图、报纸杂志、电视、广播、网络等教育材料和报告会、演讲会、辩论会、研讨会、戏剧表演等活动。校外语文课程资源，如公共图书馆、博物馆、纪念馆、展览馆、少年宫、自然风光、文物古迹、民俗民情、标语广告、社区的生活环境、文化设施等。

《语文课程标准》对语文课程资源的列举就是根据这一方法将语文课程资源进行分类的："语文课程资源包括课堂教学资源和课外学习资源，例如：教科书、教学挂图、工具书、其他图书、报刊，电影、电视、广播、网络，报告会、演讲会、辩论会、研讨会、戏剧表演，图书馆、博物馆、纪念馆、展览馆、布告栏、报廊、各种标牌广告，等等。自然风光、文物古迹、风俗民情、国内外的重要事件、学生的家庭生活以及日常生活话题等也都可以成为语文课程的资源。"

不难发现，无论是校内课程资源，还是校外课程资源，都既包括素材性课程资源，又包括条件性课程资源，而且网络技术的发展已经开始逐步打破校内外课程资源的界限，使得各个层面的课程资源广泛交流和共享，并有课程相互转化。

3.按照课程资源的呈现形式，课程资源可分为显性课程资源和隐性课程资源。

显性的语文课程资源是指有利于语文课程目标实现的可见的实物资源，如语文课本、图书馆、互联网络等。隐性的语文课程资源主要是指对语文课程目标实现起重要作用的技能、经验、情感和价值观等因素。

另外，按照课程资源的存在形态，课程资源可分为物质形态的课程资源和精神形态的课程资源；按照课程资源的性质，课程资源可分为自然课程资源和社会课程资源等，也可分为学科资源和活动资源;按照小学语文学段可以划分为第一学段教学资源、第二学段教学资源、第三学段教学资源等;按照语文教学的内容可以划分为识字教学资源、汉语拼音教学资源、写字教学资源、口语交际教学资源、阅读教学资源、习作教学资源和综合性学习资源等;按照语文教学使用的类型分为文字资源、实物资源、活动资源和信息化资源等。

语文课程资源的多种分类,一方面说明人们对语文课程资源认识的深度和广度,另一方面说明语文课程资源具有丰富多样性。分类方法越多,开发与利用语文课程资源的思路也就越多。

(二)小学语文课程资源的内容

小学语文课程资源是指有利于小学语文课程目标达成的因素与条件的总和。按照课程资源的分类,小学语文课程资源也可分为以上类别。若进行综合性研究,一般包括以下方面的内容:

1.小学语文教材资源:包括语文教科书、教学参考书、教学挂图、补充读物、字词卡片等传统的语文课程资源。随着科学技术的发展,教学手段的现代化,语文教材的概念在不断扩大,还包括了幻灯片、录音带、录像带、激光视盘等。其中,语文教科书是核心。

2.人力资源:语文教师、学生、家长、语文学科专家、作家,以及社会各界人士等,对语文课程起着不可低估的作用,是重要的课程资源。在这之中,尤其应注意的是,教师和学生本身就是很重要的课程资源。

3.大众传播媒体资源:包括图书、报刊、电影、电视、广播、网络等。特别是网络,它不仅是实现资源共享的重要手段,其本身也是一种重要的课程资源。

4.语文实践活动资源:包括课内外、校内外等各种语文实践活动。如写字比赛、查字典比赛、词语接力比赛、故事会、报告会、演讲会、辩论会、研讨会、课本剧表演、社会调查写作等。活动可以开阔学生的视野,培养学生学语文、用语文的能力。

5.语文设施资源:学校图书馆、资料室、阅览室、黑板报、布告栏、报廊、各种标牌广告、博物馆、纪念馆、展览馆等。这些语文设施对学生的语文学习同样具有潜在作用。

6.其他资源:自然风光、文物古迹、风俗民情、国内外的重要事件、学生的家庭生活,以及日常生活话题等也都可以成为语文课程的资源。

(三)语文课程资源的特点

1.丰富多样性

《语文课程标准》也明确指出:"各地区都蕴藏着自然、社会、人文等多种语文课程资源。要有强烈的资源意识,去努力开发,积极利用。自然风光、文物古迹、风俗民情,国内外的重要事件,学生的家庭生活,以及日常生活话题等也都可以成为语文课程的资源。"由此可见,语文课程资源广泛地散布在世界各个角落,所以它具有丰富多样性。

2.客观存在性

语文课程资源是客观存在的，有的我们发现了没有利用，有的还埋在"地下"，有待于我们去开发。总之它们的存在不以人的意志为转移，它们散布在世界的各个角落，期待着一双双慧眼去挖掘利用它。不同的主体，开发利用的角度、广度、深度及达成的教育目标都是有很大差异的，这也说明了语文课程资源的客观存在性。

3.可加工和易转化性

语文课程资源并非可以直接成为语文教育课堂，它还只能是被选材料，只有在经过了教育学的加工后才转化为语文课程教学内容。例如：教师组织学生去野炊，只有将这次活动转化为作文教学材料，它才能算成为课程。语文课程资源中素材性课程资源的加工和转化，主要在于"为"与"不为"的问题。

4.价值潜在性

虽然语文课程资源无时不在、无处不有，但我们应该注意的是，只有那些真正进入课堂，与教育教学活动联系起来的资源，才是现实的课程资源。因此，一切可能的课程资源都存有价值潜在性，因此需要我们的教育工作者有一双明亮的慧眼，去挖掘那些潜在的课程资源。

长期以来，我们对语文课程的理解相对来说比较狭隘，基本上局限于"教学大纲""教学计划"和"教科书"，教师的教学行为也往往只是遵循"教学大纲"，执行"教学计划"，教授"教科书"。现在看来，这种观念不能适应语文教育改革和发展，也不能适应社会对学生语文素质的要求和学生对语文学习广泛而丰富的需求。随着人们对新课程观的理解，课程资源的开发和利用越来越受到重视，也成为摆在我们面前的一个新课题。

二、小学语文课程资源的开发与利用

(一)课程资源开发与利用的意义

1.对语文课程来说，有助于语文课程的实施和改革

语文课程资源和语文课程二者有着密切的关系。语文课程必须以语文课程资源为依托，没有语文课程资源也就无法谈及语文课程。但是，语文课程资源的外延范围远远大于语文课程本身的外延范围，并不是所有的语文课程资源都能成为语文课程的组成部分。语文课程实施的范围和水平，取决于语文课程资源的丰富程度，更取决于语文课程资源的开发和运用水平。同时，语文课程改革的设想也有赖于语文课程资源的开发和利用。

2.对语文教师来说，有助于语文教师的专业发展

教师本身是极为重要的课程资源，也是课程资源开发与利用的主力军。在课程开发与利用中，语文教师能开阔教育视野，转变教育观念，更好地激发创造力，这可以极大地提升语

文教师的素质和能力，促进其专业发展。

3.对学生来说，有助于改变学习方式，激发学习积极性和主动性

课程资源的开发与利用对学生的发展具有独特的价值。大量、丰富的语文课程资源能给学生多方面的信息刺激，调动学生多种感官参与语文学习活动。同时，由于学生也是课程资源开发与利用的参与者，就使学生从被动的知识接受者成为知识的共建者，这些都有利于学生语文学习方式的转变，也可极大地激发学生的学习兴趣，使学生身临其境，在愉悦中增长知识、培养能力、陶冶情操，全面提高自身的素质。

(二)语文课程资源开发和利用的途径

1.教材资源

教材是最重要的课程资源，也是学生进行学习的最基本的资源。作为重要的课程资源，有的教材缺乏个性，有的教材仅仅是个例子而已，有的教材跟现实生活的距离比较遥远，这就需要对这些教材做一些处理，以便达到有效利用的目的。教材的处理并不是教材内容的移植和照搬，而是要根据教材的不同特点，利用各种办法来达到让学生举一反三，熟练掌握并运用语言文字，提高语文素养的目的。概括地说，大致可以采用下列方法。

（1）增加

在整册文本的基础上适当增加一些篇目，以达到巩固、补充语文知识和提高语文能力的目的。以人教版语文第十二册为例，课本共有32篇课文，其中精读课文14篇，略读课文12篇，选读课文6篇。每个单元都有语文知识和能力的训练点，并且这些训练点的排列也有一定的规律，由易到难，循序渐进。经过对这些训练点的研究和分析，教师可在教学时增补一些相关内容。该册教材的增补内容相当丰富，大致可分为五块：①古诗词诵读，可选内容有《沁园春·雪》《奉赠韦左丞丈二十二韵》《论语·述而》《诗经·小雅·鹤鸣》《赠白马王彪》《凉州词》《从军行》《塞下曲》《十一月四日风雨大作》《秋夜将晓，出篱门迎凉有感》《阁夜》等；②古文诵读，可选内容有《揠苗助长》《守株待兔》《智子疑邻》《精卫填海》；③现代散文，《荷塘月色》《背影》《桨声灯影里的秦淮河》；④童话故事，《海的女儿》《丑小鸭》《天方夜谭》；⑤中外小说，《西游记》《三国演义》《水浒传》《鲁滨孙漂流记》。

（2）扩充

以某一篇目为基点，从不同角度进行拓展阅读，从而得到各方面修养的提升。鲁迅先生的《少年闰土》中的闰土在孩子的心目中，是一个很完美、很值得学习的形象。学完课文了，学生们都津津有味地谈论着闰土的勇敢、聪明。这时不妨提出："你们想知道中年闰土的样子吗？"学生们对此兴趣很浓，便将《故乡》推荐给了学生。学生读完后，对中年的闰土的变化以及造成他的变化的原因，提出了各自不同的见解。有的学生讲闰土变了，变傻了，变呆了。也许让学生理解其中的深刻道理很难，不过，把学生从课内带到课外，这一点我们做到了。课外的世界更精彩，教《草船借箭》，便把学生带向三国；教《孙悟空三打白骨精》，便

把学生带向《西游记》。教《春》时，带学生走近著名作家朱自清；教《猫》时，带学生走向老舍。我们的课堂阅读教学就应该这样把学生带向古代文化，带向现代文化，带向中华文化，带向世界文化。

（3）归类

把同类的文本有效结合，组合成一个大单元。这种归类遵循的原则也不是单一的，可以是内容同类，也可以是写作方法同类，亦可以是表达的情感同类，通过比较阅读让学生可以更深层次、更广范围地理解文本，达到事半功倍的效果。如教学人教版语文第十二册《匆匆》一文时，把本册的《长歌行》并入一块学习，还可引入一些有关惜时的名篇，如《时光老人的礼物》《明日歌》等。组合成一个关于珍惜时间的名家名篇的大单元，让学生充分阅读，并布置学生搜集大量惜时名言，创设一个很好的氛围，让学生充分体验到时间的宝贵和浪费时间的可耻。再如人教版三年级上册第六组课文是写景类的，可将本册《秋天的雨》《听听，秋的声音》《五花山》等课文并入其中学习，让学生充分感知不同写景的表达方法，在此基础上引导学生用自己喜欢的方法来写一写。

（4）利用

将一文的相关资料引入课本，如一些背景材料等。感知是认识的第一步，丰富的感性认识是深化我们对客观事物理性认识的基础之一。对同一主题领域素材宽泛的阅读，有助于丰富学生的感性认识，有助于他们"建构属于自己的意义理解"。《我的伯父鲁迅先生》一文，为了让学生更好地理解人们对鲁迅先生的爱戴，更好地体会鲁迅先生"为别人想得多，为自己想得少"的伟大品格，就有必要让学生更贴近人物，对人物的生平有一定的认识。教授这一课前，布置学生们搜集有关鲁迅先生的资料（图片、故事、生平、名言等）。当这些不同信息汇到一处时，学生便更完整地认识了一个有血有肉的伟大人物的形象。在这些丰富的感知认识之后，在学生心里留下的是对人物的充满个性化的理解，留下的是更想走进人物的兴趣冲动。如《我的战友邱少云》《黄继光》等课文都适合这样的搜集。此外，有些课文还可围绕事件进行课前搜集，如《十里长街送总理》《草船借箭》等课文。课前搜集让学生有了一定的知识储备，更接近事件、人物，由此走进课堂，学生就轻松了。这也许就是心理学上认为的"心理近区"吧！

2.课堂生成资源

巢宗祺教授说，语文教师面对教学应该是"无处不成卦"。课堂教学是一个动态的变化、发展过程，也是师生、生生之间交流、互动的过程，在这个过程中，必然会不断地产生许多学习信息，其中很大一部分都是教师使用的有价值的教学资源。这就需要教师独具慧眼，善于捕捉这些生成性资源，并且加以有效地利用，培养学生的语文素养。

（1）学生离奇发言时

在课堂教学中，对学生突如其来的离奇发言，教师如能巧妙地启发诱导，课堂教学将会进入一个新的境界。比如教学《美丽的小兴安岭》"春季"一节，学生认为这一段主要抓住"树木""春水""小鹿""木排"等景物写出了小兴安岭春天的美，有个学生补充说："我认为这一段还写了人。"这显然出乎教师的意料，教师追问："你的根据呢？"他振振有词："课文里讲'一根根原木随着流水往前淌，像一支舰队在前进'如果没有放排工人，原木能顺畅地往前淌吗？"大家都说有道理，可新的问题又出现了：既然要写人，为什么不直接明白地写出来呢？学生思维又一次漾起涟漪，经过一番讨论、交流，终于懂得了，课文之所以不写工人们怎样劳动，这是由课文写作重点（写景）所决定的，从而明白了写文章要抓住重点来写的道理。

（2）课堂节外生枝时

在课堂教学中，当我们在讨论某个问题时，学生往往还会冒出许多新问题，从而扰乱了教师原有的教学思路。这时教师如能发挥教学机智，灵活应变，将会使课堂精彩纷呈。我们来看一看老师在讲授《把我的心脏带回祖国》一课时发生的故事。上课不久，正当老师和同学们在讨论课文主要写了什么时，一学生突然提问："这肖邦的'邦'字可以写成帮助的'帮'吗？反正这音译词，只要音同不就可以了吗？那《鲁滨孙漂流记》有的时候不就写成《鲁滨逊漂流记》？"瞧，他一副振振有词的模样，这个问题可真够"刁钻古怪"。只见这位老师不慌不忙，她先让学生理解"帮"之意是帮助，而"邦"是指国家，之后又说："我们常说人如其名，如果请你来做翻译家，你会用哪个？我们先学习课文，了解肖邦这个人物再来做定夺。"课堂上学生饶有兴趣地带着问题思索，走进课文的语言材料，去体会肖邦身在他乡，心系祖国的命运，把爱国、忧国、思国之情化为一腔创作热情，尤其是他至死不忘祖国的情怀。课文学完后，老师又回到开始的问题："现在你们已经了解肖邦这位音乐家，如果你们是翻译家，你们是用帮助的'帮'，还是用邦国的'邦'？"那位起初"发难"的学生站起来说："如果我是翻译家，我一定要用邦国的'邦'，因为他的音乐、他的生命、他的灵魂都是被"爱国"两个字所占据，他的名字又怎能不包含国家呢？"正是由于老师巧妙地对节外生枝进行"点拨导航"，才使得课堂峰回路转，柳暗花明。

（3）思维深入之时

在课堂教学中，当学生的发言出乎预设的思路，但合乎整个教学的流程时，教师不妨打破原有的常规，用学生所想重新组织教学，并想方设法把学生思维引向深层，以深入理解语言意义，深切感悟语言情感。比如学习《太阳》一课，课末延伸拓展阶段，学生列举出太阳对人类有益的例子，突然一个同学提出太阳也有有害人类之处，要不然，夏天怎么会有那么多人买护肤防晒霜呢？这一说法无疑是对原有信息的新发展、新补充，有助于学生对太阳的全面认识。教师鼓励学生展开说，结果学生列举出太阳活动会引发猩红热、流感等疾病，太阳耀斑会干扰无线电通信等事实。"那怎样才能让太阳多造福人类，少为害地球呢？"这一问题又引起学生的思考和讨论，最终形成共识：必须加强对太阳活动的预测、研究和预防，掌握太阳的活动规律，才能让太阳真正为人类服务。最后，教师布置课外实践作业：①收集有关太阳的资料，做几张卡片或制作一张手抄报。②参考课文或其他资料，以"太阳与我们的生活"为题，写一篇200字左右的短文。就这样，以学生的求异信息为基础，再延伸出新的信息，使学生的学习活动不断深入，思维水平不断飞跃。

（4）认识发生偏差之时

在课堂教学中，由于学生受知识、经验、思想等的影响，在理解上经常会出现一些偏差，因此作为教师应该始终保持清醒的头脑，开启教师的慧眼，及时对他们进行引导，从而化腐朽为神奇，以保证丰富语言系统与提升精神境界的融合。

如一名教师教学《普罗米修斯盗火》一课，在分析普罗米修斯和宙斯两位人物形象时，学生通过学习已初步分析出普罗米修斯是个勇敢而极富同情心的神，宙斯是个残暴、凶狠毒辣的神。这时，教师原本想指导学生通过有感情朗读课文，进一步体会两人的性格特点。突然，一位学生站起来说："老师，我认为宙斯是一个遵守天规的好神！"半路杀出个程咬金，教室里的学生一阵惊愕。不过教师立刻意识到这是一次好机会，于是微笑着问那位学生："你能具体说说吗？"他便胸有成竹地说："因为普罗米修斯暗中盗取了天火，触犯了天规，理应受到惩罚，宙斯只不过是依法行事。"听了他的发言，许多学生表示赞同。学生思维的火花受到了碰撞，即将要开放出美丽的花朵。教师又故意挑逗道："是啊，这位同学的发言似乎言之有理。那宙斯到底是个什么样的神呢？请同学们再一次认真读课文，准备参加辩论。"一石激起千层浪，学生立刻投入到认真细致的研读课文中去了。最后通过辩论，他们才意识到宙斯这样做完全是为了维护自己的统治地位，他完全置人类的生活于不顾，从而更显示出他的昏庸、专制的统治者形象。另外，学生还从普罗米修斯敢于和宙斯这样的统治者做斗争，体会到了普罗米修斯的不畏强暴、为民造福的伟大精神，起到了事半功倍的效果。

3.其他学科的资源

语文学习的内容是庞杂的，和其他学科有着千丝万缕的联系。语文教学要在学科之间的渗透和整合中进行课程资源开发，实现"科际联系"。一个历史知识匮乏的人是不可能真正学好语文的。因而，教学中不要把语文强行由其他学科中分离出来，应引导学生"文史不分家"的概念，树立"大语文"的学习概念。这样，学生才能真正理解一篇文章：议论文，知道作者为何议论，感从何发，有何时代针对性；诗歌，知道作者为何而感，情寄何处，有何现实契合点。

语文学习的过程也是一个是非善恶观念逐步树立的过程，这一点又与政治学科的思想教育不谋而合。学生学习真善美，学会欣赏美的行为，为真善美的胜利而欢呼，为假恶丑的颠覆而鼓掌。有了正确的道德观、价值观，读文章才能正确评价人物，写文章才能正确立意。同时，语文学习也是一个爱国主义的教育课，完全可以结合地理学科的特点：中文的语法与英文有着众多的相似之处，使教师做到资源整合，语文课程就丰富了。

4.校本课程资源

学校里的教室、图书馆、校园环境等是语文课程资源中直接、现行的资源。正因为它方便、快捷，所以应充分挖掘，让可以利用的校本资源活起来。

（1）教室——校本课程资源的中心

学生大部分的时间是在教室里度过，大部分知识是在教室里学到。所以，要着力把教室建成能促进学生发展的最丰富的课程资源中心。教室除了要有学生统一规范的布置外，还要有适合于本班实际文化的布置特色。如教室里的特色角、标语要焕然一新；图书架上要摆放各种各样的图书，让学生在课余时间里博览群书，增长知识；利用学校闭路电视系统，为学生定期播放与语文教学有关的影片。同样，教室里的生物角、饲养角、展示角和黑板报等一起构成室内动态知识源。

值得一提的是，应该积极创造条件，开放"专用教室"。小学的专用教室，储存了某一学科的诸多器材和信息，具有资源专一性。每个学校可以因地制宜，建设好专用教室。如农村地区可以设立与农业有关的专用教室，布置农作物的图片活标本、农具的实物等；城市可以设计科技室，让学生可以动手制作科技模型，观看科技发展图片等。平时，尽量盘活各种专用教师资源，并在活动时间、活动方式和使用教室上不断调整和完善。如下午第三节课开设"实验活动课"让学生到图书馆、标本室、校史室等地方去活动，帮助学生有效地接触人类文化、现实生活以及学校的历史，为进一步提炼语文资源创造条件。

（2）图书馆——小型校本资源库

学校应建图书馆，班级应有图书角，还可以设置一些"书吧"。杭州娃哈哈小学在教学楼各楼梯口的小厅创设了"书吧"，每到课间、课后，书吧总是人头攒动，挤满了求知的学生们。最为称奇的是，所有"书吧"均无人管理却从未损坏、丢失过一份书籍、报纸和杂志。图书馆、图书角、书吧都有和语文课程内容相关的众多图书。同时，每个班开设图书阅读课，通过图书阅读来提高学生的阅读能力。为了检测学生的阅读效果，学校定期组织各种阅读知识竞赛，如讲故事比赛、作文比赛、少儿百科知识竞赛等。

（3）校园环境——课程资源中的"活教材"

校园环境也是课程资源的重要组成部分。它既包括显性的校园景点、设备设施，又包括隐性的校园文化、艺术活动等。校园景物、名言警句、建筑命名、校训展示、鲜花绿草、巧石秀木、文化长廊、亭台楼阁、成果展示、网络主页等等，无不渗透着学校的育人理念，同时又蕴含着丰厚的语言元素，这些都可以作为语文教学资源而被利用。

校园的景点设置要有人文气息和语言特色，让每一处墙会说话，让每一棵树会微笑，让每一棵草会传情，让每一块石头会发现。要根据学校的自然环境，设置历史典故、成语故事、名人传记、诗歌名句等景点，及时地更新布告栏、报廊以及名言牌的内容，使它们成为校园中的亮丽风景，也成为鲜活的语文资源。

5.网络资源

多媒体设施的引进，网络信息技术的出现，对小学语文教学产生了革命性的影响，也为学习语文拓宽了途径，赋予了时代色彩。网络资源以其海量化、智能化、虚拟化、网络化等优势，为学生的语文学习提供了广阔的资源空间。

（1）网络资料的引入

这是网络资源利用的最常用的方法。语文教学中，教师经常要对教学内容做一些补充。

例如作者生平、作品背景的介绍，以及教学内容涉及的众多相关资料。资料可以是文本资料，也可以是图片资料、声音资料、影视资料等，这些都可以通过网络来组织或呈现。例如:老师讲授《草船借箭》，在分析周瑜时，教师用网络为学生提供相应的分析文章和评价意见;在分析诸葛亮性格特征时，又提供一组文章;同样，在分析课文语言和主题时，也都相应地提供一组文章，建立信息资源库。在教学时从中选择有用的信息提供给学生，这是语文教学运用网络资源的重要形式之一。

（2）网络资源的链接

除了直接利用与课文密切相关的资料卡，还可以通过网络来进行知识拓展，这种拓展可以通过网络链接的方式来实现。如教学《我是您的儿子》一文时，老师通过网络直接引用关于焦裕禄同志的事迹介绍，使学生对这一人物有了较为全面的认识，有学生对文章提到的兰考的"三害"，即内涝、风沙、盐碱发生了兴趣，于是老师布置学生到网上查找有关"三害"的文章，从而进一步了解到这三种自然灾害对兰考造成的巨大灾害。再让学生了解有关"三害"可以用什么样的方法来对付，从这又引出了有关"泡桐"的介绍文章，了解到当年这种普通的树种击退了风沙，制服了盐碱，使贫穷的兰考大地焕发勃勃生机。如今，泡桐又成为兰考的一个重要增长点，全县20多万农户中有1/4从事泡桐加工产业，年产值占全县乡镇企业总产值的1/3以上。这也解释了后来在《中国泡桐》一书里，有了专题"兰考泡桐"的原因。学生们此时恍然大悟，原来这种普通的泡桐树跟我们心目中这位县委书记的榜样有着如此密不可分的联系，同学们仿佛看到了当年焦裕禄不顾剧烈的疼痛，以自己的病弱之躯，带领群众向风沙、盐碱迈进，把绿色的希望播洒在兰考大地上的情形，崇敬之情油然而生。

（3）网络对话

网络对话即通过网络交流。它可以通过多种形式来实现，如QQ聊天，发电子邮件，登录论坛看或是发表个人的意见，还可以通过视频窗口来实现面对面的交谈。在语文教学中，这种网络对话表现为以下三种形式:①师师之间的对话。这表现为语文教师可在网上进行相互的信息查询、经验交流、网上观摩与科研合作等。②师生之间的对话。这表现为学生通过网络的QQ、MSN或电子邮件实现与老师的交流，从而帮助自己解决语文教学问题。如2003年的一场非典，一些学生被隔离了，老师就是通过网上作业、网上批改等方式来进行教学工作，起到了很好的效果。③生生之间的对话。多媒体课件往往凝聚了教师许多心血和汗水，是重要的教学资源。可以利用校园网教学平台工具，实现班与班之间的资源共享，如六年级完成了一次"自编作文选"的实践活动，一班同学的优秀作品可以用来支持二班的活动，提供更为具体、更为完整的教学资源。这样的资源共享为教师节省了大量的准备工作，同时为学生提供了更贴切、更形象、更丰富的内容，还可以让学生在互动留言中留下点评，使学生达到多向性交互沟通。

6.大众传播媒介

电影、电视、广播是一门艺术，更是活跃的语文课程资源。影视资源相对于其他资源来说，形象、生动、集中，有一定的感染力。这里主要介绍电影资源和报纸资源。

（1）电影资源

百年来的世界优秀电影，集合着人类数千年的文明成果，为孩子们提供整个人类的文明历史、奇异美妙的现代科幻、栩栩如生的人物形象、绚烂多彩的美丽画面、曲折复杂且生动感人的故事情节、优美动听的电影主题歌和插曲，令人终生难忘，甚至对人的一生都产生重大的影响。正因为如此，语文教师可以利用优秀影视资源，把世界上最好的影片献给孩子们，辅助语文课堂教学。如教学《九色鹿》一课，在教学之前安排学生欣赏动画电影《九色鹿》，在对剧情和人物形象有了清晰的认识之后再来阅读文本，学生就能更深刻地认识人物形象，等等。可以说，语文课程链接电影资源，可以欣赏文明，品味文化。

（2）报纸资源

报纸的信息量也很大，每个班级都会订阅，教师可以规定时间读报。读报的方法一般都是略读。所谓略读也就是速读、跳读，具体的形式有：读标题、读导语、读提要、读版面，可根据实践而定。报纸中有一些重要资源，值得师生收藏。收藏的方式有：储存、剪贴、复制、摘抄、札记等。在积累大量的内容后，最好能将他们进一步整理归类，做好索引，这样就为以后的查找和运用资料带来方便。同时，可以引导学生自办小报、班报。办报的过程是一个综合训练的过程，需要观察、讨论、写稿、编辑、版面设计等，语文的各种能力在这里得到了训练。而且办报需要多人合作，同样，学生的合作意识也得到了加强。

7.乡土资源

小学语文课程资源建设的重点在乡村，主要在于乡土资源的开发与利用。乡土资源主要指所在乡村的自然生态和文化生态方面的资源、对语文课程和语文教学有用的物质和人力资源，包括乡土地理、民风民俗、传统文化、生产和生活经验等。本土化，是乡土资源的特征之一。

（1）自然资源

许多乡村人杰地灵、物产丰富，自然风光绮丽秀美。既有深厚悠远的历史文化底蕴，又有绚丽多姿的现代发展色彩。自然界是取之不尽的课程资源，为学生的语文活动提供了良好的条件。利用自然资源作为语文课程资源，可以调整学生情绪，让学生以愉悦的心情在广阔的空间里学习语文。如春天到了，组织学生到外面走一走，看看许多富有青春气息的景物……

（2）社会资源

社会资源包括博物馆、展览馆、科技馆、工厂、社区、乡村等显性资源，也包括社会生活经验、社会文体活动、生活过程等隐性的资源。新理念告诉我们，教科书是教学的主要凭借，是基本的教学内容，但不是教学内容全部，不能把课文用死了，教死了。现实生活中蕴藏着数之不尽的语文教学资源。苏霍姆林斯基曾指出："不要让学校的大门把儿童的意识跟周围世界隔绝开来，这一点是多么重要……所以低年级的识字教学，让学生在一定的语言环境中识字，特别是鼓励学生在生活中识字，取得了很好的教学效果。

（3）文化资源

一方水土养一方人。一个地区有一个地区的文化。语文教学要注重社会文化，特别是社会传统文化对学生的熏陶。可以结合传统节日，如春节、元宵节、端午节、中秋节，以及地方庙会，让学生走进文化生活，搜集节日的相关信息资料，浏览文学作品中对相关节日盛况的描写，寻找古诗词中描写不同节日的美丽诗篇，还可以让学生给家乡特产的照片配上相应的介绍文字，为家乡特产做广告，做一个相关的推介活动。

三、小学语文教材

语文教材是最核心的语文课程资源。所谓教材，通俗地说，就是供教学使用的各种有关的材料。早期的语文教材主要是语文教科书，即语文课本。后来适应教学的需要，有了与课本配套的教学参考书等，供教师使用。随着时代的发展，教材的概念在不断扩大。教材质量的高低，决定于教科书编写得如何。本节所讲的教材主要是针对语文教科书而言的。

教师、教材、学生共同构成教学的三大要素。教材是教学活动的依据、凭借。教师依据教材组织教学，学生依据教材进行学习。因此，虽说教材不是唯一的课程资源，但无疑仍然是最重要的课程资源。更为重要的是，它在课程资源开发与利用中往往起着主导作用，教材的改革是课程改革的关键之所在。

（一）小学语文教材的历史概述

1.新中国成立以前小学语文教材

我国古代学校开发课程教材的鼻祖是孔子。他首创私人办学的先河，杏坛讲学，继承了西周"六艺"教育的传统，修订、编撰了几种教材，其中影响最大的是"五经"：《诗》《书》《礼》《易》和《春秋》。汉武帝时期，"五经"被视为全国通用的必读教材。唐朝时期，这套教材得以充实。除了"五经"外，又增加了算经、医经、律经学，出现了几种儿童识字教材。到了宋朝，又增加了"四书"：《论语》《孟子》《大学》和《中庸》。这样，"五经""四书"就形成了我国古代比较完整的课程教材体系，一直延续使用到清朝末期。

2.新中国成立以来的小学语文教材

（1）五年一贯制小学语文课本；

（2）根据1956年《小学语文教学大纲（草案）》编写的六年制小学语文课本；

（3）1958年"教育大革命"中编写的充满"左"倾思想内容的课本；

（4）1961年编写的《全日制十年制学校小学课本语文》；

（5）根据1963年《全日制小学语文教学大纲（草案）》编写的《全日制十二年制学校小学课本语文》；

（6）十年浩劫期间的小学语文课本；

（7）根据1978年《全日制小学语文教大纲（草案）》编写的全国通用教材；

（8）依据《九年义务教育全日制小学语文教学大纲（初审稿）》编写的五、六年制小学语文课本各一套；

（9）一些地方单位根据1978年教学大纲编写的实验性小学语文教材。

其中人民教育出版社出版的九年义务教育五、六年制小学语文课本，有如下特点：

第一，体现时代精神，重视教材的思想性。新编教材保留了文质兼美、富有教育意义的传统课文，新选编的课文占全套教材的四分之一。

第二，适当降低要求和难度，突出教材的基础性。全套教材安排学习2500个常用汉字，比原通用教材减少500字。课文篇幅缩短，题材多样，符合学生年龄特征。减少课文类型，读写训练项目降低难度，适当降低了作文要求。

第三，改进教材编排，加强语文基本功训练的系统性。低年级教材，发挥汉语拼音帮助阅读的功能；中年级教材，围绕词、句、段训练，设计重点训练项目，安排训练顺序，重点进行段训练，突出了训练的阶段性和层次性；高年级删去了比较繁难的项目，增加了体现方法、培养能力的项目。

第四，注意体现训练过程，加强学习能力培养。

第五，统一性与灵活性相结合，增加教材的弹性。

第六，图画、印刷、装帧的质量都有较大提高。

第七，实现以教科书为基础的教材系列化。

3.2001年初审通过的义务教育课程标准实验小学语文教材

目前，经全国中小学教材审定委员会2001年初审通过的义务教育课程标准实验小学语文教科书一共有三套，分别是人民教育出版社、江苏教育出版社和北京师范大学出版社出版的小学语文教科书。三套实验教材都遵循《语文课程标准》对教材编写的要求，体现了新教材编写的新理念。

三套新课标教材的共同点是：

（1）目标集中，突出整合

在教材编排上，避免了烦琐，加强了整合。如人教版教材每一组都有"导语"，通过简洁的几句话揭示本组的专题。"导语"之后的课文及部分练习，"语文园地"中的阅读短文、好词佳句、口语交际、实践活动以及展示台等内容，都是围绕本组的专题合理安排的。如一年级下册第二单元教材的编写，教材就是以专题为主线，把各项内容组合成诸多单元。每个单元也都体现了识字写字、阅读、口语交际、语文实践活动的整合。各个单元之间，体现了学习内容、学习要求的整体推进以及语文能力的螺旋上升。

又如不少习题也很好地体现了整合。这样的练习，既有亲身的体验，又有研究与探索，让学生在有兴趣的活动中学语文、用语文。

教材内容上，多套教材都能像这样做到集中目标，精选最基础的知识作为教材主体内容，突出重点，注重对学生语文实践能力的培养。

（2）选文典范，贴近生活

新教材注重反映时代的进步和时代的精神；关注当代文化生活，反映先进文化；反映具有时代特点的新观念，让学生接受新思想，形成符合时代精神的价值观念。如苏教版《三袋麦子》蕴含着现代人的竞争意识、投资意识、风险意识、消费意识。湘教版《从森林里带走什么》渗透了环保意识。湘版《妈妈的账单》《棉鞋里的阳光》表现了两代人之间的亲情，教育儿童要做孝顺的孩子。苏教版《我叫"神舟号"》介绍了我国探索太空奥妙的新成果。总之，新版本教材都非常注重所选课文力求体现时代特点和人文内涵，通过不同的题材，不同的角度反映儿童生活，并注重语言活泼，生动有趣，洋溢着浓厚的时代气息，蕴含着丰富的人文精神，并密切联系儿童的经验世界和想象世界，文质兼美，语言典范，使学生在情感上受到感染和熏陶。

（3）留足空间，延伸开放

新版本的教材在编写时都注意到以下几点：

①简化教学头绪，减去烦琐分析和机械练习，有效地节约了课本教学的时间，使师生有了更多的自由支配的时间；②在合理安排语文课程基本内容的基础上，教材尽可能体现层次性、选择性，以适应不同地区、不同学校、不同学生的需要。一种教材可有不同的版本，不同层次；一种版本既有必教必学内容，又有选教选学内容，这样就给地方、学校和教师、学生留有多样选择、另辟蹊径、展示个性的空间；③提供机会，让师生共同参与到地方课程资源开发中来，使师生在创造的过程中感受"语文即生活"的真谛。

（4）改变功能，亲和力强

新教材在编写中都试图改变教材的服务功能，由服务于教师教的"教本"转向既方便教师教又易于学生学的"学本"。无论是单元前的导语、课后的练习，还是安排的学习活动，都尽量避免以"问题"或"要求"的方式呈现，而是以自读自悟的形式或是学习伙伴的口吻提出学习与练习的内容，使学生感到亲切、自然。如人教版中"我会读""我会认""我会说""我会写""我会猜""我会讲"等多种方式，并以学习伙伴的口吻叙述，不但有很强的亲和力，也拓展了知识平台，为学生提供了展示的机会。另外，教材在编写中注意采用儿童喜闻乐见的形式，设计精美的插图，这不但能吸引学生，唤起学生的学习欲望，而且有助于学生的阅读与理解，使图与文融为一体，真正做到图文并茂。注意设计有趣的活动，创设生动的情境，激发学生的学习兴趣，调动学生学习的主动性和积极性，使学生在生动活泼的情境中、活动中学会学习。

（5）博采众长，特色鲜明

每套教材都博采众长，体现自己的鲜明特色。我们以苏教版、湘教版、北师大版等几个版本为例。

①苏教版

第一，教材具有民族化、现代化、简约化特色。蕴含浓郁的民族文化信息，教材内容体现现代人的理念、价值观与生活方式，反映当代重大事件与主题，关注自然、环境与人类。教材删繁就简，教学目标集中明确，采用统一的编写体例，由"培养良好的学习习惯""识字""课文""单元练习"组成，结构体例简约，课文类型、课后作业、单元练习无所不简，有助于减轻学生负担。

第二，这套教材中的练习设计，尤其是单元练习，不仅仅是重点课文内容的深化，而且是语文能力的拓展，体现综合性。其中如"熟记成语"颇有新意，组合巧妙，内容集中，注意押韵，便于儿童感受祖国语言文字丰富的文化内涵与美感，有助于丰富学生语言积累，提高语文素养。

第三，课文字体大而醒目，注意儿童用眼卫生，插图色彩鲜明、柔和，版面设计新颖，课本整体风格和谐。

②湘教版

第一，话题单元，板块结构。教材通过话题组合单元，采用板块结构，分为"口语交际""汉语拼音""阅读""识字写字""语文活动"等板块。各个板块既自成体系，又相互关联，始终贯穿提高学生语文综合素养这条主线。

第二，发挥优势，口语先行。口语交际单列，编在每单元课文之前，以发挥母语学习的优势，强化口语交际的功能，突出口语先行的特点。

第三，选文全新，人文熏陶。教材选文通过众多专家、作家精心筛选、修改，以全新的面貌出现，力求增加教材的文化内涵，突出语文教育的人文情怀。

第四，综合实践，整合拓展。每单元最后的"语文活动"，注重综合性学习，在综合中向生活延伸，向其他学科延伸，拓展学习新视野，开掘学习新资源。力求在知识的联系中深化，在能力的综合中迁移，在综合运用中创新。

第五，学生为本，自主探究。教材设计有利于学生的自主学习，有助于师生与教材的互动。口语交际是从学生生活中提取的话题；识字教学引导学生发现规律，自主识字；阅读教学强调学生的自读自悟。其次，教材还配有精美的图画，课后设计了生动有趣的儿童形象、对话框等，以利于学生自主学习，努力将教材变教师教本为学生学本。

③北师大版

第一，教材编排体例以学生语文实践活动多样化为核心，采用适合学生认知水平的"主题单元"编排方式。每个主题单元一般有2～3篇主题课文和一个"语文天地"，构成一个相对完整的学习单位。这种编排方式突破了文选式体例对语文教学的束缚，使语文教学能够向学生生活延伸，向课外、社会延伸，增强了单元教学的整体性和综合性。

第二，把汉语拼音教学放在第一学期第五至第八单元，先让学生学习部分代表汉字文化的象形字和常用字，再学拼音，在学习拼音时学习汉字，以解决学生刚入学学拼音困难的问题。

第三，识字教学有序。教材编排体现遵循汉字本身的顺序和儿童学习汉字的顺序，由易到难，认读、书写分流。认读多，书写少。重视识字方法，如识字过程渗透一定的汉字构字方法，教材中蕴含许多具有启发性的识字方法，注意让学生在发现、感悟与生活中识字。重视写字教学及学生良好学习习惯的培养。

（6）配套齐全，方便教学

多套教材也注意了教材相关配套材料的研制，如教师教学用书、教学挂图、投影片、生字生词卡片、课文朗读录音带、多媒体教学辅助课件，以及同步阅读、同步练习等，使教材与教辅材料配套齐全，方便教学。

（二）小学语文教材改革

1.我国小学语文教材的审查制度

世界各国语文教材的认定和采用制度有5种类型：国定制、审定制、认定制、选定制和自由制。

第一类，国定制，即由国家或地方教育行政部门决定的制度。如墨西哥、印度等国是彻底实行国定制的，韩国、瑞士等国则部分实行国定制。

我国从1938年起开始发行"国定本"语文教材，到1986年止，都采用这种制度。新中国成立以后的小学语文教材是由人民教育出版社出版编写，全国通用的。

第二类，审定制，即由民间编写经国家或地方教育行政部门审查批准的制度。日本、西班牙、土耳其、泰国等实行这种制度。我国自1986年以后采用审定制。

第三类，认定制，即由民间出版，经国家或地方教育行政部门认可的制度，认定制相对于审定制，在教材内容制约方面要宽松一些。法国、加拿大等国实行这种制度。

第四类，选定制，即由国家或地方教育行政部门选定几种教科书，制成一览表，供各学区或学校选用。荷兰、美国的多数州采用这种制度。

第五类，自由制，即教科书编写出版完全自由，学区和学校选用自由。英国、澳大利亚、丹麦、美国的部分州实行这种制度。

国定制较多地体现了国家意志，由于缺少竞争而不利于教材建设的快速发展。而自由制则为语文教材的竞争机制创造了氛围，但同时也带来了选用和质量的问题。

2.《语文课程标准》中有关语文教材的"编写建议"

教材编写要以马克思主义为指导，坚持面向现代化，面向世界，面向未来。

教材应体现时代特点和现代意识，关注人类，关注自然，理解和尊重多样文化，有助于学生树立正确的世界观、人生观、价值观。

教材要注重继承与弘扬中华民族优秀文化，有助于增强学生的民族意识和爱国主义感情。

教材应符合学生的身心发展特点，适应学生的认知水平，密切联系学生的经验世界和想象世界，有助于激发学生的学习兴趣和创新精神。

教材选文要具有典范性，文质兼美，富有文化内涵和时代气息，题材、体裁、风格丰富多样，难易适度，适合学生学习。

教材应注意引导学生掌握语文学习的方法。语文知识、课文注释和练习等应少而精，具有启发性，有利于学生在探究中学会学习。

教材内容的安排，应避免烦琐化，简化头绪，突出重点，加强整合，注重情感态度、知识能力之间的联系，致力于学生语文素养的整体提高。

教材的体例和呈现方式应避免模式化，鼓励灵活多样，注意为学生设计体验性活动和研究性专题，重视运用现代信息技术。

教材要有开放性和弹性。在合理安排基本课程内容的基础上，给地方、学校和教师留有开发、选择的空间，也为学生留出选择和拓展的空间，以满足不同学生学习和发展的需要。

3.小学语文教材的编写原则

教材是教师和学生教学活动的材料，是教学的主要媒体。通常按照课程标准的规定，分学科和年级顺序编排。编写小学语文教材是一项复杂而艰巨的工作，需要科学的编写原则为指南。一般而言，编写小学语文教材应遵循以下原则：

（1）时代性与开放性的原则

教材是社会生活和时代的产物，它必须努力适应所处时代，满足时代要求，反映时代特点。小学语文教材必须主动适应现代社会的要求，关注人类和自然，继承发扬我国优秀传统文化，尊重多元文化，努力使教材内容突出反映现代社会对语文知识和能力的要求。同时还应该充分利用当代世界优秀文化资源，注意研究和借鉴国外和我国港台地区的教材编写经验，博采众长，完善我们的小学语文教材体系。教材的时代性、开放性还要求注意吸收教改的新成果，丰富教材内容和形式，增强教材活力，体现教材的继承和创新。

小学语文教材编写要尊重时代性、开放性原则，就要求教材内容体现三级课程体系与管理的理念，既要考虑国家基本要求的统一性，还应反映出不同区域的特性，表现出多样性。因而，要努力建立一支专家教授与小学教师相结合的小学语文教材编写队伍。小学语文教材编写的时代性、开放性，还要研究信息技术发展为教材内容带来的有利条件，注意信息资源的开放联系。要沟通教科书内外，使语文学习与其他课程结合起来，努力构建开放的教材内容体系。

（2）科学性与规范性原则

教材编写应该具有科学性和规范性。教材的科学性的编排体系要完善、有序，要符合学生认知规律和语文教学规律。"完善"包括两方面的意思：一是在语文教材中教学的三维目标要得以体现，要安排适当的内容并形成系统；二是这三方面要有机融合，简化头绪，突出重点，构成一个完整的系统。"有序"是指编写教材要有次第或次序，要根据儿童智力的发展、生活的经验进行排列，注意训练的连续性和渐进性；同时教材应符合学生身心发展的规律，适应学生的认知水平，又要注意知识性、趣味性与规律性。教材编写的科学性还要重视开发音像教材。

教材的规范性，首先选文要典范，文质兼美；其次，教材中的所有语言、文字都应该规范，准确无误，真正成为学生学习语文的范例。

（3）目标性与实践性原则

小学语文教材要落实课程标准所规定的教学目标。任何的选择、要求的提示、训练的设计都要围绕课程目标去考虑，具体表现在：第一，教材的编写要立足于学生的发展，为他们终身学习、生活奠定基础；第二，教材内容要有利于培育学生热爱祖国语言文字和中华传统文化的思想感情，逐步形成积极的人生态度和正确的价值观，有利于学生养成学习的自信心和良好的学习习惯，这是由语文学科的人文性决定的；第三，教材编写不仅要使学生掌握语文基础知识，而且要引导他们学会学习，掌握最基本的学习方法，进行自主探究性学习；第四，要使学生在发展语言能力的同时，发展思维能力、激发想象能力和创造潜力；第五，教材内容的安排要在识字与写字、阅读、写话与习作、口语交际、综合性学习等方面达到课程标准所提出的具体目标。这是衡量教材质量的重要标准，是教材体现素质教育的基本保证。

小学语文是一门实践性很强的课程。这种实践性包含两层意思，一是指语文能力是靠反复练习形成的；二是指语文能力要结合生活实际进行训练，这是语文学科的工具性决定的。小学语文教材的编写必须重视课文前的导读、课后的练习和单元的综合练习，努力构成比较完整的字词句篇基本知识体系和听说读写基本技能实践体系。

4.小学语文课程教材的使用

教材是教学内容的载体，因而如何使用教材是当今教育领域中的一个热门话题。语文教师备课，进行教学设计或者上课是"教教材"还是"用教材"，反映了两种不同的教学观。"教教材"是把教学狭隘地理解为传授知识，把教科书当作教学的唯一内容。而"用教材"是基础教育课程改革中积极倡导的教学观念，这种教学观认为：语文教学的目标是全面的，教学内容不仅仅是写在书本里的知识，更重要的是蕴含在书本知识背后的学生与教师、学生与学生、学生与环境相互作用中呈现出来的活生生的问题以及对这些问题的回应。那么，如何变"教教材"为"用教材"呢？

一是心中有"标"。这个"标"指的是课程标准，教师使用教材进行备课。上课要有《语文课程标准》，要明确教学目标。语文课程标准是国家教育方针的体现，是进行小学语文教学的指南，是编写小学语文教材、评估小学语文教学、评定小学语文水平、衡量语文教学质量的重要标准。使用教材备课、上课，一定要理解课程标准精神，把课程标准规定的教学总目标、阶段目标与所钻研的教材建立起联系，明确所任年级一组组教材、一篇篇课文应达到的具体目标，以便准确地确定每篇课文、每堂课的教学目标。

二是胸中有"书"。这个"书"是指教材，教材是教学的主要依据，是师生对话的基础，对教材要学会加、减、乘、除。"教材无非是个例子。"教师要有专业底气，对教材做到"懂、透、化"，也就是说教师要掌握教材的基本结构，做到融会贯通，使教材成为自己的知识体系，教师的思想感情和教材的思想性、科学性融合在一起。

三是目中有"人"。这个"人"是指学生，备课时要考虑到学生的实际，防止"尖子生吃不饱，中等生吃不好，学困生吃不了，老师费力不讨好"的被动局面。要做到这一点，教师在备课时，要充分考虑自己的教学对象，首先从宏观去了解教育对象的思想、生活、学习情况，了解他们学习语文的态度和方法，调查他们的基础知识、基本技能掌握情况，询问他们课外阅读及语文实践活动的情况，推测他们智力水平的状况。

同时，要从微观方面分析，了解课文内容中哪些是学生已经掌握的，哪些是与学生学过的内容有联系的，哪些是与学生的生活实践、情感体验有联系的，哪些内容距离学生的生活经验较远，是难以理解的，哪些是学生自己能够理解的等等。教师备课时必须了如指掌，然后因材施教。

四是腹中有"法"。这个"法"指的是方法。"授之以鱼，仅供一饭之需；授之以渔，则终身受益无穷。"尽管"教无定法，教必有法"，在备课时，既考虑到怎么教，也考虑到怎么学。教法固然重要，但学法更重要，法国著名文学家拉辛说过："上帝如果一只手拿着现成的真理，一只手拿着寻求真理的方法，我宁愿选择寻求真理的方法而不要现成的真理。"比如，把文言文译成现代汉语，遵循的原则是"信、达、雅"，然后把"单音词变复音词"的三种方法告诉学生，学生学习古文就不再难了。

五是手中有"技"。这个"技"指的是现代技术，教师对现代技术不但应达到会操作，还应会维护与修理，以防突发事件发生，影响正常教学进度。上课前，制作的课件必须演示一遍，做到心中有数，尤其是上示范课、公开课时，更应该注意，以防出现差错时手忙脚乱。

六是用中求"活"。用中求"活"，是要求教师在使用教材时注意灵活运用。①要把教材看成活的对象。生活是教材的源头活水，它是动态的、波澜起伏的，课文的作者是活生生的人，因而教材不是凝固的，它是可以生动开放的。②要让学生的思维开放起来，不要把学生看作被动的书橱或是被动接受的容器，不能低估学生的能力与主动性。应该让学生与教材中的人、物、事去对话，让学生的思维活跃起来。③教师要灵活地使用教材。教师是富有灵性和创造才能的人。而对课文，每个人的理解都是不相同的，教材为教师的创造使用提供了无限广阔的空间。教师可以充分地挖掘教材中的人文因素，可以为学生搭建补充、拓展教材内容的平台，还可以根据实际情况把有关单元与课文的教学进度调一调、填一填、改一改等，对教学方式、方法、手段的选择，关键取决于教师的专业化水平。

总之，备课时要心中有"标"、胸中有"书"、目中有"人"、腹中有"法"、手中有"技"、用中求"活"。一忌照抄教学参考书，二忌照搬自己和他人用过的教案。现代教育技术的合理运用，会使我们的语文教学如虎添翼、如鱼得水。

第三章 小学语文新课程教学设计与实施

第一节 小学语文新课程实验教材的学习与运用

一、新课程倡导的教材观

新课程对教师来说，最直接的表现莫过于摆在他们面前的新教材了。一些老师因此产生了一种错觉，似乎课程改革就是教材改革。这是要避免的认识误区。课程改革首先要改的是教师的观念（包括课程观、教学观、学生观、质量观等），核心是改革教师的教学方式和学生的学习方式，相应的还要改革教学管理制度等等。课程内容改革（含教材改革）只是其中的一个方面。

一次，一所小学举行"课改论坛"活动，其中有一位发言者是刚从国外学习、考察回来的语文教师。她在发言中带着极其崇拜的口吻介绍了有的国家教材使用如何开放，没有统一的教科书，教师可以随意选择和决定教学内容，然后对我国学校使用统编教材的情况进行了讽刺性的批判，全体教师立即报以热烈的掌声。

在一些教师还在过分忠实地"死啃"教材、一些教师在努力地"吃透"教材、一些教师在艺术地"驾驭"教材、一些教师在"超越"教材的时候，一些教师已经在"轻视"教材了。

新课程理念下的教师应该怎样看待教材呢？

（一）从教材与教科书的关系看，提倡广义的教材观

平常我们所说的教材，往往专指教科书。本书中所称的"教材"，有时就是专指教科书。这是对教材的狭义理解。按照广义的理解，教材是教学用的材料，包括教科书（课本），但不仅仅是教科书。除了教科书教材，还有图书教材、视听教材、现实教材、电子教材等。

（二）提倡"用教材教"，而不是"教教材"

语文课程内容、语文教材内容和语文教学内容三个概念之间有密切的联系，也有着明确的区别。语文课程内容指为了达到语文课程目标而选择的事实、概念、原理、技能、策略、态度、价值观等要素。语文教材内容是指为了有效地反映、传递课程内容诸要素而组织的文字与非文字材料及所传递的信息。语文教学内容，从教的方面说，指教师在教的实践中呈现

的种种材料及所传递的信息，它既包括在教学中对现成教材内容的沿用，也包括教师对教材内容的"重构"——处理、加工、改编乃至增删、更换。

"教学内容是在教学过程中创造的。"教材（教材内容）是教学内容的一个成分，但不是全部。同教学过程的客观结构相适应的"教学内容"，包括：

1.对于学生的引导与激发作用。

2.同计划（即课程内容）相应的素材内容（包括教材内容）。

3.不属于学科教材内容的掌握过程最优化的一般方法论建议、指导或指引。

4.教师的教育性价值判断与学生集体成员的接受或批判性指示。

5.与上述因素相应，教师的指导作用与学生的规范行为。

在教材、教师和学生的关系上，曾有过几种形象的说法：教师带着教材走向学生；教师带着学生走向教材；学生带着教材走向教师。这实际上反映了几种不同的教学思想和教学模式。按照新课程的教学观和教材观，最好表述为"学生、教师和教材的平等对话"。教师不是被动地传达教材、执行教材、宣讲教材，而是根据教学需要灵活地运用教材，同时重视开发教材以外的课程资源。

（三）从教材与教学的关系看，提倡把教材作为教学的基本凭借

从教师参与课程开发、教学内容创造生成等理念出发，新课程反对把教材当成"圣经"，反对教师习惯于做教材的"奴隶"。但同时，也不能因此而轻视教材的作用。应该看到，教材是最基本的课程资源和教学资源，教科书是最重要的教材，教材仍然是教学的基本凭借。

正如前面所提到的那样，一些老师出现了轻视教材作用的苗头。我们在实践中也发现，一些公开课，上课时间过了一半，学生还没有打开教科书。有的一年级老师上公开课，为了便于组织教学，根本就不叫学生带教科书去电教室。有的老师则把教材内容尽量搬上屏幕，基本不叫学生阅读教科书。有的老师把教科书上的插图扫描后投到电视屏幕上，学生根本看不清楚，还不如直接看教科书上的插图。这些现象，是值得我们注意的。

（四）提倡"教本"与"学本"的统一

在传统教学观影响下，过去人们一直把教材当成"教本"。近几年，在新的教学观影响下，人们提出把教材编成"学本"或者主要是"学本"。按照师生交往的教学观，教学过程是师生交往、互动的过程，是教师、学生和文本对话的过程，因此，我们认为，教材应该既是教师的"教本"，又是学生的"学本"，是"教本"和"学本"的统一。当然，编写时可从"学本"的角度编。但从教材的功能上说，教材应该既方便教师的教，又方便学生的学，既有导教功能，又有导学功能，有利于师生互动。教材既要有利于激发学生的学习兴趣，又要有利于激发教师的教学冲动。教材既是学生学习的资源，又是学生学习的工具。教材内容和编排体例、呈现方式应充分考虑学生的年龄特征、知识经验和认知水平，应图文并茂、生动活泼，尤其是小学阶段。教材既要呈现一些知识，又要引导学生探究发现，主动建构知识。教材既

要适合不同风格学生的学习，又要适合不同风格教师的教学，具有选择性。如果教师用掌握学习的模式设计教学，就希望教材有诊断、评价的设计；如果教师用发现学习的模式设计教学，就希望教材有问题情境的设计。教材还应适合不同地区、不同学生的水平，具有适应性和弹性，给教师和学生留有较大的选择余地和创造空间。

二、对小学语文新课程实验教材的理解和运用

教师阅读、理解新课程实验教材，要注意以下几个结合：

1.自主阅读和利用教参结合

对教材的理解和运用，都是创造性的活动。从阅读的角度说，教师阅读一本教材，也有一个主动建构意义的过程。不管是对整套教材的阅读，还是具体到每一篇课文的阅读，教师都要通过"自己"的读，获得"自己"的看法和体验。但是，不同教师进行这种主动建构的意识和能力是有差异的，参考教材编者对教材的种种"解说"，也有必要。我们建议教师拿到一本教材后，先独立地创造性地解读教材，再阅读教师用书和其他有关的介绍、说明。阅读教师教学用书开头的有关"说明"，对弄清楚教材编写的指导思想和教材的结构、特点、编写意图是有好处的。

2.整体把握和细节分析结合

教师自己在阅读教材的时候，应该首先从整体上阅读和把握教材，注意弄清楚各年级、各册教材的总体系，注意教材的阶段性和连续性特点。比如，二年级下册，处在低年级向中年级过渡的位置，起着承上启下的作用，新课程实验教材在编写时充分考虑了低中年级教材的衔接与过渡。比如，教材按照《标准》第一学段目标中"学习默读"的要求，安排了默读的练习，为第二学段"初步学会默读"做好准备。三年级上册是第二学段的开始，如果不注意与第一学段的衔接与过渡，很容易使学生在语文学习上形成较大的落差，影响学生的学习兴趣和信心。教材在习作的内容、形式和要求上，充分考虑了这一点，尽量放宽要求，减缓坡度，让学生觉得很容易写，树立习作的信心。教师在教学中，也要领会教材编写的这一意图，采取相应的教学策略。在阅读某一册教材时，也要注意通读全册教材，注意单元内部、单元之间的前后联系，注意教学内容和要求的变化。尤其是以专题组织单元的教材，更要注意领会教材是怎样围绕专题整合各种教学内容的。具体到研究某一课的生字时，也要注意这一课的生字和以前学过的字有什么联系，可以怎样利用熟字来学习生字。

3.理解教材和运用教材结合

教师在阅读教材的时候，要一边理解教材的编写意图，一边考虑它可以做什么用；然后想想在这一课的教学中，希望体现出什么样的教学理念，希望达到怎样的教学目标，可以利用教材中的什么内容作为凭借。从用教材的角度来阅读教材，往往会获得独特的理解，也有利于教师区分"教材内容"和"教学内容"，有利于改变"教教材"的习惯，养成"用教材教"

的习惯。教材中的许多内容仅仅属于提示性质、教师要善于从教材的提示中受到启发，创造性地开发教学资源，设计教学内容。比如，新课程实验教材中有一些引导学生在生活中识字的练习，比如认姓氏字、认标牌上的字、认商标上的字等。有的老师领会了教材的意图，不拘泥于教材的内容，也不拘泥于教学的进度，创造性地运用教材。比如，一开学，教师就把全班同学的姓名做成一朵一朵的小花，贴在教室的学习园地里，让全班同学认，既解决了同学互不认识的问题，也认识了不少的汉字。有的教师还系统地设计了商标系列、商品包装系列、标牌系列、电视系列、书报系列等多种识字途径，有计划地引导学生在生活中识字。

这里，我们再以多元解读教材（主要是课文）为例，做个提示。

过去，我们对教材的解读往往强调抓住中心思想，尤其偏重于"伟大""崇高"之类的思想，忽视文章的多元价值。比如一位教师在讲解《猎人海力布》时，设计了一张表格，里面列出"人物——海力布，优秀品质——舍己为人"，然后留下空格让学生填"先进事迹"。《猎人海力布》是一篇情节曲折、感情丰富且富有传奇色彩的民间传说故事，海力布对小白蛇的热情相助，小白蛇对海力布的感激之情，海力布对乡亲们的真诚关怀，乡亲们对海力布的感激与悔恨，洋溢在字里行间；龙王赠给海力布的那颗宝石，也神奇而令人向往。教材展示出的和蕴含的这些思想内容和情感因素，如果能让学生多元解读、自主感悟，学生必然受到情感态度价值观的熏陶和感染。可是，这些有血有肉的东西，都被这位老师给"剔除"掉了，最后只剩下"优秀品质"和"先进事迹"这两根骨头。

为了启发教师对教材进行多元解读、人教版实验教材的"教师教学用书"在教材解读上做出了有益的尝试。他们一改过去的教材分析模式，用"教材简说"的形式，用感性化的语言，对课文进行个性化的解读，由此引发教师多元解读的欲望，对师生创造性地解读课文有启发，也留有较大的空间。

比如，一年级下册有一首诗叫《柳树醒了》。课文是这样的："春雷跟柳树说话了，/说着说着，/小柳树呀，醒了。/春雨给柳树洗澡了，/洗着洗着，/小柳枝哟，软了。/春风给柳树梳头了，/梳着梳着，小柳梢啊，/绿了。/春燕跟柳树捉迷藏了，/藏着藏着，/小柳絮呀，飞了。/柳树跟孩子们玩耍了，/玩着玩着，/小朋友们，长高了……"

这篇课文的"教材简说"是这样写的：

《柳树醒了》，题目已散发出诗意。

这是一首诗，又似一篇引人入胜的童话。

柳树醒了，春雷把她从沉睡中叫醒了。她睁开睡眼，春雨给她洗澡，春风给她梳头，春燕跟她玩游戏。柳树醒了，她是那么柔软，那么鲜嫩，那么活泼，那么妩媚动人。她不就是春姑娘吗？

柳树醒了，春姑娘来了。春天闪耀着明丽的色彩，跳动着轻快的音符，弥漫着逗人的童趣，悄悄地向我们走来。

柳树醒了，孩子们也醒了。孩子们在不知不觉中，又长高了。一年之计在于春，孩子们又投入新的学习中了。那读书声，那欢笑声，给春天的乐谱增添了美妙的音符。

课文中的插图，让人感受到春天跳动着的生命力。春天是美好的，春天是迷人的，春天是催人奋进的。

"在春天里，还有什么醒了呢？"课后的这个问题，打开了孩子们想象的大门。要相信孩子，孩子的眼睛里折射出的画面，比诗更蕴含深意。孩子的心，就是一篇童话。

这几段"简说"，带着"简说"者个人对春天的印象，对春天的热爱，带着自己的想象，用散文式的笔调，从另一个角度，描绘着春天到来的情景，反映着课文里蕴含的诗情画意。结合这几段描述，再读着课文，我们也许能体验到春天里的景色美，也许能体验到春天里的万事万物，包括春天里的人们都在生长着、发展着、变化着，也许还能体验到人与自然的和谐，感受到儿童生活的美好，感受到充满希望的明天……如果我们的教师也能像这样解读课文，他一定会想方设法地让他的学生们也带着自己对春天的回忆和向往来朗读课文，一定会引导学生走向多姿多彩的大自然，融入生机勃勃的春天，去感受，去体验。

"教师教学用书"在本课的教学建议里也指出："这首诗可以通过不同的读法，表达不同的感情色彩。比如：(1)讲述型，语调亲切自然，好像讲故事一样，娓娓动听。(2)描述型，语调轻快活泼，好像读儿歌一样，轻松俏皮。(3)抒情型，语调轻柔缓慢，好像读散文一样，充满幻想。"这样的建议，也给老师一个提示，对课文的解读完全可以是多元的。

对教材的处理和运用，是一门艺术。有的实验教材从"我"的角度，以学习伙伴的口吻提出问题、展开讨论、引导拓展，有利于学生进行自主、合作、探究式的学习。有的老师充分利用教材呈现方式的变化转变学生的学习方式，不但利用教材里的"我会读""我会写""我会认"等栏目图标，甚至还仿造出"我会背""我会说""我会做""我能行"等图标，引导学生进行自主学习，增强学生的自主意识，养成自主学习的习惯，取得了实效。实验教材的课后思考练习题改变了过去那种固定化、穷尽式的列举方法，立足于举例，给师生留有较大的选择空间。有的老师注意经常引导学生分析课后思考和练习题，逐渐使学生养成了利用课后思考练习题主动预习、主动思考、主动积累词句的习惯。

第二节　师生合作备课

一、为什么要进行师生合作备课

完整的教学过程大致可以分为准备、实施和评价三个阶段，也就是平常所说的备课、上课和评价。这三个阶段的划分是相对的，备课、上课和评价是整合、交融在一起的，对所谓课前、课中、课后的理解不能绝对化。按照新的教学过程观，师生在课前进行的互动其实已经成为教学过程的一部分，上课也是备课的延续，备课时也有评价的设计，上课过程中也在进行着评价，评价之后还要提出教学改进意见，这为下一节课提供了新的准备。对整个教学活动的预设是备课的开始；在实际操作中对预设的调整、修正，对课堂新情况的随机应变是备课的继续和提升；课后的总结是备课的后续和攀升，并将在新的备课中延续。备课应该是有始无终的，备课过程是师生在教学过程中不断创造的过程。

备课是教学工作中的重要环节，是上好课的前提和基础。本书在第一章里已经谈到，教师备课存在时间、动力、方法三大问题，应该引起重视。我们这里要说的，主要是备课观、备课方法和备课策略问题。

按照《现代汉语词典》的解释，备课就是"教师在讲课前准备讲课内容"。这一解释包含着几个观点：第一，备课是教师的事；第二，教学就是"讲课"；第三，备课是在"讲课"前；第四，备课的任务就是准备"讲课"内容。这几个观点，与我们当前所倡导的备课观相差甚远。

在我们看来，备课既是教师的事，也应该是学生的事；备课既在上课前，也在上课中；备课既包括准备教学内容，也包括分析学情，确定教学目标，选择教学方法，设计教学媒体，安排教学程序，等等。

根据新课程倡导的教学过程观，教学过程是师生交往、积极互动、共同发展的过程，因此，备课也应该是师生交往、积极互动、共同准备的过程。据此，我们提出师生合作备课的观点和实施建议。

传统备课中，教师背着学生写教案，确定教学目标、安排教学内容、选择教学方法、准备教具学具等都是一厢情愿地凭着想象决定，至于设计的问题难易是否适当，能否激活学生，学生的学习起点有什么不同，这些问题则很少考虑。学生在课前往往也有预习、搜集资料以及其他有关的学习准备活动，但学生的这些准备和教师的备课是完全分离的，而且，这些都是教师布置的"作业"，学生是在被动地完成老师布置的任务，而不是积极主动地为自己将要进行的学习做好准备。老师们虽然知道要"备学生、备大纲、备教材、备教法"，但真正认真地"备学生"的老师还是很少的。学生在课堂上惯性地被动学习，跟课前没有参与策划、参与决策和课中缺乏自主选择有很大关系。

　　师生合作备课，需要学生的主动参与，需要师生之间的交往和互动。实行师生合作备课，体现了对学生的尊重和信任，体现了教师角色的转变，体现了师生关系的改善。课程标准强调要"充分发挥师生双方在教学中的主动性和创造性"，这一点应该从备课开始得到落实。从课前到课中，有时教师做主，有时学生做主，有时商量决定，师生关系变成了"你中有我，我中有你"的关系。学生参与备课，其主体性从源头上开始得到体现。通过学生的主动参与，备课已经变成了学生自主学习的一个环节。对教师来说，备课必须做到以学生为本，从学情出发，从而采取相应的教学策略，做到以学定教。师生合作备课的过程，就是一个了解学情，确定教学重点、难点，选择教学策略的过程。

二、怎样进行师生合作备课

　　就合作的形式说，可以是教师与全班学生合作，或者与小组同学合作（一个学习小组，或者有意识地抽取各种层次和风格的学生），也可以与个别学生合作。和全班学生合作，需要一个集中的时间，可以利用早读、自习课，也可在本学科的课时内安排。和小组同学合作，是比较省时、省事而高效的一种形式，教师在备课时随机叫几个同学参与进来即可。而与个别学生的合作，比较适用于比较深层次的合作。当然同一次备课也可将几种形式结合起来进行。

　　就学生参与程度说，可以教师为主学生为辅，也可师生不分主次，还可以学生为主教师为辅，让学生独立备课执教，教师从旁指导、监控、协调。当然学生所处年龄段不同，参与的程度应该有所不同。在小学阶段，一般应该以教师为主，学生为辅。个别环节（比如识字）可以让学生独立准备，但教师也要当好参谋，否则，学生的设计可能难以取得好的效果，还会耽误教学时间。

　　就备课内容说，主要包括钻研教材、确定目标、搜集资料、设计教学过程、制作教具学具等。以语文学科的钻研教材为例，可以包括读课文、学字词、提问题、谈感想，以及发现兴趣点、兴奋点、训练点、疑惑点等。比如，请小组同学参与备课，可以让几个同学分别读读课文，看看各种类型的学生读的差别在哪儿，问题在哪儿；再让他们自由说说自己的感想，自己对课文的整体印象和看法；再提出感兴趣或感到疑惑的问题，相互说说自己的理解；最后对学习方式提出自己的意见。教师只需观察、倾听、记录，不必点评或纠正，做到心中有数即可。当然，教师也可说说自己准备提的问题，看看学生的反应，还可把自己准备安排的教学活动做个预告，听听学生的意见。

第三节 教学目标和教学内容的确定

以研究学习目标而著名的美国学者马杰（Mage）指出：教学设计依次由三个基本问题所组成。首先是"我要去哪里"，即教学目标的制定；接着是"我如何去那里"，即包括学习者起始状态的分析、教学内容的分析与组织、教学方法与教学媒介的选择；再是"我怎么判断我已到达了哪里"，即教学的评价。即是说教学设计是由目标设计、目标达成的诸要素的分析与设计、教学效果的评价所构成的一个三环节六要素的有机整体。

一、教学目标的确定

(一)教学目标设计中容易出现的问题

教学目标是设计教学内容、教学方法、教学媒体、教学程序的重要依据，是检验、评价教学效果和修正教学过程的主要依据，是师生进行教学活动的出发点和归宿，是教学活动朝着正确方向运行并最大限度地取得实效的重要保证。

但是，教师对教学目标的设计问题都缺乏应有的重视和研究。这直接导致在教学目标设计上，经常出现以下问题：

1.教学目标不明确，教学活动具有盲目性和随意性

比如，有的老师写教案时先把教参上的教学目标抄下来，在考虑教学内容和教学过程的时候，也许已经忘记了所抄的教学目标。有的老师则首先设计教学过程，教学过程设计完成了，还没有写教学目标。

2.有明确的教学目标，但目标的确定带有盲目性

这些教学目标，要么是抄来的，自己并没有认真思考；要么未经认真分析和研究，是凭着自己大概的感觉写出来的；要么是按照一般的格式，千篇一律地写出来的。

3.教学目标不全面

一般情况是注重知识和能力目标，忽视学习过程、学习方法、情感态度价值观等方面的目标。

4.教学目标太笼统，不够具体，也不好检验

一些教参每篇课文的教学目标都有"正确流利有感情地朗读课文"，一些老师在教案上也这么写。但是，课文体裁不同，语言特点和感情特点也不同，朗读方式、方法、策略和每

节课朗读训练的侧重点也应有所不同。从朗读教学的目的来说，是重在理解课文，重在体验情感，还是重在传情达意？这些问题不弄清楚，朗读教学目标是难以实现的。

5.教学过程设计没有回应、落实教学目标

有一位老师写的《迷人的张家界》（人教版试用修订本第九册）一课的教案，"教学目标"中的"认知目标"有两项：认识本课7个生字；在阅读中揣摩文章的表达顺序，体会作者的思想感情，初步领悟文章基本的表达方法。可是整个"教学过程"就是围绕对张家界景点的认识和体会张家界景色的美来进行的，对7个要求会认的字只字不提，对阅读中如何揣摩文章的表达顺序，如何体会作者的思想感情，如何领悟文章基本的表达方法，也没有任何设计。教材在"阅读提示"里要求学生读课文时想想"课文第三、四、五、六自然段每段开头的一句话有什么作用"，这其实就是让学生领悟文章基本的表达方法，教学过程中可以充分利用这个提示进行引导。可惜这位老师没有注意到这个问题，教学目标中的几句话，也许只是对《标准》语句的摘抄，并没有成为老师心中的教学目标。

从某种意义上讲，这些问题可以说是教学中最严重的问题。试想，对教学目标都不认真思考和研究，一节课究竟应该干什么，究竟是为了什么都不清楚，教师和学生花了那么多的时间和精力（甚至可以说付出了自己生命的好大一部分），多可惜呀！

（二）确定教学目标的要求

教学目标有教学总目标（课程目标）、学期教学目标、单元教学目标、课时教学目标等不同层次。我们在这里只讨论课时教学目标。在小学语文课堂教学中，确定一节课的教学目标，要努力做到以下几点：

1.明确

这主要不是指教案上是否有"教学目标"这一项，而是指教师在设计教学的时候，头脑中是否清楚这节课的教学目标，在教学过程中是否一直"惦记"着这些目标，是否"清醒"自己在干什么，为什么要做这些事。

2.全面

按照布卢姆的教育目标分类理论，教学目标可划分为认知、情感和动作技能三个领域。从表现形式来说，教学目标主要有行为目标、生成性目标和表现性目标。按照《标准》中课程目标的表述，教学目标也可以分为知识和能力、过程和方法、情感态度和价值观三个维度。所谓"全面"，不是说要"面面俱到"，而是指要体现全面提高学生语文素养的理念，要兼顾知识和能力、过程和方法、情感态度和价值观三个维度的目标。虽然就某一节课来说，目标应该有所侧重，但不能偏重某一方面，而忽视了其他方面。过程和方法、情感态度和价值观方面的目标，有时不便表述，但教师一定要心中有数，要有这方面的意识，善于在教学过程中随时"生成"有关的目标。同时，还要注意三个维度的目标虽然有各自的独立性，但在教学过程中，它们是有机地整合在一起的。

3.具体

所谓"具体"，是针对过于笼统的目标来说的，上面已以朗读教学为例做了说明。我们认为，教学目标也不能定得过于具体、琐碎，否则容易使教学变得机械、呆板，不利于发挥师生在教学中的创造性。每一节课的教学目标要全面，但也不能太多，应该比较集中，而且要突出目标中的重点、难点。目标过于具体，也就变成了各项活动的要求，实际上是没有必要也无法全部列出的。有些具体的目标、要求是存在于教师的心中甚至潜意识里的。

4.符合实际

要符合本班学生的学习需要、学习能力、学习水平、学习习惯等，也要符合教师的自身特点、教学风格，以及教材的特点、当地教学资源的特点等。

5.具有弹性

这一方面是顾及学生的差异，另一方面也要考虑到目标的生成性，还要考虑到预想目标与实际效果之间的差距。老师的心中，除了应该有希望全班学生达到的一般目标，还应该装着个别学生的特殊目标；除了应该有教案上写着的预定目标，还应该有教学过程中不断生成的目标；除了应该有理想层面上目标，还应该想想每一个学生实际达到的目标。

6.表述恰当

表述行为目标时，要注意以学生作为行为主体（可以省略），注意说明产生行为结果的条件，写清楚作为衡量行为结果的标准。对行为标准做出具体要求，比如"好到哪种程度""精确度如何""完整性如何""在多少时间内"，教学目标就具有可测性。但是，过分强调用行为来描述教学目标，容易造成教学的机械与刻板。此外，对三个维度目标的表述，要注意整合，比如情感的目标往往与朗读结合在一起，学习态度、方法的目标往往与学习过程的目标结合在一起表述。

与各版本新课程实验教材配套的教师教学用书中，有的把"教学目标"改称为"学习目标"，意在突出学生的学习。有的只在"说明"里有"本册教学目标"，但具体到每一课，没有"教学目标"，只有"教学要求"。而这些"教学要求"，有时是针对学生提的，比如，"学会本课8个生字，正确、流利地朗读词语，认识1个偏旁"；有时又是针对教师教学提的，比如，"指导学生认真观察课本彩图或教学挂图""通过对课文的朗读感悟，激发学生对美好大自然的向往，体会亲近自然的愉快"。从教师角度提教学要求，不利于引导教师由关注教师的教转向关注学生的学。有的教学用书没有单独列出"教学目标"，只是在缩印的课文旁边列出教学内容和教学建议，教学建议里蕴含着比较具体的教学要求。而这些教学要求的弹性也比较大，给教师留有较大的自主权。这有利于教师结合教学实际，灵活地生成教学目标。但这对教师设计教学目标的能力要求比较高，对不善于设计教学目标，或者不重视教学目标设计的老师来说，也许容易产生一定的随意性或盲目性。

教师教案里的"教学目标"，一般是从"教参"或"参考教案"里抄下来的。虽然"教参"或"参考教案"里的教学目标是"仅供参考"的，但教师往往还是照搬了事。其实"教参"或"参考教案"里的"教学目标"定得是否恰当，这本身还是值得研究的问题，更不要说与本班学生、教师本人和当地教学资源等各种条件是否相符了。鉴于教学目标在教学过程中的重要性，我们认为，教师还是应该花点时间认真思考教学目标的问题。

在设计教学目标的过程中，要注意两个重要环节。一是将课程标准的目标和教材的特点结合起来进行分析。可以在仔细阅读教材和分析学生的基础上，再看看《标准》中与本课内容有关的课程目标，想想在本课教学中可以重点落实哪些课程目标。比如，要进行三年级阅读教学中精读课文的教学时，就可以重点看看《标准》第二学段目标中"阅读"方面的目标，结合本课教材进行分析、思考。二是注意在备课时多和学生互动，充分了解学生的学情，认真分析学生的学习背景和学习需要。比如，有的同学在学习一篇课文之前，可能对本课的生字已经部分或完全认识了，我们在确定识字方面的教学目标时，就要充分考虑这一情况。

二、教学内容的选择

选择教学内容，要依据教学目标、学生实际和教学资源。总体来说，要注意以下问题。

1.不要把教学内容混同于教材内容

这一点，我们在上一节里已有讨论。现在要研究的是，如何通过分析教材，并注意开发和利用其他课程资源，把他们"化"为某一节课的教学内容。有研究者将语文教材中的选文鉴别出"定篇""例文""样本""用件"四种类型。"'定篇'，是语文课程规定的内容要素之一，指语文教学大纲或课程标准中规定的篇目，也是语文课程肩负的培育文学、文化素养的确切所指。'例文'是为相对外在于它的关于诗文和读写诗文的事实、概念、原理、技能、策略、态度等服务的，成篇的'例文'，大致相当于理科教学中的直观教具，它给语文知识的学习添补进经验性的感知。'样本'是同类选文的'取样'，与'定篇'一样，作为'样本'，一篇'选文'也要同时教学与'样本'相关的许多方面。但是，那许多的方面主要不是来自选文本身，更不是来源于权威。无论是专家、教材编撰者还是教师的阐释，究竟教学多少个方面、哪些方面，除了依据'样本'之外，主要取决于学习者读与写、文学鉴赏的现实状况。具有易替换性，是'用件'类选文的特点；而目的主要是提供信息、介绍资料、使学生获知所讲的事物（东西），则是'用件'的实质。在这种类型中，学生其实不是去'学'文，而主要是'用'这一篇文里的东西，或者借选文所讲的东西，或由选文所讲的东西触发，去从事一些与该选文或多或少有些相关的语文学习活动。"这种对教材中选文类型的鉴别，对我们正确地看待教材，创造性地使用教材，科学地设计教学内容，更好地完成语文教学任务，很有启发。

2.教学内容的难度要适当

设计问题和任务时，要注意不能低于学生的学习起点，也不能高到学生经过努力也难以达到的程度。比如，经常有教师采用"猜谜"的方式引入课题，而往往要猜的谜底就是课题，学生很容易猜中。往往教师刚一开口说谜面，学生就说出了谜底。又如，一位老师上《比尾巴》一课，每讲一句之前都先提一个简单的问题，再贴出一种动物尾巴的图片。问题提得很简单，学生不用动脑就可以回答。结果，教师提问和贴图片的速度落后于学生的思维。学生看着讲台上的图片，不断地说："老师要贴××的尾巴了！"更多的情况是，教师提的问题，学生几乎没有答错的，教师话音刚落，全班同学就齐刷刷地举起了小手，课堂变成了"无错的问答"，表面上是"快节奏""大容量"，实际上学生没有真正动脑筋思考过一个问题，信息量极小。教师的设计起点明显低于学生的认知水平，学生学习动力不足，必然要分散注意力，即使被迫地跟着老师的"快节奏""跑"了一节课，也收获甚微。

有的老师则不注意学生的年龄特点，把问题或任务设计得太难。比如，有教师叫一年级孩子自己读课文，一边读一边画出本课的生字，而老师给他们的时间往往也很有限，有时还要比比谁先完成。这对于一年级孩子来说是难以做到的，他们要么专注地读课文，要么专注地把课文中的生字画出来。还有的老师在低年级教学中布置学生自读课文，一边读一边思考三个问题。教师一口气说出三个问题，学生连问题都记不住，更不要说思考了。有的老师则把几个问题用投影打出来，让学生先读一读，但是里面的字学生还认不全，读出问题也显得有困难。实践证明，在低年级教学中，一次提出几个问题让学生同时思考，或者一次布置几个任务让学生同时完成，是不够恰当的。

3.教学内容的容量要适当

如果一节课的教学内容安排太少，信息量太小，密度过疏，学生吃不饱，教学效率也低。但教学内容也不宜安排得太满。尤其是上公开课，老师往往为了给听课者留下一个好印象，总是想多安排一些内容，多体现一些理念，多展示一些亮点，结果常常拖堂。其实一节课40分钟，可以说"一晃而过"，它能安排的内容，能体现的理念，能展示的亮点，是非常有限的，如果这也舍不得丢，那也舍不得放，这也想体现，那也想展示，结果只能是什么都难以深入，什么都难以体现。

4.教学内容中的重点、难点要放在突出位置，并预留充足的时间

对学生熟悉的问题，尽量少提；对学生很容易理解的段落，尽量少问或不问；估计学生都认识的字，可以不教；对大部分学生都认识的生字，可以只对个别同学进行指导。有的教师教学时把大部分时间花在一些无聊的问答上，导致学生读书和独立思考的时间很少，字词句教学的时间也很有限。当然，各年级教学重点、难点有所不同，教师应该心中有数。

第四节　教学方法的选择和教学环节的组织

一、教学方法的选择与运用

教学方法改革是教学改革的重要内容。对教学方法概念的理解，学术界有"方式说""途径说""手段说""手段途径说""相互作用说""教法学法统一说""动作体系说""操作策略说"等多种观点。以"相互作用说"为例，可这样界定："教学方法是在教学过程中，教师和学生为实现教学目的、完成教学任务而采取的教与学相互作用的活动方式的总称。"

人们对教学方法的分类，也有着许多分歧。有研究者将教学方法分为四类："语言性教学方法"（含讲授法、谈话法、读书指导法），"直观性教学方法"（含演示法、参观法），"实践性教学方法"（含实验法、实习法、练习法），"研究性教学方法"（含讨论法、发现法）。还有研究者把教学方法分为"提示型教学方法"（包括示范、呈示、展示、口述四种形式）、"共同解决问题型教学方法"（包括教学对话和课堂讨论两种基本形态）、"自主型教学方法"三种基本类型，并认为三种教学方法之间是相互渗透、相互作用的，三种教学方法分别对应于接受性学习、社会性学习、自主性学习三种学习方式。

(一)选择教学方法的态度和策略

对待多姿多彩、纷繁复杂的教学方法，应该采取怎样的态度和策略呢？

1.要认真分析、研究各种教学方法

要掌握各种具体方法的特点、作用、适用范围和使用条件，在教学过程中根据需要选择恰当的教学方法进行优化组合，使各种教学方法能够扬长避短，发挥教学方法的整体、综合效应。教学方法不是孤立的，而是相互联系、相互渗透的，任何一种教学方法的作用都是有限的，单纯使用任何一种教学方法，都难以取得好的教学效果。

2.要正确处理继承和发展的关系

任何教学方法都和历史有着渊源关系。我们在研究新课程教学方法时，既要注意批判地继承历史上总结出的各种教学方法，不能对传统教学方法进行简单的否定，也要处理好新课程倡导的教学方法和传统教学方法之间的关系，还要善于对历史和现实中的各种教学方法进行创造性的发展，促进教学方法的创新。

3.要重视教学方法中人的因素

方法是人使用的方法，教学方法改革依赖于使用教学方法的教师素质的提高。同样的教

学方法，在不同的教师手里会产生不一样的教学效果。教学方法是多种多样的，在具体的教师那里，教学方法更显得灵活、多变而富有个性色彩。教师的教学艺术和教学风格就包含了教学方法个性化的灵活运用。所谓"教学有法，教无定法，贵在得法"，除了讲教学方法的多样性外，讲的就是教师贵在掌握灵活运用各种教学方法的艺术。另外，教学方法是教与学相互作用的活动方式，教学方法的运用不只是教师的事，还依赖于学生的参与，依赖于师生之间的积极互动。教师在运用各种教学方法的过程中，还要善于调动学生的主动性和创造性，善于和学生交往、互动，提高教学效果。

(二)选择教学方法的依据

1.教学目标

比如识记、了解层面的目标，可通过讲授法、介绍法、阅读法实现；理解、领会层面的目标，可选用质疑法、探究法和启发式谈话法；应用层面的目标，可选用练习法、迁移法和讲评法；分析、综合、评价层面的目标，则应选用比较法、系统整理法、解决问题法、讨论法等。

2.教学内容

比如诗歌、散文适合用情境教学法，说明文适合用探究法等。

3.学生的年龄特点和个别差异

比如，角色扮演法对低年级学生来说是很适合也很受欢迎的，但发现法在低年级运用的效果就赶不上高年级。总的来说，低年级要多采用活动和游戏的方法。又如，有的学生自己探究获得的知识可能难以留下深刻的印象，而通过教师讲解或归纳总结的知识则容易留下深刻的印象，对这样的学生，教师就应该注意在运用探究法的同时，适当配合讲解法和系统整理法。

教师可以给所任教班级的学生列一个特点单。比如：

张三：性格外向，喜欢表演，发言积极，思维活跃，反应敏捷，粗心大意，作业错误率高。

李四：性格内向，喜欢思考，反应较慢，认真细致，作业速度较慢但正确率高。

王五：语言生动形象，条理清楚，上课注意力不集中，爱搞小动作，写字、作业速度很慢……

设计教学的时候，要充分考虑学生的不同特点。

4.教学组织形式

比如在采用班级授课制而班级人数又太多的情况下，采用发现教学法会遇到比较大的困难。

5.教师素质构成特点和教学风格

比如，如果教师朗读、写字水平很高，就可多采用示范的方法；如果教师朗读、写字水平不高，就可以多采用电化教学的方法，弥补自己的缺陷。

6.教学条件

比如，受设备条件的限制，直观法、实验法可能无法使用。再如，受教学时间的限制，过多使用问题教学、发现教学就可能难以完成教学任务。

二、学习方式的选择与运用

积极倡导自主、合作、探究的学习方式，是《标准》的基本理念之一。学习方式的选择也要以教学目标、教学内容、学生的年龄特点、个别差异等为依据。

总体上讲，"自主学习"是相对于"被动学习"来说的，强调学生成为学习的主人；"合作学习"是相对于"个体学习"而言的，强调学生之间的沟通与互助；"探究学习（发现学习）"是相对于"接受学习"而言的，强调学生主动获取知识的过程。

实行"自主学习"，教师必须相信学生的学习潜力和创造性，善于"放权"；要注意激发学生的学习动机和学习兴趣，使他们能够积极、主动地参与学习活动，也乐于参与学习活动；要善于引导学生掌握学习方法，使他们会学；还要善于引导学生认识到学习的目的、意义，使他们具有克服困难、坚持学习的意志。在学生学习的过程中，教师要引导学生逐步学会确定学习目标、选择学习内容、总结学习方法，并学会自我监控、自我调节、自我评价、自我补救。

有老师问：低年级能进行自主学习吗？回答应该是肯定的。自主学习不等于自学，低年级学生不具备自学能力，但不等于不具备自主学习能力。学生能积极主动地学习；能在学习过程中做出选择（比如自己选择学习伙伴和学习方式）；能凭着自己的经验、用自己喜欢的方式、用自己的方法认会几个没学过的字；在朗读课文时，能够通过自己的努力从读不通到读通顺、读流利；在理解课文时能提出自己不懂的问题并能自己解决问题；在开展某项活动时能给自己提提要求，并能按这些要求约束自己；教师在教学过程中能多听听学生的意见，多采纳学生的意见，尊重学生的选择……所有这些，不都体现了学生的自主吗？

合作学习是指学生在小组或团队中为了完成共同的任务，有明确责任分工的互助性学习。开展合作学习，要处理好自主与合作的关系：自主学习是基础，不能走过场，不能在尚未充分自主学习的情况下就组织合作学习。合作学习也不等于小组学习，小组学习只是合作学习的一种形式，师生互动、同位交流、全班讨论等，也是合作学习。要注意合作学习的有效性：一看学习内容是否有价值；二看是否人人投入，互相帮助；三看是否有思维碰撞或情感交流。

课堂讨论是合作学习的一种形式，被教师们广泛使用。有的教师以为组织了学生讨论，就是体现了合作学习的精神。其实不然。在有的课堂上，教师让学生在四人小组里进行讨论，讨论时间很短（有的讨论只有10秒钟左右），四个同学分别说了几句话，有的同学甚至还来不及说话，老师就拍着手说："一二三，快坐端正！"这样的讨论，学生没有进行深入的思考，没有争论，没有互相启发、互相补充，没有互相帮助，不要说"合作"，连"讨论"都说不上。

课堂讨论要注意几点：

1.问题要有讨论价值。

2.问题的难易度要合适，不能太简单，也不宜太难。

3.要给学生足够的讨论时间。

4.分组方式要灵活多样，小组人数以3~6人为宜。

5.讨论时要注意有组织、有分工、有合作。

6.教师要发挥组织、协调、指导作用，比如要明确讨论的要求等。

7.学生要人人参与。

8.最好以小组为单位进行交流汇报。发言者要注意归纳小组的意见（包括一致的意见和分歧的意见）。小组交流时，可有针对性地选择一些小组汇报，不宜一组一组地讲很长时间。还要注意组与组之间的互动，比如对其他小组的发言有何不同看法，或者有何补充，可以提出来交流。

探究学习是从学科领域或现实社会生活中选择和确定研究主题，在教学时创设一种类似于学术或科学研究的情境，通过学生自主发现问题、实验、操作、调查、信息搜集与处理、表达与交流等探索活动，获得知识、技能、情感与态度的发展，特别是探索精神和创新能力发展的学习方式。探究性学习具有问题性、实践性、参与性、创新性、开放性等特点。

探究性学习方式不但在"综合性学习"中运用，而且应该运用在语文教学的各个方面、各个环节中。比如，探究发现字形特点和词语特点，围绕问题展开探究性阅读，等等，都是探究性学习的具体形式。

具体设计学习方式，要综合考虑各种学习方式的优势和局限。比如，采用比赛、挑战、展示等方式，有利于调动学生参与的积极性，培养学生学习的自信心，但如果在一节课里过多采用这一类学习方式，往往容易忽视性格内向或学习滞后的学生。在采用这些教学方式时，教师要有意识地关注这样的学生，使他们有机会、有信心参与教学活动。

有的教师为了调动学生学习的主动性，让学生不用举手，想好了就站起来说。这种方式能调动学生的主动性，但如果一味采用这样的方式，往往造成争抢甚至吵闹的局面，既耽误时间，又影响课堂纪律；并且，还容易造成主动的更主动、被动的更被动，少数尖子生霸占大部分机会，多数学生成为"看客"的局面。

三、教学媒体的选择与运用

随着电化教学手段和多媒体信息技术的逐步普及，现代教学媒体和语文教学的关系问题引起了人们的广泛关注。一开始是重视现代化设备的配备，但主要是上公开课用，平时很少用，使用率很低;接下来强调使用率，有的地方甚至规定不使用多媒体就不是好课，但忽视使用的合理性和使用效率。现在看来，现代化的教学手段进入教学是个必然的趋势，关键是研究如何合理、高效地运用这些手段的问题。以下几个问题需要重点关注:

1.处理好现代媒体和传统媒体的关系

现代媒体和传统媒体在设计制作和使用效果上各有优势，应该优化组合。

2.处理好语言训练和直观教具的关系

学习语言主要靠读与悟（包括思考、想象），图像用得好能引起想象，用得不好会限制想象。要重视培养读文章、想画面的能力，让学生感受语言的无穷魅力，利用图像要适可而止，以给学生留有想象的空间。有的教师在诗歌（古诗、现代诗）教学中，一开始就播放课件（录像），配乐示范朗读，影响了学生自主、多元的想象。如果把课件（录像）放在学生充分自读之后，并在播放之前让学生猜一猜录像的画面，效果就会大不相同。

3.从多媒体辅助教学的角度说，多媒体要有必要用才用（讲究目的性），用就要用好（讲求实效性）

画面、声音等要清晰，出现时机要恰当，操作要熟练，课件制作要规范，比如，课件中的汉字尽量用楷体，不用黑体、宋体，更不要用变形的美术字体（尤其是低年级）;汉语拼音用哥特体（笔画粗细均匀，不带装饰线），不用印刷体（笔画有粗细变化，带有装饰线），a、g不要写成a、g;除了前引号、前括号、前书名号等，其他标点符号不要出现在一行的开头，省略号要上下居中。

4.从信息技术与学科教学整合的角度说，信息技术将超越"辅助"教学的层面，和学科教学"整合"在一起

在这样的教学模式下，要注意发挥信息技术的优势与特点，提高语文学习效率，比如利用它直观形象的特点，吸引学生的无意注意，激发学生的学习兴趣，帮助学生理解课文、感悟语言、体验情感;利用它信息量大的特点，培养学生搜集和处理信息的能力;利用它交互性强的特点，形成师生互动、人机互动的教学方式和学生自主、合作、探究的学习方式。另一方面，也要注意体现语文学科的特点，保证语文学科特有教学目标的实现。

一般地说，小学语文作业存在着"重量轻质"的问题。现成内容多，自己编写少;知识巩固多，实践运用少;书面作业多，口头作业少;统一任务多，自主选择少;机械作业多，创新作业少。

作业设计与学业负担密切相关。造成负担重的原因是多方面的。就作业来说，也有几种因素影响着学生的课业负担:第一，量大。第二，难度大。第三，不感兴趣。学生对感兴趣的作业不会感觉有负担，当然，如果占用了学生太多的时间，也影响学生的身体健康，客观上成为一种负担。第四，形式雷同。有一位二年级教师在一次家庭作业中，布置了两项任

务:写本课习字册;抄写课文(全文)。写字和抄写课文形式雷同,而且课文中有既不要求认也不要求写的难字,抄写难度大,对二年级学生来说,一次写这么长时间,既辛苦又无实际效果。第五,个别差异。同样的作业,对有的同学来说可能显得很轻松,对有的同学来说,可能负担很重。

根据上述分析,我们认为,减轻学生的课业负担不能只从作业时间上去限制,要全面考虑数量、难度、趣味性、搭配、个别差异等各种因素。还要建立起各学科作业的协调机制(比如由班主任协调),否则,各科教师都觉得自己布置的作业并不多,但各科作业全部加在一个学生身上,量就大了。

要适当给学生留下课外阅读、看电视、听故事、上网、下棋、玩玩具、做游戏的时间。这些活动对学生的发展都大有益处,可惜现在学生在课余可利用的时间太少,无法发挥这些活动的作用。当然,如果学生沉迷于上述这些活动,也会影响功课,需要老师和家长正确引导和调控。

作业设计需要革除被动作业、盲目作业、机械作业、重复作业、枯燥作业、疲劳作业等流弊;要设计必要的基本训练,内容精,形式活,侧重打好基础;更要多设计创新性、趣味性、实践性、开发性练习,让学生反思学习过程,掌握学习方法,培养创新能力,激发学习兴趣;还要注意设计差异性作业,面向全体,承认差异,发展个性,培植自信。

四、教学环节的组织

一节课要安排哪些环节,这些环节按照什么样的教学模式来组织,教学结构、教学程序、教学节奏怎么安排,这是设计具体教学过程要考虑的问题。这里我们只就教学环节的组织思路和教学节奏的把握做简要提示。

从教学的组织形式上看,宏观层面的教学组织是教师与学生从事教学活动的一般化的、比较稳定的外部组织形式或框架,可区分为班级授课组织和个别化教学组织两类基本形式;微观层面的教学组织即比较灵活的具体的教学过程的组织,可区分为"同步学习""分组学习""个别学习"。

从具体教学环节的组织安排来看,教师在进行教学设计时,往往习惯于只考虑"干什么",而且更多是考虑教师要说什么话,提什么问,给人的感觉是一种"线性思维"模式。我们建议教师在进行教学设计时,要同时考虑几条线索,而且要同时考虑几条线索之间的横线联系,我们把这种模式称为"网状思维"模式。首先,从学生的学习出发设计教学,重点思考围绕教学目标要完成的主要教学任务,比如识字写字、朗读感悟、积累运用等,这是核心的一条线;再围绕这条中心线,思考要完成好这些任务,应该采取怎样的活动方式,如何展开师生互动、如何有序地组织活动,教师应该给学生创造怎样的学习机会、环境和条件;再考虑需要用哪些教学媒体,如何充分发挥这些媒体的作用。只有这样,教学设计才能紧紧围绕教学目标、教学重点展开,才能做到目的明确、思路清楚,才不会为用媒体而用媒体,才能做到内容实而形式活。

教学节奏的安排，最好做到快慢适度，有张有弛，有一定的高潮。需要强调，一节课40分钟里，第15~25分钟（小学低年级大约在第10~20分钟）是学生学习状态的低谷，在这一段时间，学生很容易分散注意力，课堂显得松弛、散漫甚至出现骚动。在这一段时间，要注意安排直观性、趣味性强的活动，吸引学生的无意注意，维持较高的情绪状态。

一位一年级老师上一节识字课（一共三段对子），从上课后的第4分钟起，就用串讲的方式，教师面对全班学生，读两句对子，就识里面的字，再理解里面的词语，用这种单一的教学方式讲完三段对子，一直到第21分钟。也就是说，在学生注意力最容易分散的一段时间里，他采用的是同一种教学方式，而且持续时间很长。这个环节应该根据学生的心理特点，在学完第一段对子以后，换一种方式学第二、三段对子，适当放手，发挥学生的主动性和创造性，安排自主学习和小组合作学习。

此外，有的老师喜欢采用"快节奏、大容量"的模式。其实，这种模式并不值得提倡。在这种模式里，教师不停地问，学生不停地答，学生根本没有时间和机会静下心来好好读书、体验和思考，看起来容量很大，实际上容量很小。

第五节　小学语文课堂教学的实施策略

教学实施是将教学设计所形成的教学活动方案付诸实践的过程，是教学工作的主要环节，包括上课、作业的布置、检查、批改与讲评等。本节主要讨论课堂教学的实施策略。

一、教师角色转换的策略

教师角色的转换，是新课程实施的重要方面，也是落实新课程理念、构建新的课堂教学模式的重要前提。应该说，教师"传道、授业、解惑"的作用仍然是存在的，但作为教师角色的定位，不能以此为出发点，也不能以此为教师教学的主要任务。按照新课程倡导的师生交往的教学过程观，教师由教学中的主角转向"平等中的首席"，从传统的知识传授者转向现代的学生发展的促进者。"即学生学习的促进者是教师最明显、最直接、最富时代性的角色特征，是教师角色特征中的核心特征。"其内涵包括"教师是学生学习能力的培养者""教师是学生人生的引路人"两个方面。《标准》指出："教师是学习活动的组织者和引导者。"

根据新课程的这些理念，结合教学实践，我们认为，语文教师在转变角色过程中应该注意以下几点：

1.教师要做学生的学习伙伴

教师要由居高临下的知识权威的角色转变为和学生平等的、共同发展的学习者。只有这样，才能使语文教学做到"在师生平等对话的过程中进行"，使学生成为"语文学习的主人。在教学过程中，教师要善于俯下身子，走到学生中间，深入学习小组，平等地和学生沟通、交流。

2.教师要肩负起促进学生学习的责任

我们提倡教师做学生的学习伙伴，并不等于把教师混同于学生的一个普通学习伙伴。教师同时还肩负着促进学生学习的重任，必须充分发挥教师在教学过程中的活动组织者、关系协调者、资源提供者、情境创设者、兴趣激发者、思维启迪者、方法引导者、行为示范者、练习辅导者、质量监控者等多种作用。教师一方面要善于"放权"，善于给学生自主学习创造条件和机会，另一方面也不能放任自流，被学生"牵着鼻子走"。一些老师没有把握好这种辩证关系，该讲的不敢讲了，兜着圈子让学生猜着说；该示范的不敢示范了，由着学生去自由"探究"；学生有不妥当的地方，也不知该不该纠正了。这是很危险的倾向。

3.教师要承担起"教书育人"的职责

语文教师不能只"教书"不"育人"，或者重"教书"轻"育人"。"教书"和"育人"其实不是两件事，而是一件事的两个方面，应该统一在教学活动的全过程中。教师不能再充当一个"传道者""说教者"的角色，而应当做学生的知心人，善于了解学生的心理，善于做沟通和引导的工作，善于引导学生进行自我调适和自我教育，促进学生心理的健康发展和良好道德的养成。

教师的以上角色不是相互矛盾的，而是可以有机地统一在一起的。教师在适当时候可以突出某一种角色，但他必须同时扮演多种角色。教师要增强自己在课堂上的角色感，既要善于进入某种角色，也要善于跳出某种角色，"进得去也出得来"。比如，不要因为深入学习小组，充当学习伙伴角色之后，就忘记了自己作为学生学习的组织者和指导者的角色。此外，教师在课堂上需要关注的东西太多，要想着自己的教案，想着接下来要讲什么话，想着将要播放的课件，想着哪些同学没有集中注意力，想着课堂上将要"动态生成"的东西，想着教学时间已经过去了多少……作为上课教师，置身当今的课堂，需要眼观六路，耳听八方，"瞻前顾后""一心几用""分身有术"。这是听课的旁观者难以体验到的感受。

二、动态生成的策略

课堂教学目标、内容、方法、程序的动态生成，是新课程教学实施的重要理念。在落实这一理念的过程中，要注意以下策略：

1.做好预设

教学不能过分依赖于动态生成，必须有比较明确的教学行进方向，有比较明确的发展思路。一节课的主要任务是什么，应该如何围绕主要任务展开互动，这节课主要有几个环节，适合采用怎样的互动方式，在某个环节中谁更主动一些，谁提出问题，这个环节大约需要多长时间，这些问题都要认真思考，做好预测。盲目地走上讲台，信马由缰似的展开教学，是无法达到预期目的的。以阅读教学为例，备课要想一想，这篇课文的主要教学目标是什么，是否会生成什么目标；学生对这篇课文会有什么多元化的解读；学生可能在什么地方存在疑问，可能会提出什么样的问题，对学习方式有什么需要，教师应该怎样应对；学生在学习过程中精神状态会怎样，应该如何对课堂气氛进行调控；等等。

2.关注学生

要改变背教案、演绎教案的习惯思维模式，把注意力集中到学生的学习上来，关注学生学习的需要、进程、差异、状态，善于从学生身上获得反馈信息，抓住教学契机，相机进行激发、引导或调控。学生的提问、答语、朗读、讨论、表情以及坐姿等等都反映出他们学习状况的一些信息，教师要善于倾听，善于察言观色，善于捕捉这些反馈信息。

3.善于应变

遇到备课时没有预料到的情况，要善于调整教学内容和教学程序，随机应变。

4.逐步放手

教师教学由固定到生成，要经历从绝对控制到逐步放手的过程。一下子放得太开，必然出现"一放就乱"，然后"一收就死"的问题。逐步放手有几个含义，一是随着年级的升高逐步放手，低年级不宜放得太开；二是刚开始进行试验时不要放得太开，摸到了门道，达成了默契，形成了习惯，可放开一些；三是放手不等于撒手不管，还要注意组织、引导和指导。

三、教学交往的策略

我们在前面已经说到，教学过程是师生交往、积极互动、共同发展的过程。课堂教学中教师和学生如何展开交往、互动，是动态推进教学过程的关键因素。师生交往、互动是动态推进的，因而也会复杂、多变，但也不是不可控制的，它需要教师掌握交往、互动的策略，做好交往、互动的计划，并和学生在交往、互动中学会交往、互动。关于教学交往的策略，试举例如下。

1.相互尊重

这是产生良好教学交往的基础。在教学交往中，教师要尊重学生的人格，关注学生的需要，体谅学生的情感和要求；学生也要尊敬教师，理解教师的要求，听从教师的安排，尊重教师的劳动。教学交往过程中，教师和学生都真正做到民主、平等，都要善于控制自己的言行，保证他人享有正常交往的权利。比如，如果教师太霸道，太武断，就会打击学生参与交往互动的积极性，影响学生主体性的发挥；如果学生太放肆，使教师无法正常组织课堂教学，也会阻碍教学交往的正常进行；如果学生以自我为中心，发言或参与活动时总想自己多表现，就会使其他同学丧失参与的机会；如果学生在讨论时声音太大，就会影响到其他同学的正常讨论，如果大家声音都大，则大家都无法正常讨论。

2.双方主动

这是交往产生的前提。在具体的交往过程中，有时教师主动一些，有时学生更主动一些。但总体而言，师生双方都应处于积极主动的状态中，这样才能有效地形成互动，并不断地推进互动。一方主动，一方被动，是难以正常交往的。

3.多向互动

教学交往必须有全体学生的参与，必须有师生之间、生生之间、群体之间的多向互动。

互动的形式有合作性互动、对抗性互动、竞争-合作性互动。要根据教学需要确定交往、互动的形式。对个别特殊的学生（如性格内向），要因势利导，多创造适合他们特点的参与机会，打消他们的顾虑，尽量调动他们参与互动的积极性。

4.协调一致

师生双方都要明确教学活动的目标（明确目标的方式是多样的，不一定要把教学目标直接告诉学生），把握互动的推进方向，适时进行调控，避免交往活动偏离目标太远。交往过程中，教师要和学生共同建立起交往的规范（或规则），利用这些规范对教学交往过程进行调控，并引导学生进行自我调控。

5.心态良好

师生都要保持积极而平和的心理状态，要努力实现自己的意愿，但也不要过分在乎自己的不如意。在交往过程中遇到挫折、矛盾、不协调的情况是正常的，要能够正确对待。

四、课堂管理的策略

教师"教"的活动系统包括"教学"和"管理"两个子系统。课堂"管理"活动具有组织、促进、协调、维持等多种功能，是保证课堂"教学"活动顺利、有效进行的重要条件。组织是课堂管理最基本的功能，课堂教学要有效进行，教师必须对教学设备、教材、学生以及教学活动进行有效的组织，这样学生才能由分散的个体变成有效的学习集体，教材、教学设备才能充分发挥作用，教学活动才能系统、有序地进行；促进功能是指良好的课堂管理可以最大限度地满足课堂中学生个体和集体的合理需要，形成积极、和谐的课堂学习环境，激励学生的参与精神，激发学生潜能的释放，从而促进教学活动的顺利进行和教学效率的提高；课堂管理的协调功能是指协调好课堂中的人、物、信息、时间等因素，以发挥课堂系统的整体功能，取得良好的教学效果；课堂管理的维持功能是指教师通过一定的管理手段，较持久地维持课堂教学的基本秩序，形成比较稳定的教学环境，保证教学活动的顺利进行。

课堂管理包括课堂环境（物理环境和心理环境）管理、课堂行为管理和课堂时间管理等内容。从管理策略角度说，我们主要有以下建议：

1.培养学生的自主意识与规则意识，加强学生的自我管理

新课程强调尊重学生的主体性，强调学生学习的积极性和主动性，但是不能因此忽视对学生的纪律意识培养和行为习惯训练。从学生入学的第一天起，就要在赋予他们一定自主权的同时，建立起集体学习和活动的规则，让他们树立起规则意识。这些规则，不是教师强加于学生的金科玉律或者条条框框，不仅仅是这不准那不准似的规矩，它应该是教师和学生在集体活动中共同总结出的"游戏规则"，必须让学生明白，这是全体同学（包括自己）正常进行教学活动所必需的条件，也是保证自己获得自由所必需的条件。自由是规则下的自由，规则不是为限制自由而定，而是为保证自由而定。自由与规则，自主与自律，是辩证的统一。要利用学生的规则意识、自律能力和班集体中的约束力量，加强学生的自我管理。

2.根据学生的个别差异，优化课堂管理

对于自己任教班级的学生，谁爱搞小东西，谁爱玩小动作，谁爱出风头，谁爱打小报告，谁喜欢随便讲话，谁经常东张西望，谁容易发呆，谁经常打瞌睡，教师一般都心中有数。问题是，教师往往专注于自己的"教学"活动，顾不上管这些，或者只是被动地应付。教师有必要增强课堂管理的意识，认真研究学生的个别差异、个性特点，做到对症下药。比如，对爱玩小东西的学生，要注意清理掉他随身携带的各种小东西；对爱搞小动作的学生，要注意他坐的姿势；对爱出风头的学生，要适当地"冷落"他；对经常打瞌睡的学生，要了解他打瞌睡的原因，必要时还要与家长联系甚至上门家访。总之，教师一定要关注到每一个学生，尤其是关注到比较特殊的学生，要随时保持警觉，注意防患于未然。

3.通过优化教学设计来优化课堂管理

比如，低年级学生活泼好动，集中注意力的时间比较短，无意注意占优势，设计教学时就要遵循和利用学生这些心理特点，多采用活动和游戏的教学方式，并注意动静结合；多采用直观教学手段，吸引学生的无意注意；教学环节转换节奏要比较快，同一种形式的教学环节时间不能太长；活动之前要讲清楚要求，但问题、任务的交代要简洁明确，尽快切入活动；要善于利用猜测、卖关子、留悬念、竞争等手段，激发兴趣，调动积极性；要让每个孩子都有明确的任务和参与的机会，不要留下死角或者空档，给学生开小差的机会。相对于低年级学生来说，中高年级学生集中注意力的时间要长一些，有意注意逐步发展，也能静下心来较长时间地思考问题，但教学中同样需要注意适时转换教学环节，注意动静结合，同一内容或形式的活动时间也不宜太长，也要注意给每一个同学参与活动的机会。

在选择教学方法和教学组织形式时，要考虑对课堂管理的影响。比如，采用活动和游戏的教学形式，学生往往容易兴奋，注意力难以集中，课堂管理难度会更大些。在这种情况下，课前要做好预测，估计会出现什么问题，考虑好活动的步骤和组织策略，活动用具最好课前放好，不让学生随意动，活动时要注意先讲清楚活动要求，必要时可找一些学生做教学助手，平时还要注意培养学生良好的参与活动的习惯。比如，教学中安排了使用剪刀的活动，就要先讲清楚用剪刀的安全问题（选剪刀时就要注意前端最好不带尖）。再如，一位老师在上课时让学生选择自己喜欢的学习方式来表现课文中的故事，学生有选朗读的，有选画画的，有选写话的，更多的是选表演。结果，选表演的同学声音很大，吵吵闹闹，严重地影响了其他同学，使他们根本没办法静下心来读、画、写。这与教师没有注意提醒是有关系的。如果所任教班级的学生人数太多，在选择教学方式、确定放手程度时，更要慎重考虑。学生发言或朗读时，一些老师片面强调要"大声"，结果弄得课堂里大喊大叫，吵吵闹闹，既缺乏美感，又影响学生的身心健康。

4.通过提高教师的教学素养优化课堂管理

比如，要培养良好的"时间感"，善于根据教学的进程适时调节教学环节所用的时间，不浪费宝贵的教学时间。又如，善于把握课堂教学的节奏，做到有张有弛，有快有慢，环节转换自如，中间不留"缝隙"，不随意中断教学活动，避免学生因中断学习和重新集中注意

而浪费时间。再如，善于"重叠处理问题"，在关注局部或个别学生的问题时，也能"照顾"到对其余同学的组织、安排或监督。再如，有的教师不注意语言的艺术，经常生气地说"还有很多小朋友没有看老师"，这句话如果改为"还有一个小朋友没有看老师"可能效果会更好。有的老师让学生自由读课文，但说完之后总是习惯性地说"开始"，结果学生同时开始，变成了齐读，老师又打断学生说"不要齐读，要自由读"，显得很别扭。此外，教师的个人魅力、师生之间的情感沟通、师生之间的心灵默契等，也是优化课堂管理的重要因素。

5.合理运用表扬与奖励、批评与惩罚等手段

在小学尤其是在低年级课堂教学中，普遍存在着表扬、奖励泛滥、贬值、形式化和不公平的现象。"棒，棒，你真棒""表扬他，顶呱呱，表扬你，了不起"，类似这种"格式化"的表扬，充斥着我们的课堂，有时受到表扬的学生还要站起来说"谢谢大家"。奖励"小红花"，贴"红苹果"，盖"顶呱呱"印章，等等，也比较普遍。这些表扬和奖励的形式应该说都是可用的，但是如果泛滥了，就必然会贬值，形式化、程式化了，失去了真情实感。结果，既浪费时间，又无多大实际效果。我们提倡表扬、奖励形式的多样化，更提倡用发自内心的微笑、点头、拍肩、抚摸以及由衷的赞赏等进行表扬。物化的奖励要控制次数，不宜占用太多的教学时间。可以用少量物化的奖励，再配合广泛的内心的激励。比如，告诉学生，"除了这几个奖杯（或其他形式），老师心中还有许多奖杯，如果谁获得了老师的微笑、点头或者拍了你的肩膀，你就获得了老师心中的奖杯"。此外，组织竞赛一定要注意公平，不要因为教师指名机会的不均等而造成竞争的不公平，影响学生的情绪和再次参与的积极性。我们认为，批评（甚至不带身心伤害的惩罚）也是可以适当使用的，只是要注意批评的出发点要好，不要伤害学生的自尊心，要讲究批评的艺术。

6.通过培养学生良好的心态和建立良好的人际关系，优化课堂管理

我们经常发现，一个教师提问以后，班上大多数同学一般都会举手，当教师指名叫一个同学回答问题的时候，其余同学往往会表现出泄气，或者发出叹息，甚至表现出强烈的不满。这可能与教师的教学组织形式有关，如果不注意结合小组学习等形式给学生提供更多的参与机会，学生肯定会表示不满。但从学生的角度看，也有一个心态的问题。全班几十个同学，老师一次只能叫一个同学回答呀！在竞争性教学活动中，也经常可以看到，赢了的小组欢呼雀跃，输了的小组垂头丧气，甚至互相责怪，同样表现出心态的不正常。作为教师，要关注没有被点名回答问题的同学，要关注竞争中失败的小组，还可以在点名前或者比赛前先做些思想上的引导，使大家的心态变得平和些。要让学生懂得，健康的心态应该是积极进取，得之欣然，失之泰然，赢得起也输得起，拿得起也放得下。此外，还要注意引导学生建立良好的人际关系，因为学生中人际关系的问题，如发生矛盾、隔阂、赌气、怄气、不合作、不友好等，也会影响到课堂管理。

第四章 小学语文教学的基本理论

第一节 小学语文教学原则

一、语文教学原则概述

(一)语文教学原则的含义

语文教学原则是语文教学中最主要、最本质的内在规律的集中体现,是实现语文教学目的,完成语文教学任务应该遵循的法则和依据。语文教学原则既是语文教育工作者的观念性存在,更是语文教学规律的客观性存在,它来源于语文教学实践又反作用于语文教学实践,是主观性和客观性的统一。语文教学原则作为语文教学活动必须遵循的基本法则,必须体现语文学科固有的性质特点和教学规律,能正确处理好语文教学中各种矛盾关系,对语文教学起着重要的指导作用。

(二)对语文教学原则的表述的历史观点

语文教学原则究竟有多少,尚无定论,对具体内容的表述在各种《语文教学法》或者《语文教育学》之类的教材中也各不相同。这就有必要区分一下一般教学原则与语文教学原则了。《普通教育学》上提出的一般教学原则大都是这样八条:科学性和思想性统一原则,理论联系实际原则,直观性原则,启发性原则,循序渐进原则,巩固性原则,因材施教原则,整体优化原则。这八条原则揭示的是一切教学的普遍规律,对各学科教学都有重要的指导作用,语文教学自然也应该接受这些原则的指导。这是一般教学原则的共性所在。语文教学有自己的特殊规律,只有那些唯独反映语文教学规律并具体指导语文教学活动的原则,才是语文教学原则,亦即语文教学原则是个性化的理论概括。可见一般教学原则与语文教学原则的关系是共性与个性的关系。

对语文教学原则的表述也有许多,典型的大家较为熟知的有:工具性与人文性的统一;文道统一;语文内容和语文形式的统一;语文训练和思想陶冶(或者和思维训练,或者和智力发展)相统一;听说读写全面训练(识字与写字、阅读、写作、口语交际全面训练、协调发展);

语文知识和语文技能训练整合（在言语活动中进行知识教学）;语文课内学习与课外学习相结合，等等。

张楚廷认为教学原则体系的科学性应该具备四个条件:兼容性条件，即每条原则都不能自相矛盾也不能与其他原则相矛盾;完备性条件，要反映出教学活动的基本要求;独立性条件，各原则间彼此独立，不重复、不重叠，不能相互包含和相互代替;简练性条件，不宜把一般化的或具体化的要求列入教学原则。

语文教学原则体系的建构除应该具备以上条件，还应该具备以下特点:

系统性。既驾驭宏观的教学目的，又切合教学过程，对具体的教学方法具有指导作用。体现出教学原则的层次性。

针对性。应该具有语文学科的特点，以区别于其他学科的教学。

人文性。体现以人为本的教育理念。

教学性。体现教学主体间的作用，反映教学活动和教学过程。

指导性。既不是对教学规律的概括、教学本质的表述，也不是具体的教学方法，而是指导教学的理论纲领。

在借鉴原有语文教学原则的基础上，根据语文教学的目的和特点，我们试提出以下教学原则:

语文知识和能力相协调的教学原则。语文教学的目的几经变化，新课改用语文素养来概括，内涵更加丰富了，但是却又感到无所适从，无从落实。其实课改不是彻底否定传统，双基仍然是语文素养的核心。周庆元建构的复合型教学目的观以语文智力发展和品德修养为目的，以实现语文双基（基础知识和基本技能）教学目的，认为语文素养"是以语文知识和语文能力为主干，至少包括语文知识、语文能力、一般智力、社会文化常识和情感意志与个性等五个基本要素在内的有机复合体"。因此语文知识和能力的统一是驾驭语文教学目的，统领其他教学原则的主帅。

语文心力与语文智力协调发展的原则。周庆元认为语文智力的发展包括"观察力、记忆力、想象力、思维力、创造力、语文自学能力"。语文心力是借用张楚廷创造的概念，它包括"情动力、意志力、注意力、自评力、调控力"。其中情动力包括"情感、兴趣、需要、动机、信念"。新课标注重学生情感态度价值观的培养，因此这条教学原则既体现了语文教学的目的，又体现了语文教学的任务。

情感体验与言语实践相协调的原则。语文教学的主要任务还是要培养学生听说读写的能力，"语感"只是它的理想境界，语感的培养还是要在听说读写的言语实践中培养，对言语的理解和感受需要情感的参与，需要调动自己的情感经验，需要把他人的、文本的情感迁移到自己的情感图式中来，在言语实践和情感体验中，发展语文智力和语文心力。

对话主体间（教师、学生、文本）相协调的原则。言语实践的实质是对话，包括阅读对话和教学对话。对于文本的阅读理解需要读者与文本间的相互默契，平等对话。对于课堂教学来说，师生的对话应该是围绕文本而展开的，师生间的对话应该是对意义的探讨和建构，而不是流于形式的说话。因此，要充分发挥教学主体间的作用。

语文课内学习与课外学习相协调的原则。语文学习离不开社会，离不开生活。语文是一种生活方式，生活中时时处处可以学习语文，可以找到许多可以利用的语文课程资源，如何选择，如何发挥这些课程资源的优势，如何把课内的学习与课外的学习有机地结合起来，也是学习主体即师生在教学中应该遵循的原则。这五项教学原则体现出层次性，第一层教学原则体现了语文教学的目的，第二层反映了语文教学的具体任务，第三层涉及的是语文教学活动，第四层是语文教学活动主体的关系，第五层是与语文教学素材和学习方法相关联。

由上述各家之言，我们可以看出对于语文教学原则的阐述可谓仁者见仁，智者见智。而小学语文教学原则，既要体现语文教学原则的共性，还应有自己的独特个性，以适应小学学段的语文课程的特点以及小学生的身心发展特点。小学语文课程具有工具性、人文性、基础性等特点，小学生思维呈现出形象思维为主的认知特点，因而小学语文教学应遵循以下原则。

二、小学语文教学原则

(一)语言文字训练与思想教育统一的原则

1.含义

语言文字训练与思想教育统一有两层含义：一是指语文的形式和内容是不可分割的。二是指在语文教学过程中，语文教育和思想教育应该是统一的。我们知道，文章的外在形式，包括语言文字、写作方法等，即通常所说的"文"，与文章的思想内容，即通常所说的"道"，是不可分割的统一体。语言文字与思想内容是紧密地联系在一起的。没有思想内容不会形成文字；同样，只要作品一出现，必然包含着一定的思想内容。学生阅读文章，不可能只看到文章的语言形式，而不接触文章的内容；也不可能没有明确的主题就说出一段话或写成一篇文章。可见"文道统一"是客观存在。"文"与"道"的辩证统一，决定了语言文字训练与思想教育辩证统一。

语文课程丰富的人文内涵对学生精神领域的影响是深广的。2001年颁布的《语文课程标准》(实验稿)指出："培养学生高尚的道德情操和健康的审美情趣，形成正确的价值观和积极的人生态度，是语文教学的重要内容，不应把它们当作外在的附加任务。应该注重熏陶感染，潜移默化，把这些内容贯穿于日常的教学过程之中。"

2.实施

语言文字训练与思想教育统一是依据内容和形式的统一、教学具有的教育性、社会主义教育的培养目标确定的。在语文教学中贯彻文道统一的原则，首先要认识和把握在语文教学中进行思想教育的特点，只有抓住特点，教学得法，才能体现语文学科工具性与人文性统一的性质，才能完成语文课程的任务。

(二)语文知识教学与培养能力、发展智力相结合的原则

1.含义

知识传授与智力发展、能力培养相结合，是社会发展对学校教育提出的新的要求，也是世界各国基础教育改革的一个趋势。在语文教学过程中，在传授语文知识的同时，发展学生的智力，通过语文学习实践活动，培养学生的语文能力和创造力。

2.实施

从培养智力的五个组成因素入手。教师在传授语文知识的过程中，提高学生的口语交际、阅读、习作能力，发展学生的观察力、记忆力、想象力、思维力和注意力等智力因素。思维力是智力活动的核心，也是构成语文阅读能力和习作能力的核心因素。因此，语文教学中要重视培养学生的思维力，尤其要重视创造性思维的培养。

在语文知识教学的过程中，运用比较、分析和综合、抽象和概括、归纳和推理的方法，将语言学习和思维训练结合在一起。

创设语文实践活动。教师应拓宽语文知识学习和运用的领域，通过语文实践这种主要途径，培养学生的语文能力。

尊重学生在学习过程中的独特体验。语文教学中不能只满足于学生在学习中领会教材或教师的内容和观点，并用这些内容和观点来解释或解决某种现象或问题，而要鼓励学生创造性地思维及行为，鼓励学生提出自己的见解，营造一种有利于学生创造力发挥的课堂教学氛围。

(三)课内与课外相结合的原则

1.含义

（1）"课内"指语文课堂教学，包括上课、课前预习、课后复习与作业；"课外"指课堂教学之外的课外阅读和课外语文活动。如：看电视，网上信息收集，参观博物馆、展览馆，课本剧表演和文化旅行等等。叶圣陶在《读书二首》中写道"天地阅览室，万物皆书卷"，指出社会是更广阔的课堂。美国教育家华特·B·科勒涅斯克说过一句名言：语文学习的外延和生活的外延相等。他强调密切联系生活、贴近生活的大语文观。语文教学课内和课外是一个整体，各有其作用，应充分开发和利用这两种课程资源并密切结合，提高教学效率。

（2）学生将在课内获得的语文知识和能力在实际生活中加以运用，接受检验，得到巩固和发展。课外语文教育创造了一个自由、生动活泼的学习环境和气氛，扩大了学生的知识视野，有利于学生个性和特长的发展，也必然促进课内语文学习。

2.实施

（1）得法于课内，得益于课外。这是语文特级教师于漪总结的经验，即学生在课内获得学习方法、语言知识，要在课外加以运用、扩展、加深，在实际生活中得益，也就是坚持课

内指导课外。

（2）开展丰富多彩的语文课外活动。将课外活动纳入语文教学计划，与课内教学密切配合，设计丰富多彩的活动，如：课外阅读、办电脑小报、演讲比赛、辩论会、故事吟诵吟唱、语文主体活动等。

(四)教学的积极性原则

1.含义

（1）在语文教学中，能够最大限度地调动学生的积极性，争取学生最大限度的合作。

（2）建构主义学习观认为：学生的学习活动是一个主动构建的过程，任何人都不可取代。因为学生要把教师提供的学习内容转化为自己的东西，必须通过积极的、自觉的思维去接受、理解、消化和运用。在这个过程中，教师的教学活动与学生的思维活动必须朝着一个共同的方向，互相配合，协调一致，才能达成教学目标。

2.实施

（1）要建立新型的师生关系。语文教学中，教师要有正确的学生观，客观地认识学生，了解学生，尊重学生，把学生看作学习的主体，当作具有独立个性的人来对待，进行平等对话。创设民主、和谐的课堂气氛，提高学生主动参与学习的积极性。在民主、和谐、轻松的学习气氛中，学生乐学、爱学。

（2）努力做到因材施教。学生由于生理素质、环境、教育的影响，以及主观努力诸多方面的差异，表现出身心发展水平的特殊性和差异性。教师在统一要求下，应坚持因材施教。既要面对全班，又要照顾个别；既为程度高的学生创造提高的空间，又要为学习能力弱的学生进行个别辅导，使其达到教学目标。应针对学生个性特点，采取不同的教学措施，让所有的学生都能体验语文学习成功的喜悦。

第二节 小学语文教学方法

一、语文教学方法的分类

关于语文教学方法的分类，学者们从不同的角度和层次做了许多有益的探索，为我们研究语文教学方法提供了很好的借鉴：

(一)从语文学习方法系统的角度进行划分

如果将语文教学方法看作一个完整的系统，可以从以下三个方面加以归纳：以教为主的方法系统，以学为主的方法系统，教、学兼重的方法系统。这三个分系统体现着各自的特点，发挥各自不同的作用。

1.以教为主的教学方法系统

这种教学方法主要是以语言为媒体，传递知识信息，靠教师的讲述和讲解，使学生掌握语文知识。讲授法。它是教师通过口头语言向学生系统地传授语文知识的一种基本教法，主要用于导语、提示语、结束语、介绍作家作品和时代背景，叙述教材基本事实，分析课文，提示重点，阐明事物和事理，评述写作范文和习作例文等。讲授法是传统的教学方法，也是目前学校课堂教学的主要手段。运用讲授法能使知识系统化，在较短的时间内教给学生全面而准确的知识。在具体教学中，我们鼓励教师根据教学实际，该讲则讲，而且要讲到位。教师的讲解和示范目的是传授知识，并让学生了解方法，不要因为怕背上"满堂灌"嫌疑而忽视对知识的系统传授。串讲法。教师对课文中难懂的地方逐字逐句地讲析，再将它们的意思串起来讲述，帮助学生准确地理解文章的思想内容。串讲法是文言文教学中常用的一种方法，也是我国传统教学方法之一。串讲和精讲也不是相互排斥的，一篇文章、一堂课，有的内容只需抓住关键加以点拨，而有的地方却要靠教师深入讲解。串讲要求教师讲得系统、讲得活，但串讲法较费时，重点不易突出，在教学中最好作为精讲的补充。

2.以学为主的教学方法系统

这是教师努力培养学生乐于学习、学会学习的方法。讨论法，指在教师的指导下，通过集体对话和互学形式，围绕某一中心问题，交流意见，互相启发，进行学生之间或师生之间多向信息交流，借以实现语文教学目的的一种常用方法。这种教学方法可以激发学生的学习兴趣，活跃学生的思想，便于培养学生独立思考、分析问题和解决问题的能力；有利于培养学生口头表达能力和理解能力等。运用讨论法的基本要求是：讨论前，教师应提出讨论的题目和方法，指导学生搜集资料和调查研究，编好发言提纲;讨论中，要求学生普遍发言，教师要启发诱导，鼓励学生持之有据，言之有理，围绕中心，联系实际;讨论结束时，教师要全面总结，简要概括出问题的答案。研究法，它是教师指导学生通过自学研究的方式，借以掌握语文知识，培养语文能力的一种有效教法。它突破了传统教法重教轻学的局限，体现了现代教学思想。学生就某一个专题进行研究性学习，注重的应是过程而不是结果。通过研究性学习，能培养他们发现问题、探究问题、解决问题的能力，并能培养分工协作的团队意识。

3.教、学兼重的教学方法系统

问答法。这是在语文教学中，以问题为中心组织课堂教学的一种常用教法。主要通过教师提问，学生答问，或是学生质疑问难，教师引导学生解疑释难的对话形式，培养学生发现问题、提出问题、思考问题、分析问题、解决问题的能力。情境教学法。情境教学法是在现代教育培养全面发展型人才理论指导下创新的教学方法，强调情感教育，以情动人，以美感人，注重培养学生的审美情趣和能力，充分发掘语文课的教育功能。培养学生审美情趣和审美能力在教学中大体经过三个过程:首先，导其入境。引导学生进入文学作品中所描绘的气象万千的境界，感知作家所描绘的画面、人物、情调或气氛与所表达的思想感情的融合。教师可借助多媒体设备，提供与课文有关的视听形象导其入境，也可以借助诗意或是描摹性语言，将学生带入意境之中，去感知美、发现美。其次，激发情感。文学作品是作家审美意识的集中体现，多以情感人，其中蕴含着丰富的美的内容，教师只有充分挖掘课文语言和内容方面的情感因素，潜心体味，并用精心锤炼的优美语言表达出来，才能唤起学生的共鸣。最后，引其评价。教师在引导学生感知、理解的基础上，还要引导学生做出正确的审美判断，识别真善美和假恶丑，提高审美鉴赏力，使感性认识上升到理性认识。

（二）从不同的分类标准进行划分

对于语文教学方法分类的研究，由于分类的标准不同，对语文教学方法的分类也就有很大的差异。主要的观点有以下几种:

一是构造说。这是从教学方法的构造对语文教学方法进行分类:1.语文教学的基本方法。指语文教师的工作方式和学生学习活动方式组合的基本形式，包括讲、读、问、议、练、书（板书）、示（演示）、观（参观）等。2.语文教学的综合方法。是教学方法的"合体"，也可称为"方法群"，由基本方法组合而成，发挥整体作用的具体活动形式，如"读读、议议、练练、讲讲"八字教学法、钱梦龙的"三主四式导读法"、魏书生的"六步法"等。

二是目的说。这是从教学活动的目的对语文教学方法进行分类:以获得知识为主的教学方法，如讲授法;以训练技能为主的教学方法;如导读法。以培养语感为主的教学方法，如整体感悟法。

三是形式说。这是从教学活动的形式对语文教学方法进行分类:感知教学方法，又可细分为三个类型，即情感熏陶型、语感品味型、审美悟道型。导引教学方法，又可细分为三个类型，即引导点拨型、领导管理型、教导达标型，发掘教学方法，又可细分为四个类型，即思维训练型、技能训练型、跳摘训练型、渗透训练型。

四是来源说。这是从知识的来源对语文教学方法进行分类:语言的方法（知识的来源之一):阅读法（默读、朗读、吟诵、精读、略读、速读、跳读等）、讲解法（串讲、评点、问答、谈话、讨论、分析、欣赏等);观察的方法（知识的来源之二):直接观察法（静物观察、动物观察、局部观察、整体观察等）、间接观察法（图片、幻灯、录像、电视、电影等);实践的方法（知识的来源之三):书面练习法（造句、填空、改错、日记、作文等）、口头练习法（问答、讲故事、复述课文大意、口头作文等）。

二、小学语文教学基本方法

（一）朗读法

朗读法是语文教学中的重要环节，它是以理解文字作品的意义为目的的出声阅读形式，即把书面语言转换为出声的口头语言。朗读在语文教学中有重要的作用:朗读不仅能提高学生的说话能力，而且能培养学生深刻领会文章主旨的能力。朗读也有利于学生领会文章的音乐美，从而感染学生对文章含蓄美和形象美的体会，陶冶情操。

朗读法的要求:朗读要正确、流利、有感情;要用普通话读，发音清楚响亮，不读错字，不丢字，不添字，不颠倒，不唱读，不回读;读得连贯，节奏自然，不拖长声音，速度的快慢要与文章所表达的内容一致;要读出不同的语气，读出句子之间、段落之间的停顿，注意轻重缓急，感情要自然。

（二）背诵法

这就是熟读成诵，是我国传统的读书方法之一。背诵能加深对课文的理解和感受，对不规范的口头语言起着规范作用，为说话和写作积累丰富的语言材料，发展学生的记忆力。

背诵的要求:背诵的基础是理解。背诵要用普通话，做到正确、流利、有感情。

（三）自学法

自学法也称自主学习，是学生在教师指导下，以自主学习为主，培养自主学习能力和习惯的一种教学方法。教会学生自主学习，这是推进课程改革、实施素质教育的重要任务，也是现代科技、继续教育对人的要求。

小学生在校期间初步学会学习，逐步形成独立的学习能力，这是将来立足社会，适应生活需要的基本技能。自学是一种很有意义的学习方法。自主学习能力，指学习者在已有知识与技能的基础上，一般不依赖于他人而能运用一定的学习方法和程序，独立获取知识和解决问题的能力。自主学习能力是有多种心理机能参与的一种综合素质和能力。这种素质和能力的构成包括四个方面的内容:一是能学，二是想学，三是会学，四是坚持学。

运用自学法的要求是：一是明确目标。自学法包括四个基本要素：制订计划，合理安排学习时间；运用工具书进行自读；对学习内容能提出问题，并能尝试解决问题；对学习过程和学习结果进行自检和自评。学生明确了目标，就有了指向，就能自觉地去学习。二要重视动机的激发。动机是学生自学的驱动力。学生有了强烈的自学动机，就会自觉地投身于教师指导下的各种自学活动。故自主学习，又称主动学习。所以教师要重视学生自学动机的激发。三要指导自学过程与方法。如要培养学生的预习能力，教师就应该指导预习的过程和方法：要培养学生识字写字能力，就要教给学生识字、写字的一些规律和方法。

(四)练习法

练习法是教师依据教学目标要求，指导学生运用所学知识与技能，通过自己的感官活动和实际操作，巩固知识、技能和形成习惯的方法。小学的语文课程与教学侧重于语言文字的训练，教学中运用练习法，是语文课程的性质和教学的要求所决定的。语言文字经过反复练习，才能熟练掌握。练习本身是一种有目的、有步骤、有指导的重复性活动，但不应进行机械性的练习。练习包括口语交际的练习、习作的练习、朗读的练习等。

运用练习法的基本要求：一要使学生明确练习的目的，掌握有关练习的基本知识与技能。只有学生明确了为什么要练习，要达到怎样的要求，才可能有较高的自觉性和积极性，才可能避免机械的盲目的练习。二要使学生掌握正确的练习方法。教师要通过讲解、示范使学生理解正确的练习方法，然后再让学生自己练习。同时，练习方式要多样化，才能引起学生练习的兴趣。三要有计划有步骤地进行练习。教师要依据学生认识规律和教材逻辑顺序，制订详细的练习计划，从模仿性练习到独立性练习，再到创造性练习；从基础性练习到综合性练习。四要提高单位时间内练习的效果。练习的次数要达到一定的量，有量才有质。但也不能以多制胜，更不能靠时间来磨。如小学生写字时，一个字写3～5遍效果最好，如超过5遍，则会事与愿违。

第三节　小学语文教学模式

一、教学模式的含义

所谓教学模式，是根据一定教育思想制定的教学基本策略及其实施步骤的样式，是教师组织教学过程的范型。教学过程涉及的核心问题包括两个方面，即确定教学策略以及教学结构，而一定的教学策略及其结构就构成了一定的教学模式。当然，并不是所有的教学策略或教学结构都可以成为教学模式，只有那些相对定型、从理论依据到实施方法都自成体系，同时具有一定推广价值的教学基本策略及其结构才称得上"教学模式"。

二、教学模式的要素

总的来说，教学模式包括目标、方法、程序、依据四大要素。目标是指教育者在教学中要达到的教学目的。方法、手段是为目标服务的。目标是教学模式四大要素中的最基本要素。有不同的目标，必然就会有不同的教学方法模式。如果某一教学过程以传授某项技能为首要目标或中心目标，那么这一教学过程必然会采用以重视训练或练习为特征的教学模式。

方法是指实施教学的基本策略或手段，是教学模式四大要素中的核心要素。不同教学模式之间最基本的区别，就在于方法的不同。不同的教学模式，不仅方法不同，而且选择教学方法的思路往往也是不同的。

程序是指教学过程的实施步骤或实施环节。例如，发现法教学模式，一般包括引导学生掌握学习理论、制订解决问题的设想、验证设想、总结和发展四个步骤。

依据是指教学模式的理论依据。教学模式理论依据可以是多方面的。这些依据，可以是法律方面的，如《义务教育法》对教育方针的规定；可以是哲学方面的，如哲学对人类认识过程的理解；可以是心理学方面的，如学习心理学的有关理论；可以是实践研究方面的，如某些教育实验结论或调研结论。

以上四个要素是不能截然分开的，它们是一个有机统一的整体。

三、教学模式的特性

1.复杂性

教学模式由教学基本策略与一定的实施程序组合而成，而教学基本策略有很多种，由实施程序组成的教学过程框架结构也是多样的，这两个具有多样化特征的东西相组合，必然会使教学模式具有复杂性特征。

2.多元性

教学模式的多元性指多种多样的教学模式可以同时并存，并且可以结合使用，以便取长补短。

3.时代性

教学模式的发展史告诉我们，任何教学模式都是时代的产物。任何一种有影响的教学模式都具有鲜明的时代性，任何背离时代要求的教学模式，都必然被历史淘汰。换句话说，教学模式必须具有特定的现实意义，才有生命力。

4.可操作性

教学模式应该具有相对固定的教学策略及程序结构，可以让教学实践中的教师模仿和借鉴。

四、学习与研究教学模式的意义

长期以来，由于科学的分化和研究的专门化，由于教育内部存在着理论研究与实践操作之间的脱节，也由于广大一线教师理论学习与理论研究不足，在教育理论与教育教学实践之间存在着一道不浅的鸿沟。要想彻底填平这道鸿沟是不可能的，唯一的办法是在鸿沟之间架起桥梁。而教学模式是沟通教育理论与教育实践的最好桥梁。

学习与研究教学模式，能帮助我们有效地吸收先进的教学理论研究成果和教学实践研究成果，提升教学质量，促进教学实践人才的成长和脱颖而出，有效地改变教学研究领域"理论下不去，实践上不来"的尴尬局面，推动教学理论的实践化和教学实践经验的理论化。

第四节　小学语文教学风格

一、教学风格的含义及意义

教学风格是指教师的教学艺术达到的最高境界。在学者李如密看来，教学风格是指教师在长期教学实践中逐步形成的、富有成效的一贯的教学观点、教学技巧和教学作风的独特结合和表现，是教学艺术个性化的稳定状态的标志。教师是否具有教学风格，是衡量教师是否成熟的标志，是体现教师的教学能力、教学水平和教学艺术的重要参数。教学风格具有层次高低之分。这里我们所指的教学风格，是指教育艺术家在长期的教学艺术实践探索中逐步形成，并通过高度完美的教学活动，在教学思想、教学方法、教学技巧、教学作风等方面稳定、综合地体现出来的鲜明独特的教学个性特点与审美风貌。

研究表明，教师的教学风格会影响学生的学习适应（包括学习成绩、学习态度、师生关系等方面），同时具有多种教学风格并能加以灵活运用的教师教学效果比教学风格单一、缺乏灵活性的教师教学效果明显要好。在实际教学中，教师多样灵活的教学风格还将有助于包容学生不同的学习风格，以便使每一类学生都有机会能够按照自己的学习风格来学习，发挥自己的长处，让不同风格的学生各得其所，各显其长。

二、教学风格的特点

教学风格的特点是教学风格本质的外在表现，只有真正认识教学风格的基本特点，我们才能正确把握教学风格的本质，为创造属于自己的教学风格奠定基础。

（一）教学风格具有独特性

教学风格的核心是教学艺术的个性化。没有鲜明独特的个性，教学风格就会失去独特的面孔。著名学者杨再隋教授曾经说过："教学风格乃教师个人的心、性在教学中的投影，是教师的个性心理、教学特长在教学活动中的综合表现，是教师个人对学科独特感悟、体验之后，采用独特方式进行教学活动的特有概括，也是教师的文化视野、精神风貌、人格魅力、人生境界在教学中的反映。"每个教师都有与众不同的生活、教育、师承背景，都有不同的个性、学识，这些主体自身的独特性，决定了教学风格的独特性。

这种独特性主要表现在以下几方面：

首先，独特的内容组织。具有不同教育风格的教师在处理教学内容时往往各具特色：有的善于归纳与演绎，既能够整体把握，又善于化整为零，既善于概括，又深得具体化的要领；有的善于演绎分析，思维绵密，说理透彻，语言简明，逻辑性强；有的善于连类比较，上下五千年，纵横几万里，丰富多彩，引人入胜。

(二)教学风格具有理念性

教学风格必然表现为教学方法和教学技巧的使用倾向，使这些教学方法和教学技巧的使用达到炉火纯青的水准。但这些方法和技巧的运用倾向是基于某种或某些特定的教学理念的。在有着自己成熟教学风格的教师那里，这些方法和技巧必然表现为其独特的教学理念的把握、浸润、渗透、点化和组合。我们甚至可以说教学风格是教师教学理念与教学方法、教学技巧相互作用的"合金"。

(三)教学风格具有稳定性

教学中的独特风格不是教师一时心血来潮的产物，而是在长期的实践中产生了较为完善的教学思想，掌握的富有成效的教学方法，形成的被实践证明是行之有效的教学艺术后的定型化产物。虽然在具体学科的教学中，不同的教学内容、不同的教学对象、不同的教学要求会从不同方面、不同程度上影响教师教学艺术的发挥，但对于一个已经形成教学风格的教师来说，任何教学活动都必然会凝结着他本人的教学艺术修养和情趣。教师的教学风格一旦形成，就会在教学的各个方面表现出来，使所有教学活动都程度不同地打上其个人烙印。

(四)教学风格具有发展性

任何事物都是在发展过程中逐步趋向完善的。教学风格的稳定性是相对的，教学风格形成后，并不意味着教师对教学艺术的追求可以停滞不前，故步自封。

首先，教学风格的形成不是一蹴而就的，它要经历一个探索、发展、完善、成熟的过程。一个教师只有不断学习，突破自己，完善自己，才能保持其教学风格的活力，精益求精，达到更高境界。

其次，随着教师自身的专业成长和发展，教师的教学理念和审美趣味也会发生深刻的变化，其教学个性也会相应地发生众多的转折和嬗变。在课程改革深入发展的今天，各种教育思潮激荡碰撞，这样的时代风气为促进教学个性的发展、催生新的教学风格提供了契机。一个有着风格追求的教师不会让自己的教学陷于停滞，他会在"实践—反思—再实践"的基础上不断突破定势，保持教学的活力，推动教学风格的发展，为教学风格的园地增添丰富的色彩。

　　教学风格的这四个基本特点是一种立体三维的结构。其中，教学风格的独特性特点，体现了教师教学劳动的创造和审美意义，是教学风格的横向维度，展示了教学风格的丰富多样、多姿多彩。教学风格的理念性特点给教学风格注入了灵魂和血液，是教学风格更高的纵向维度。教师具备独特和科学的教学理念，才能创造出深邃悠远的教学风格。教学风格的稳定性和发展性特点，又构成了教学风格的时间维度。只有稳定而没有发展性，教学风格就不能完善和丰富，就不能产生足够的创造；只有发展性而没有稳定性，教学风格就会失去其主导特征，教学活动就难以形成稳定而鲜明的特色。

第五章 小学语文教学技能

第一节 小学语文教师教学准备技能

一、小学语文教学的技能

什么是教学技能？教学技能是教师在教学过程中，运用与教学有关的知识和经验，促进学生学习的教学行为方式。

这里，我们从以下四个方面加以研究：小学语文教师教学准备技能、小学课堂教学基本技能、小学教学组织技能、小学语文教师教学研究技能。教学准备技能主要指小学语文教学设计，包括备课技能、解读文本技能、说课技能和预习指导技能，在本书中由于编排体系等原因，这里重点研究备课技能。

课堂教学基本技能包括导入技能、提问技能、板书技能、讲解技能、结束技能、演示技能等。

教学组织技能包括语言技能、教学调控技能和机智应变技能。教师教学研究技能重点研究教学反思技能、听课技能、评课技能和教学研究技能。

二、学期教学计划的制订

（一）学习课标，领会纲领

《课程标准》是根据党的教育方针和教育计划，由国家教育行政部门制定和颁布的教学工作指导文件。《语文课程标准》中明确规定了语文课程性质、课程基本理念、课程总目标，以及各学段的教学目标。语文教科书就是根据《语文课程标准》的要求编写的。作为一名语文教师，必须深入学习和领会《语文课程标准》，这样有助于在制订学期教学计划时树立语文教学的整体观念，正确把握尺度，突出重点训练内容。

（二）熟悉教材，纵观全局

在全面学习课程标准的基础上，小学语文教师还必须通读教材，掌握语文教材编写体例、内容、各单元之间的联系，体会编辑的意图，明确全册的教学要求以及各组课文乃至每篇课文在全册中的地位与作用。因为教材的编写有它的体系性和科学性，不通读全册教材，教学就会产生盲目性；通读后，才能做到心中有数，有的放矢。有可能的话，应尽量将教材的前一册与后册教材通读一遍，这样更好地做到"瞻前顾后"。

（三）了解学生，掌握情况

为使教学更有的放矢，教师应该对学生原有的思想状况和知识基础进行分析。学生原有的思想状况和知识基础是指学生的思想特点、知识水平、学习习惯和接受能力等。如果是新入学的一年级学生，教师应对来自不同家庭的孩子做一个全面的了解，比如学生的已有识字量、兴趣爱好、个性才能、生活习惯，以及家庭环境、家长的教育方式等。如果是新接一个班级的教学工作，则应在学期开学前对这个班学生的情况进行全面了解。诸如学生对于语文课的认识、学习态度、基础知识和基本技能的水平、学生差异的情况等。可通过分析学生上学期的试卷，也可以召开学生座谈会、征求学生对语文学习的意见和建议等方式进行。即使是一个连任的班级，教师在学期初也应该对学生的情况做一次总体分析。

（四）统筹兼顾，制订计划

在前面几步的基础上，要统筹兼顾，制定学期教学计划。学期教学计划的内容包括：

1.班级情况分析

情况分析主要是对学生基础知识、基本技能、学习习惯等的简要分析，要着重分析班级情况的发展变化，而不是原有情况的简单重复。

2.本学期教材内容分析

教材内容及总体安排，包括单元及练习的安排顺序、安排特点、目的作用等。

3.本学期的教学总目标，教学重难点

要从全册教材内容和特点出发，根据课程标准的学段目标，考虑学生实际，提出切合实际情况的教学总目标及教学重难点。

4.提高教学质量的措施

即对提高教学质量提出一些具体可行的措施，如提高课堂效率的策略、帮助学困生的方法、学生学习兴趣以及习惯的培养等。

5.学期教学进度安排

该项内容包括周次、教学内容及要求、课时数、教学准备等内容。

三、单元教学计划的制订与实施

单元教学计划是课时教学计划的初步设计。单元教学计划对制订课时教学计划和实施课

堂教学方面起着重要的指导作用。单元教学计划一般包括本单元教材简析、教学目标、教学重难点、教学进度安排等内容。在制订单元计划时应注意以下三个方面：

第一，正确理解教学单元。小学语文教材编排上大多以某一专题、话题、主题来组合写字、阅读、口语交际、习作（或写话），构成一个单元。由于任课教师、教学对象以及教学条件的不同，对同一教学单元内容的安排、处理可以有所不同，这样才能使教学具有一定的灵活性。

第二，明确制订单元计划的步骤。首先，要研读单元教材内容。了解本单元的教学内容以及各内容在本单元中的地位、作用、相互间的关系。其次，要明确单元教学目标。教师应根据《语文课程标准》中提出的识字与写字、阅读、习作、口语交际、综合性学习五个方面的学习目标，结合本册及本单元的特点，明确本单元的教学目标、教学重难点。最后，合理制订本单元教学进度，形成相对完整的学习内容体系。

第三，明确制订单元教学计划的基本要求。首先，要有明确的目标。在单元计划的设计与制订中，要有明确的单元学习目标，这些目标应涉及知识与能力、过程与方法、情感态度与价值观三个方面。其次，在考虑具体教学目标时间安排时，应留有一定的机动余地。

第二节 小学语文课堂教学基本技能

一、导入技能

导入技能是指教师采用各种教学媒体和运用各种教学手段来唤起学生的注意力，激发学生学习的欲望和兴致，引导学生进入预定的教学程序和轨道之中的教学行为技能，常常运用于一节课的起始和一个问题的开头，是课堂教学中的一个重要环节。

（一）导入的作用

1.沟通

导入语的"沟通"有两层含义。一是心理沟通。"亲其师，信其道。"有经验的教师登上讲台往往不匆匆开讲，而是用亲切的目光、关切的询问或提示，架设信任、理解的桥梁。二是教学内容的沟通。教师紧扣本节课的教学目的，用简明扼要的讲述沟通新旧知识的联系，或做与教学内容相关的介绍，然后解题明旨，进入新课的教学。

2.引趣

"兴趣是最好的老师。"学生有了高昂的学习兴趣，就会产生求知的内驱力，获得学习上的自觉性，愉快地投入新课的学习。

3.布疑

亚里士多德说："思维自疑问和惊奇始。"教师一上课就紧扣教学内容设置悬念，提出疑问，语调从容不迫，语势异峰突起，一个强调性的重音，一个回味性的停顿，会很快调动起学生的求知欲。

4.激情

即激发情感。一上课，教师就用声情并茂的开场白把学生很快带入与教学内容相关的意境与氛围中去，以最佳的精神状态获取知识。

（二）导入技能的类型

导入的教学技能要根据教学目标、任务、内容和学生不同年级层次灵活运用。常见的导入类型有：

1.实物导入

借助挂图或实物的直观演示，让学生获得感性认识，引起兴趣，再深入文章从理性上再次体会。例如《翠鸟》的导入，首先出示翠鸟的生物标本，吸引学生注意力，然后教师开始描述："小朋友们都看见了这只鸟，你瞧它多漂亮，爪子红红的，头上的羽毛多像橄榄色的头巾，背上的羽毛多像浅绿色的外衣，还有腹部的羽毛多像赤褐色的衬衫，这么美丽的小鸟叫什么名字，它有什么本领，你想知道吗？它就是老师今天要向大家介绍的《翠鸟》……"这里，借助实物直观让学生感知翠鸟的形象，诱发情趣，在导语中用生动形象的文字描绘翠鸟的外貌，同时提出疑问，从而激发了学生的阅读兴趣，使学生顺利地将新知识植入自己的认识结构中。

2.试验导入

运用实物进行一段有趣的试验，将语文教学中抽象的知识附于直观，可以帮助学生理解课文内容。例如《乌鸦喝水》的导入，开始教学时，在讲台上出示一个装有半瓶水的颈口玻璃瓶，一些石子，一烧杯水，老师开始讲述："今天，老师带来了这些实物，要与小朋友一起做一个有趣的试验，要求每个小朋友动脑筋、想办法，大家愿不愿意？这里的颈口玻璃瓶，只有半瓶水，我想使它水位升高，运用这些石子或烧杯里的水可以怎么做呢？谁来试……好，现在我们知道了可以将烧杯里的水直接灌进去。水用完了，我们还可以把石子放进瓶里，同样也可以使水位升高。今天，老师还带来了一只乌鸦。它想喝瓶中的水，是怎么做的呢？今天我们就来学习《乌鸦喝水》……"实验使文章的难点得到了分散，更能使学生容易理解句子的意思了。

3.介绍导入

对于教材中出现频率较低的课文体裁，例如：古诗、寓言，或一些中外著名人物的故事，学生在平时接触很少，在导入时，可以以介绍的形式，激发学生情趣。例如小学语文九年级义务教材第八册《古诗二首》中的导入："同学们，一千多年前的唐朝是我国古代诗歌创作的高峰时期。这时期，涌现了许多闻名中外的大诗人，如李白、杜甫、白居易等。诗歌作为一种古老而又永远年轻的文学体裁，具有音乐美、形式美和意境美。千百年来一直受到人们的喜爱。学会它，对于陶冶自己高尚的情操、增强自己的语言表达能力、全面提高自己的文化素质，具有十分重要的意义。

"今天我们要学习的两首古诗，一首是大诗人白居易写的《暮江吟》，一首是著名诗人张继的《枫桥夜泊》……"几段介绍性的导入，既让学生了解到一些课本之外的知识，又为切入文章主题做了积极的准备。

(三)导入设计的原则

1.导入设计要坚持生动性与准确性相结合的原则

教师的导语，既要生动、精彩，又要让学生能够明白接受，学生明白了，理解了，才能接受下来，才能产生兴趣，教学目标才能顺利实现。

2.导入设计要坚持精练原则

导入设计应是短而精，导入的时间不应过长，过长则影响了讲课时间与内容，所以导入应控制在3～5分钟为宜。要精练，语言简洁，不能做长篇大论的讲演，更不能夸夸其谈，偏离主题。

3.导入设计要坚持实用原则

所谓实用性就是导入设计应为实现目标服务，达到教学的目的，这样就要求老师必须熟悉教材，根据不同的文章体裁，选择不同的导入技能，做到因文而定，因人而用。

4.导入设计要做到启发与投入相结合

导入设计的目的是在于启发学生学习与理解课文，并且让学生产生浓厚的兴趣，让学生很快地投入课文的意境中去，这就要求老师要投入到课文的意境中去，用富有感染力的语言和真挚的情感去影响学生，这样才能使学生和老师产生强烈的思想共鸣，才能收到预期的效果。

(四)导入技能的评价

1.自然导入新课，衔接恰当。

2.导入时间恰当、紧凑。

3.与新知识联系紧密，目的明确。

4.能激起学生的学习兴趣和积极性。

5.情感充沛，语言清晰。

6.确实将学生引入了学习的情境。

7.能面向全体学生。

二、讲解技能

讲解是老师传授知识的主要方式，是教师用讲授解说的形式把不确定的教学内容呈现给学生的方法。讲解法是最传统的教学方法。

(一)讲解在课堂教学中的作用

讲解的基本任务是使学生明确新旧知识之间的联系和新知识中各要素之间的关系。

1.讲解符合课堂教学的要求

课堂教学的大部分功能是通过讲解得以实现的。这是因为课堂教学是在规定的时空里组织学生学习的行为，在时间和空间两个方面突出体现着教师教学的目的性和学生学习进展的统一性。

2.讲解能提升学生的认知水平

真正意义上的讲解是一种师生互动、信息互换的过程，教师个性化的解说、思维轨迹的展示、艺术语言的感染、浓烈情感的熏陶，会产生使学生积极思考、乐于表达、及时反馈，以及信息重组的良好的认知场面。学生的认知水平会在教师声情并茂的讲解中不知不觉地得到提升。

3.讲解能提高课堂教学的效率

美国杜宾·塔弗加的一项研究表明，讲解与讨论相比，讲解对于课堂教学的效率更有帮助。优秀语文教师的经验已有所证明，智育学科的课堂教学中，讲解作为学习语言的方式来组织学习时，课堂知识容量和知识结构，学生的知识习得、学习态度，以及知识迁移都是有效甚至高效的。

(二)讲解的类型

1.寓讲于读

阅读是学生的个性化行为，要让学生充分地读，重视学生的独特体验感受，避免教师烦琐的分析来代替。另一方面，即使对教师来说可以讲一讲的内容，往往也是学生可以凭借语境来自己读懂的，而且后者的学习质量，特别对学生阅读能力的培养，都会大大优于前者。因此，寓讲于读，应该是最上乘的讲解艺术。

2.寓讲于说

在语文教学中，许多出自教师之口的话，最好还是启发学生自己来说，这便是"寓讲于说"。由教师"讲"与让学生"说"，效果是大不一样的。教师虽然讲得会比学生好，但还是应当让学生自己来说，以"说"代"讲"。因为学习活动的主体学生的演练，直接决定了教学的效率，即使教师有最好的"表演"，也是无法代替的。

3.寓讲于做

语文课上应当让学生多写多做，克服语文教学"君子动口不动手"的通弊。教师的讲解，应当渗透到学生的作业中去，让学生动手写一写、做一做，其效果会远远胜于教师的单向讲述。教《小姗迪》一课，在精读课文之后，要求学生通过想象，写出小姗迪为把零钱尽快找还而被马车轧断双腿，然后叮嘱弟弟小利比还钱，把这悲惨、动人的情景提笔写下来。这样做，实质上既进一步理解了课文的主要内容，又拓宽了写作资源，让学生有话可写，锻炼了学生的写作能力。由学生自己做来代替教师讲，都是变着法子做，从中使学生获得语文素养的提高。

4.寓讲于演

对课文中的一些重难点，本来是教师要费力讲解的，也应当尽可能通过教师的演示或学生的表演以促进学生积极感知，其效果也会大大优于教师的抽象讲解。

如教《精彩的马戏》一课，文章虽然描写得很生动，但文字对于低年级学生来说毕竟还是比较抽象的；插图虽然直观，但毕竟是静态的。教师通过演示再现课文内容的精彩，帮助学生理解了课文中的语言文字。如教"猴子爬竿"一段，朗读后说，课文把猴子的表演写得这么精彩，建议大家表演这个节目。学生听了个个挺有劲，开始表演起来。这时学生注意力集中，边看，边听，边思，又有演示的指引，便能顺利作答，说出其初显精彩、再显精彩、更显精彩之处。这是教师的讲解所难达到的。

(三)讲解技能的运用

1.讲解技能运用的范围

既要讲解，又不能"满堂灌"，那么就要讲究讲解的运用范围，什么时候该讲，什么时候不该讲。根据语文学科的教学特点，讲解主要运用于以下几个教学环节：导入、过渡、重点、难点、描述、点评、小结、总结等。

2.讲解技能的要求

在小学语文教学中，教师只有创造出一种活跃的氛围，学生的思想才能得以激活，才能顺着教师的教学思路进行学习，从而达到愉快地接受知识的目的，因此讲解时要注意以下几点：

第一，讲解要注意语言的幽默性。幽默的语言能活跃课堂气氛，也能调动学生的积极思想。因此，在上课时教师适当运用一点幽默，往往能够收到事半功倍的成效。比如，在一次语文公开教学课上讲《狼和小羊》。当讲到狼凶狠地向小羊扑去时，由于学生对狼的样子不熟悉，理解起来就有些困难。于是，教师便扮着狼的样子，咧开嘴，牙齿咬得吱吱直响，露出杀气腾腾的目光，发出狼嚎的声音……这样学生在哄堂大笑中就对狼扑向羊有了充分的认识，同时，也理解了课文内容，这比简单的重复说教效果要好得多。

第二，讲解要注意语言的戏趣性。语言的戏趣性就是把一篇课文的内容通过表演的方式揭示出来。如：在讲解《卖火柴的小女孩》一文，讲到小女孩的悲惨遭遇时，教师可以扮成小女孩在寒风刺骨中手里握着火柴在街上叫卖，身子哆嗦……于是划一根火柴……教师通过扮演小女孩的可怜动作，使学生对在寒冷的大年三十夜冻死在街头的悲惨情景产生清晰的认识。

第三，讲解要注意语言的形象性。所谓形象性，就是把抽象的东西具体化，使学生能够顺利吸收一些不易懂的知识。比如：讲解"曲艺"一词时，学生很不易掌握，教师可以随便哼几句富有地方特色的曲艺调子，学生就能从教师的说唱中理解曲艺的意思。这比单一讲解其含义效果要好得多。又如，讲解"鲜"和"磊"字时可以这样讲讲："鲜"是"鱼"和"羊"字组成，"鱼肉"和"羊肉"的味道怎么样？三石就成"磊"。通过这样的讲解，学生很快就记住了"鲜"和"磊"字的结构。

总之，在小学语文教学中，趣味教学是很重要的一个教学方式。有了趣味性，就能提高学生学习的主动性；有了趣味性，就能激发学生的好奇心理，使学生的认识产生飞跃。

第三节　小学语文教师教学组织技能

一、语言技能

现代教学艺术论的开创者之一赫修特指出，如果一个人善于交流表达，即使他是二流学者，也可能是个优秀的教师；否则再有才华、灵气、个性也很迷人，如果不善于交流，也不能成为合格的教师。马卡连柯也曾说过："同样的教学方法，因为语言不同，就可能相差二十倍。"苏霍姆林斯基说："教师的语言修养在极大程度上决定着学生在课堂上的脑力劳动的效率。"由此可见，教师的语言技能对课堂教学有着极其重要的影响和作用。

(一)小学语文教师语言技能的特征

1.要有准确性和规范性

用一口标准的普通话进行教学是语文教师必备的教学语言条件，规范科学是语文教师语言素质的最起码、最基本要求，同时要符合语法、逻辑要求。孔子曰："取乎其上，得乎其中；取乎其中，得乎其下；取乎其下，则无所得矣。"小学生从一年级开始主要通过语文教师正确的发音去学习拼音，学习普通话，学习语文知识，所以小学语文教师的普通话一定要标准流利。首先规范自己的语言，再去教育我们的学生。在全国提倡推广普通话的今天，语文教师更应该走在推普的前列。

2.要有艺术性和生动性

教师的语言要深于传情。语言不是无情物，情是教育的根。教师的语言更是应该饱含深情。带着感情教，满怀深情说，所教的课、所讲的道理就能在学生中引起共鸣，从而师生心心相印。例如特级教师于漪讲朱自清先生的《春》，用这样一段话开场："我们一提到春啊，眼前就仿佛展现出阳光明媚、东风浩荡、绿满天下的美丽景色！所以古往今来，很多诗人就曾经用彩笔来描绘春天美丽的景色。"这段话，绘声绘色，有景有情，使教学语言格外形象、精彩、富于表现力。

3.语言要有个性美

为使语言有情，首先语言要有个性。所谓个性语言，即自己的富于独特情感的语言。小学语文教师语言艺术的个性特征应该是具有自己的风格独到的魅力，能体现出该教师健康的个性和心态。有个性的语言艺术结合情感也要结合适当的态势语，同时也能看出小学语文教师语言艺术各个特征之间是否紧密联系。

4.要简洁流畅

语文教师的语言应是简洁的、流畅的，具有平和之美。作为一名小学语文教师，不管是教学还是谈话，都应该做到言简意赅，把复杂的东西以最简单的话语清晰地表达给学生知道，否则学生听课会出现大脑疲劳现象，从而导致分散注意力。当然，教师语言的简洁性流畅性都必须是以语言的准确性为前提。

(二)语言技能的要求

1.唤起生活体验，激发兴趣

教师的语言在很大程度上决定着学生学习的效果。形象生动的语言，能吸引学生，振奋学生的精神，让学生听了便"如临其境、如见其人、如闻其声"，使教材化难为易，使学生得到美的享受，从而提高教学质量。

2.营造愉悦氛围，激发情感

著名教育学家夸美纽斯说："教师的嘴，就是一个源泉，从那里可以发出知识的溪流。"良好的教学语言可以烘托气氛，激发学生的学习情感，加深对课文的深刻理解。

3.搭建"脚手架"，促进理解

在柯林斯、布朗和纽曼形成的认知学徒模式中，"脚手架"被描述为一种指导学生达到能独自完成智力任务的程度的方法。有效的"脚手架"策略，使学生从事任务时，能更关注学习的要点，提高学习的效率。

4.优雅体态语，相得益彰

在教学过程中，教师一个信任的目光，一个赞赏的微笑，一个肯定的点头，都会给学生带来巨大的精神力量。马卡连柯曾经指出："做教师的决不能没有表情，不善于表情的人就不能做教师。"

(三)语言技能的应用

1.用严谨的语言实施教学

教师的教学语言本身无疑是运用祖国语言的最生动的典范。教师语言应纯净严谨，富有逻辑性：揭示要点的关键性词语准确凝练；诠释概念的语句通俗易懂；剖析课文的语句一针见血。最忌啰唆重复"这个""那个""对吗"。在教学中，教师的语言必须采用全国通行的规范化普通话，这样既可避免教学语言出现"南腔北调"，又可以使学生的语言得到正确的发展。

但是，有的教师为了显示自己的才学，讲起课来或文绉绉的，满口"之乎者也"；或文白相杂，不伦不类。这种语言只会使学生觉得晦涩而难以理解。还有的教师在教学中夹杂着方言，教给学生的不是规范的普通话。因此，教师的语言要规范，要学会使用普通话。

2.用优美的语言浸润教学

语文教师的语言不仅要精练严密，而且应该是优美的。调控得当的音量，柔和自然的音质，时而舒缓徐慢、时而高亢激奋、时而停顿间歇、时而一泻千里的语速语调，综合成动人的音乐，入耳入心都给学生美的享受。有人说得好，作为一个语文教师，教记叙文，就要像一个动情的散文家；教说明文，就要像一个严谨的科学家；教议论文，就要像一个善辩的演说家。虽然要求比较高，但也是语文教师锤炼教学用语的努力方向。语文教师必须提前设计有些课堂用语，以期达到较好的审美效果。

3.用幽默的语言烘托气氛

课堂上应该是书声琅琅，同时也应该有笑声，这笑声大多来自教师的幽默。苏联著名的教育家维特洛夫指出："教育家最主要的，也是第一位的助手是幽默。"雷曼麦也说过："用幽默的方式说出严肃的真理，比直截了当提出更能为人接受。"有经验的教师，会用幽默的语言启迪学生的智慧，实现寓教于乐。一位老师是这样处理学生上课睡觉问题的，他走到这位睡觉的学生身边，吟了一首诗："春眠不觉晓，处处闻啼鸟。夜来风雨声，花落知多少。"顿时学生们哄堂大笑。这位学生醒后很不好意思，马上打起精神，继续上课。生活需要一点幽默，语文课应充满欢声笑语。教师和学生开怀大笑，对学生、对老师，不能不说是一种特殊的享受。

4.用鼓励的语言激励学生

一句温馨的鼓励，在学生的心中，也许是希望的种子，也是能温暖孩子的心灵、燃起孩子追求进步的烈焰。多说鼓励的话，就会使学生将自己的潜力发挥得淋漓尽致。有一次上课检查学生对课堂知识的掌握情况，前面几位同学答得熟练且准确，老师非常高兴，一一给予表扬。当老师叫到第五位学生时，他却结结巴巴，而且还出现错误。老师忍着怒火，示意他坐下后，脑子迅速旋转，怎么办呢？如果批评，就和前边的同学形成鲜明对比，肯定会伤其自尊心；如果不批评，就不能给予警示……忽然老师灵机一动，何不预支一个表扬给他呢？于是，老师说："这位同学回答得也很好。"同学们都露出了惊讶的神态，这位同学更不自然了。老师停顿了一下，注视着他继续说："不过，这个表扬是借给你的。希望你明天能还我。"此时，他的脸上露出了灿烂的笑容。老师又接着问："明天你能不能好好还我？""当然能。"他的回答坚定而自信。第二天上课，他果然回答得非常熟练而且准确。老师知道，就是因为老师对他信任，他不仅毫发不伤归还了老师的表扬，而且支付了很高的利息。

二、教学机智应变技能

(一)教学机智应变技能的含义

教学应变技能是教师在教学中面对突发性教育情境做出快速、恰当处理的随机应变的行为方式。教师应变中的"变"主要是指在课堂教学过程中出现的变化。这种变化既包括与教学内容、教学任务有关的变化，也包括与之无关但会影响教学进程的变化。教学应变中的"应"主要是指教师面对课堂教学变化所采取的种种措施，是教师教学机智的体现。

(二)机智应变的原则

著名教育家马卡连柯说："教育的技巧在于随机应变。"教师灵活地运用教学机智随时调控教学，使之适合学生的要求，符合课堂教学目标的要求，正是教学艺术的魅力所在。

1.目标性原则

虽然课堂教学中存在着不确定因素,"人们无法预料到教学所产生的成果的全部答案"(布卢姆),但决不意味着教师在课堂上可以"脚踏西瓜皮,滑到哪里算哪里",教学机智变成教学随意。教师特别要清晰把握教学中的确定因素,目标明确,制订周密详细的教学预案。

2.开放性原则

教师创设的话题开放而富探究价值,设问不仅有深度而又有广度。教师自身广收博采,让语文教学真正以广阔的生活为背景,而不仅仅是教科书。更为重要的是,教师在课堂学习中尊重每一种观点、看法,再在此基础上甄别扬弃,机智灵活地处理随时出现的学习问题。这样,语文教学既目标明确,又百家争鸣。

3.发展性原则

新课程标准倡导课堂教学中的生成,知识的认知、能力的发展是在教师悉心的点拨下形成。教学机智的应用特别要遵循发展性原则,促进学生发展是教育教学根本目的之所在。

4.鼓励性原则

课堂教学是动态的灵活的,学生在课堂上每一点表现都是课程资源,教师要进行筛选点化,披沙成金,做生成信息的剪裁者,在生成性资源的开发利用中发挥积极的作用。教师在筛选甄别信息的过程中,既要保护学生学习的积极性,不伤害学生的自尊心,同时又要把握好教学的航向,提高课堂学习的效益。要取得这样的效果,尊重学生的主体性、适度适时地鼓励是不可缺少的。

第四节 小学语文教师的教学研究技能

一、反思技能

叶澜教授说:"一个教师写一辈子教案,不一定成为名师;如果一个教师写三年反思,有可能成为名师。"美国著名学者波斯纳有个教师成长公式:经验+反思 = 成长。足见反思在教师专业化成长中的作用。

(一)教学反思的内涵

最先把反思引进教学过程的是美国哲学家、教育家杜威,他在名著《我们怎样思维》中认为,反思是"对任何信念或假定的知识形式,根据支持它的基础和它趋于达到的进一步结论而进行积极的、坚持不懈的考虑"。我国学者熊川武教授认为:"反思性教学是教学主体借助行动研究,不断探究与解决自身和教学目的,以及教学工具等方面的问题,将'学会教学'与'学会学习'结合起来,努力提升教学实践合理性,使自己成为学者型教师的过程。"

反思不是简单的教学经验总结,它是伴随整个教学过程的监视、分析和解决问题的活动。教学反思的本质是一种理解与实践之间的对话，是这两者之间得以相互沟通的桥梁，又是理想自我与现实自我心灵上的沟通。因此，教学反思被认为是"教师专业发展和自我成长的核心因素"。

(二)教学反思的意义

教学反思有两大目的：学会教学和学会学习。学会教学要求教师把教学过程作为学习教学的过程，向自己的经历学习，逐步成为学者型教师。学会教学是反思教学的直接目的，学会学习是终极目的，要求教师从学生学会学习的角度去思考，最终实现"两个学会"的统一。

如果一个教师只满足于经验的获得而不对经验进行深入的反思，那么他的旧有理念及不适当的行为就很难改变，其结果就是他的教学将可能长期维持在原来的水平而止步不前。凡善于反思，并在此基础上不断进行努力，提高自己教学效果的教师，其自身的成长和发展的步伐就会加快。反思是一种手段，反思后则奋进。存在问题就整改，发现问题则深思，找到经验就升华。多进行教学反思，等于在本来没有窗的墙上开了一排窗，你可以领略到前所未有的另外一面风光。不但是多了一双眼睛、一对耳朵和一条舌头，甚至还多了一个头脑！

(三)教学反思的应用

教学反思是"实践—认识—再实践—再认识"的认知规律，这就要求我们教师要结合教学实践，经常进行教学反思，教学经验将日趋丰富，并时刻触发教学的灵感。

1.要有反思的意识和习惯

反思性教学的教师不仅要完成教学任务而且会追求更好地完成，不仅要知道自己的教学效果，而且要对效果及其有关原因进行"为什么"的思考，无止境地追求教学实践合理性。

2.教学反思的途径

教学反思有两种形式，既可以是个人经验反思，也可以是群体性（教研组）教学反思，我们可以通过这些方式去进行：自我调控、互动式监督、学生协助反思。

3.如何写教学反思

教学反思用平实的话来说，就是教后想想，想后写写，认真思考一下得与失，想一想教学目标是否完成，教学情景是否和谐，学生积极是否调动，教学过程是否得到优化，教学方法是否灵活，教学手段优越性是否体现，教学策略是否得当，教学效果是否良好。想想后，动动笔，写中有学，学中有思，不能仅成文，作为随笔或记录，经常翻翻，也算多了一个不会说话的教师。

二、听课技能

(一)听课的内涵和意义

1.听课的内涵

听课是教师、领导或研究者凭借眼、耳、手等自身的感官以及有关的辅助工具（记录本、调查表、录音、录像设备等），直接或间接地从课堂情境中获取教师教学和学生学习的相关信息的一种教学观摩、评价及研究活动。由于听课者在课堂上最多的是看到教师如何组织教学，学生如何开展学习活动，因此，有人又把"听课"称为"看课"或"观课"。

2.听课的意义

听课既是一种学习过程，又是种研究过程，它的意义是：

有利于上级部门掌握了解学校、语文教师贯彻落实教育教学法规、政策和要求等方面的情况。

有利于了解学校和语文教师的教育教学质量及水平。通过听课可以了解到学校整体教学质量、语文教师思维教学水平、教学中的经验和存在的问题。

有利于总结和推广先进的教育思想、教育理念、教学经验和方法，促进语文教学特别是青年教师的成长。可以说听课是提高语文教师教学能力最有效、最直接、最经济的方式。

(二)听课前的准备工作

无论是被别人听课还是听别人的课，都需要做扎扎实实的准备工作。这里只说听别人的课需要做的一些准备工作。

1.研究授课者所用的教材

听别人的课，自己首先要理解所讲的内容，然后才有资格评价他的课上得如何。事先就懂他讲的内容，听课时就会更多地关注他对教材的理解、他所用的教学方法。如果既熟悉他讲的内容，又熟悉他讲的内容的前后内容联系，听课时就能分辨出他对教材的理解、取舍和所确定的教学目标是否科学合理。因此，对于不太熟悉授课者所用的教材的人来说，在听课之前，一定要先阅读和研究教材，不但弄清教材本身的内容，还要搞清楚要听的教材在整个教材体系中的地位和前后衔接的关系。

2.学习相关的教育教学理论和经验

听课要听出"门道"来，就不但要熟悉掌握授课人的授课内容，还要具备一定的教育理论素养，了解课程和教学改革的前沿信息，这样，才能辨别授课人的教学设计是否科学，是否先进。这种理论素养主要靠平时的学习，不过，在听课之前要有针对性地再翻阅一些相关的教育教学理论和先进经验，也能增进对相关问题的理论认识。

3.研究授课者的教学风格和特点

优秀的语文教师在长期的实践中形成了自己的一套教学思想和特点，有的已经形成了自己的风格，他们的风格往往具有鲜明的个性特征，对此听课者事先要有所了解。如你要听钱梦龙老师的课，就要了解他的"三主四式导读法"；你要听魏书生的课，就要了解他的"科学化""民主化"的教学主张；你要听洪镇涛老师的课，就要了解他的"语感训练"教学模式……听名家的课如此，听一般有经验的老师的课，也应如此。

(三)听课的方式和要求

这里所说的"听课"，实际上不仅仅是"听"，还包括"看""记""思"等几个方面。整个听课过程应该是听、看、记、思和谐统一的过程。下面就这四个方面的运用技巧及要求做一些简要的介绍。

1.听

在听课的过程中，听是主要的方式。听的内容主要包括：授课教师是否具有新的理念和科学的方法与要求；教学内容是否正确，是否做到重点难点突出、详略得当；教师的教学思路是否清楚、有条理，有利于学生的学习；教师的语言是否流畅、简洁，表达是否清楚，用语是否准确；学生如何回答问题，发表看法是否正确，是否有自己的创见，以及教师是如何评价学生回答问题的。

2.看

听的同时还要注意看，要"耳听八方""眼观六路"。看的内容主要包括：看教师主导作用的发挥情况。例如，教师是如何组织和驾驭课堂的，应变能力如何，教具的使用是否熟练，在讲课的同时，是否留心学生在学习中的表现，并及时调整自己的教学行为等；看学生的主体地位是否得到体现。例如，学生是否积极主动地参与了教学全过程，学习的态度如何，教师是否注意培养学生良好的学习习惯等；看整个课堂教学的气氛如何。

3.记

记听课笔记有多方面的作用。比如：有利于促进思考，加深听课影响；记录素材，作为听课的凭据；保留和积累材料，作为将来进行教学研究的素材。从大的方面来说，听课记录一般包括三个方面的内容：一是教学背景情况，包括听课的时间、地点、班级、授课人、参加听课的单位和人员等；二是教学实况记录，包括课题是什么，教学过程是怎样开头、展开和结束的，各个环节的教学内容都是什么，用了哪些教学方法，板书的内容是什么，布置了哪些作业，各个环节所用的教学时间是多少等等；三是教学点评，包括授课教师教学的优点、不足以及创新之处等。当然，记听课笔记也没有必要面面俱到，什么都记，应该根据听课的目的有所侧重，不一定记得很详细。

4.思

听课者在课堂上不仅要动耳，动眼，动手，还要勤于动脑，善于动脑。这是因为，听了别人的课，总得有一定的看法，有时候还得向授课人或别的听课者谈自己的看法。这就必须边听边思考，边用一定的教育教学理论和先进的教学经验来衡量授课人的授课情况。

在听课的过程中还要善于把听、看、记、思有机而和谐地结合起来，做到四者兼顾，善于科学分配自己的注意力和听课行为。一般的做法是，在授课人讲解、提问或学生发言的时候，就要以听为主，兼顾观察；授课人在板书、多媒体演示或学生练习的时候，就应以看为主，兼顾其他。

第六章 作文教学

第一节 作文教学的意义和要求

一、作文教学的意义

作文教学是小学语文教学的重要组成部分，也是为全面提高学生素质打基础的一项重要工作，它对小学生的发展具有重要意义。

(一)作文教学是培养学生书面表达能力的重要途径

书面表达能力和口头表达能力一样，都是每个人一辈子生活、学习、工作不可缺少的本领。书面表达较之口头表达，更具简洁性、严密性、准确性。我们往往碰到或听说这样的情况：讲话人讲了一番话，听众反应不错，可是根据录音一字不漏地整理出来一看，就发现有些地方重复、不连贯，甚至有些语句不大通顺。这些毛病在听的时候并没有明显感觉到。这是什么原因呢？主要是在口头讲的时候，听的对象就在眼前，有当时的语言环境，讲话人还可以用声调、手势来帮忙，而一旦写成文字就不同了，语调、手势不能借用了，全要靠文字来表情达意。作文教学的特定任务，正是要培养学生运用恰当的文字来进行表达的能力。具备了这种能力，学生将终生受益。

(二)作文教学是培养学生创新精神和创新能力的重要途径

学生作文所表达的是自己的所见所闻、所思所感。作文的这些内容都是观察和思维的结果。学生在表达的过程中，无论是选择安排材料，还是组织语言、用词造句，都离不开观察和思维。在作文教学中，教师引导学生留心周围的生活，观察自然，观察社会，鼓励他们用自己的眼睛去看，用自己的脑去想去体验，能极大地激发起学生的求知欲和好奇心，他们就能在平凡的生活中有所发现，产生联想，在作文中真正写出自己的所见所闻，所思所感，他们求新求异的精神和创造性思维能力也会同时得到发展。

作文并不是单纯的文字练习。我们从学生的作文中，不仅可以看出他们的语文水平，而且可以看出他们认识的高低。鲁迅曾经说过："美术家固然须有精熟的技工，但尤须有进步的思想与高尚的人格。他的制作，表面上是一张画或一个雕像，其实是他的思想与人格的表现。"小学生的习作，同样也是用语言文字表达他们自己对客观事物的认识和感受，同样也反映了他们的"思想与人格"。透过学生的作文，教师可以了解学生的内心活动，把握学生的思想脉搏，从而有针对性地因势利导，逐步提高学生的思想认识水平，把教学生作文和教学生做人紧密地结合起来。

由此可见，作文教学是书面语言表达能力、观察思维能力和思想认识能力的综合训练，它可以促进学生表达能力、创造性思维能力和认识能力的统一发展。我们要全面认识作文教学的意义，使作文教学在全面提高学生的素质中充分发挥作用。

二、作文教学的要求

新课标对小学作文教学的做了明确的规定。在"教学的总目标与内容"及"教学实施建议"中提出的作文教学要求是："能具体明确、文从字顺地表达自己的见闻、体验和想法。能根据需要，运用常见的表达方式写作，发展书面语言运用能力。写作教学应贴近学生实际，让学生易于动笔，乐于表达；应引导学生关注现实，热爱生活，积极向上，表达真情实感。在写作教学中，应注重培养学生观察、思考、表达和创造的能力。要求学生说真话、实话、心里话，不说假话、空话、套话，并且抵制抄袭行为。为学生的自主写作提供有利条件和广阔空间，减少对学生写作的束缚，鼓励自由表达和有创意的表达。鼓励写想象中的事物，加强平时练笔指导，改进作文命题方式，提倡学生自主选题。写作教学应抓住取材、构思、起草、加工等环节，指导学生在写作实践中学会写作。重视引导学生在自我修改和相互修改的过程中提高写作能力。要重视写作教学与阅读教学、口语交际教学之间的联系，善于将读与写、说与写有机结合，相互促进。要关注作文的书写质量，要使学生把作文的书写也当作练字的过程。积极合理利用信息技术与网络的优势，丰富写作形式，激发写作兴趣，增加学生创造性表达、展示交流与互相评改的机会。"在高年级的习作要求中还提出"能写简单的纪实作文和想象作文，内容具体，感情真实。能根据内容表达的需要，分段表述。学写读书笔记，学写常见应用文""课内习作每学年16次左右"等。

把上述规定联系起来学习领会，可以知道大纲提出的小学作文教学的要求，主要包括两个方面的内容。

（一）培养学生书面语言的表达能力

新课标规定小学生要学写简单的纪实作文和想象作文，读书笔记、书信等常见应用文。"纪实作文"，是写实实在在的人、事、物、景；"想象作文"，是写自己想象甚至是幻想的内容。习作的要求是"内容具体，感情真实，有一定条理，语句通顺"。"内容具体"，就是不说空话。"感情真实"，就是不说假话。想象作文虽然写的是想象和幻想的内容，但也应确实是自己之所想，表达的是自己的真情实感。"语句通顺"，就是每句话要通，一句一句要断得开，连得起来。"有一定条理"，就是叙述大体上有个顺序。"每学年16次左右的习作"，还体现了思维比较敏捷和作文有一定的量和速度。这些都是书面语言表达的最基本要求，小学作文教学要在这些方面打下扎实的基础。过去的小学作文教学一直要求学生的作文"有中心"，修订版课标删去了"有中心"这一要求，其目的：一是为了放手，让学生在作文中说真话，吐真情，写自己想写的内容；二是为了突出重点，在小学阶段，把作文的基本功练得更扎实。

(二)培养学生良好的作文习惯

良好的作文习惯，主要包括平时留心观察，认真思考，勤于动笔的习惯；作文时书写工整，注意不写错别字，注意正确使用标点符号的习惯；作文后认真修改的习惯。这些习惯，都要从作文训练开始之日起就注意培养。这些好的习惯养成了，有利于学生的终身发展。

上述两个方面的作文教学要求，我们必须全面把握，而且应该把这些要求落实到每一个学生。

第二节 作文教学的过程

小学作文教学是一个有序的、长期的训练过程。这个训练过程是由平时一次一次的训练构成的。一次次的训练扎扎实实，一次次的训练环环相扣，才能逐步达到新课标所规定的作文教学的总目标及要求。

一、小学阶段作文教学的过程

小学作文教学应该从说到写，循序渐进，从低年级的写话入手，引导学生不拘形式地自由表达，逐步过渡到写成篇的作文。

1.低年级着重练习写话

写话，就是把要说的话写下来。这是最初步的作文训练，一般从一年级下学期就可以开始。用写话作为作文的起步，体现了从说到写的规律，可以使学生在不经意中快快乐乐地走上习作之路。低年级进行写话训练，要注意从三个方面为学生书面表达能力的发展打好基础。

（1）激发学生书面表达的兴趣。要使学生感到，把自己想要说的话写下来告诉别人，是很有意思的，是件愉快的事情。新课标对于低年级学生的习作要求是："对写话有兴趣，留心周围事物，写自己想说的话，写想象中的事物。"这就是说，只要学生有兴趣，乐于写，低年级的写话训练就取得了成功。兴趣是最好的老师。有了兴趣，今后的发展是不言而喻的。

（2）培养良好的作文习惯。良好习惯的培养，必须从起步阶段就加以重视。在引导学生写话的过程中，教师要通过多种形式的激励和表扬，使学生做到书写工整，注意不写错别字，写完以后认真读一读，看看自己要说的意思写清楚没有。

（3）切实抓好词和句的训练。任何文章都是由词和句组成的。只有把每句话写得清楚明白，整篇文章才能清楚明白。在构成表达能力的各项基本功中，语句通顺是最为重要的一项基本功。低年级的写话训练，一定要在语句通顺上下功夫。

2.中年级继续引导学生不拘形式地自由表达

中年级进行习作训练，仍然要十分重视激发学生的兴趣。新课标对中年级的习作要求提到"能不拘形式、自由地把自己的见闻和想象写出来"。这就是说，中年级的习作，在写什么和怎么写方面都不要加以限制，学生喜欢写什么就写什么，想怎么写就怎么写。学生能够无拘无束地写自己多彩的生活和丰富的想象，就会对习作保持浓厚的兴趣。

中年级教师要继续培养学生的语感，培养学生对语句"通"和"不通"的敏锐感觉。写完以后读一读，或听别人写的语句，能听得出句子通不通，句与句、段与段是不是连得起来，把语句通顺的基本功练扎实。

3.高年级着重练习写成篇的作文

在低、中年级练习自由表达的基础上，高年级学生要练习写成篇的作文。写成篇作文要能围绕一个主要的意思，叙述要有一定的条理。所以高年级的习作教学，要把"围绕一个主要意思写"和"要有一定的条理"作为训练的重点。

从低、中年级不拘形式的自由表达到高年级的写成篇作文，是一个由"放"逐步到"收"的过程。低、中年级时，要鼓励学生放胆为文，可以想写啥就写啥，想到哪儿就写到哪儿，不要求围绕一个主要意思，这样就能把思路写活，把笔头写顺。到了高年级，就要适当讲究一点立意和布局，讲究一点对材料的裁剪。要引导学生在动笔前先想一想，这次作文主要想告诉别人一个什么意思，再根据想要表达的主要意思选择安排材料，然后按照一定的顺序写下来。通过这样扎扎实实的训练，使学生逐步达到大纲所提出的"能写简单的纪实作文和想象作文，能写读书笔记、应用文等"的要求。

上述小学阶段作文教学过程的安排，体现了可能性与必要性的结合。可能性指的是小学生语言发展和思维发展的实际；必要性指的是小学语文教学的目的要求。整个安排起点较低，坡度较缓，使学生从乐于写、不拘形式自由写，逐步达到能写，这是符合小学生的心理特点和作文能力发展的规律。从当前作文教学的现状看，较为普遍的现象是：低年级写话起步较晚，中年级习作的要求过高，导致学生害怕作文，不喜欢作文，作文基本功不扎实，这种状况有待改善。

二、一次作文的教学过程

每次作文教学的过程，都是教师的教和学生的学之间的双向活动过程。要把教师的教与学生的学结合起来加以研究，使教与学的过程成为一个有机的统一体。只要稍加分析，就会发现，学生作文并不是从提起笔来才开始，文章写完就结束，而是一个比较复杂的过程。在提起笔来写之前，就已经花了一些工夫，包括思想、材料、语言等方面的准备。这些准备，主要不是靠作文前临时抱佛脚，而是靠平时的积累。文章写完之后，还要再检查一下，看自己要说的意思说清楚了没有，没有说清楚的地方要认真加以修改，还要注意及时总结自己作文的得失。由此可见，一次完整的作文训练，学生大体上要经历"准备—表达—修改—总结"这么几个环节。前一次作文的总结，又为下一次作文进行了准备，如此循环。同样，在作文教学中，教师所做的工作也不仅仅限于作文课上。在作文课前，教师要认真钻研教材，深入了解学生，把教材中安排的作文训练要求与学生的生活实际联系起来考虑，形成一次作文练习的计划，并根据这一计划分析学生在习作时可能遇到的困难，做好指导的准备。学生作文之后，教师要认真加以批改并进行讲评。所以，一次完整的作文训练，教师大体上要经历"准备—作前指导—批改—讲评"这么几个环节。

作文教学的"准备""作前指导""批改""讲评"这四个环节是紧密联系的一个整体。作前的准备设计，为一次作文教学确定训练的目标，"作前指导""批改""讲评"都围绕着确定的目标进行，使训练目标得到具体落实。在"批改""讲评"中，教师获得反馈信息，进一步了解了学生的思想实际和语言表达实际，又为下次的作文教学做了准备。正是在这样一次次不断循环上升的写作训练的过程中，学生的作文水平逐步得到提高。

第三节　不同类型作文的教学

小学生要学写各种不同类型的作文，不同类型作文的教学各有特点。掌握了不同类型作文的教学特点，才能行之有效地进行训练。

一、简单纪实作文的教学

纪实作文就是如实地记人、记事、写景、状物的作文。通常所说的记叙文、说明文，基本上是纪实作文。进行纪实作文的训练，就是要培养学生写实的本领，这是一种十分重要的"再现力"。纪实作文训练的方式比较多，最常用的方式有：观察写话，片段素描，根据命题写纪实作文，自拟题目写纪实作文，缩写、改写。

（一）观察写话

观察写话就是引导学生把生活中的观察所得写下来。这是低年级进行写实训练常用的方法。观察写话，可分为观察图画写话和观察生活中的事物写话。

1.观察图画写话

作为写实训练的观察图画写话，主要要求是把图上的内容写出来。

低年级的看图写话，一般先是看一幅图写一句话。就是在看懂一幅简单的图画后，用完整的语句写出图意。如人教版第二册就安排了这样两幅图让学生写句子，学生可以根据自己对图意的理解来写，写的句子可长可短。第一幅图，学生可以写"草地上有五只小鸡""几只小鸡在草地上做游戏""一群小鸡在草地上跑来跑去捉虫子吃"等。第二幅图，学生可以写"池塘里有两只青蛙""荷叶上有一只青蛙，水中也有一只青蛙""荷叶上的大青蛙看着水里的小青蛙"等。然后再过渡到看多幅图写话。看多幅图写话，先要粗略地把每幅图看一看，大致了解几幅图表达的整体意思，再仔细看每幅图，每幅图用一句话写出图意，这样连贯的几句话，就把几幅图的意思表达出来了。

进行看图写话的训练，要选好图画。画面要简单清晰，图画的内容应是学生比较容易理解的。也可以让学生从家中的报纸、画册或课外读物中选取自己喜爱的图画，练习写话；或者让学生动手画画、剪贴，再写出图意，这些都是很受学生欢迎的形式。

2.观察生活中的事物写话

生活中的事物，比图画更丰富。引导学生观察生活中的事物写话，开始要让他们观察单一的、特点比较明显的事物，如文具、熟悉的动物植物、邻居家小弟弟小妹妹的外貌等；然后再扩展到比较复杂的事物，如一处景物、一个游戏、一次活动等。

低年级学生观察生活写话，重在培养观察和写话的兴趣，学习观察的方法，对写话的要求不要过高，学生能写几句就写几句，只要有点具体内容，语句通顺就可以了。

指导观察生活中的事物写话的方法有多种。一种是在课堂上当场指导，如教师带个有趣的实物让学生当场观察，再用几句话写下来。另一种是让学生自己观察感兴趣的事物。低年级孩子好动爱玩，对什么都感到新鲜。教师在阅读学生的观察写话时，要特别注意那些小淘气们的"新"发现。例如：

上学的路上，我发现草丛里有条肥肥壮壮的毛毛虫。绿绿的身子，上面有一点一点黑的圆点。一动不动地趴在叶子上，把我吓了一大跳。我想，别的地方的毛毛虫挺小的，可这虫却这么大，什么原因呢？这里营养好，又没有人来喷杀虫药，所以它就养得这么胖。(郁莺)

蜗牛喜欢潮湿的地方，如果把它放在被雨打湿了的地上，蜗牛就会伸出头来。如果把它放在太阳底下，它就会把头缩进去。

蜗牛还喜欢互相拥抱。有一次，我把两只蜗牛放在石板凳上，这两只蜗牛就抱在一起玩了。

大蜗牛还喜欢背小蜗牛。有一回，我把一只小蜗牛放在大蜗牛的背上，大蜗牛就背着小蜗牛走了起来。

这些蜗牛真可爱。(楼夷)

可以想象得出，楼夷小朋友肯定是和蜗牛玩了很长时间，才有这么多的收获。瞧他写蜗牛的互相拥抱，多有意思啊。郁莺小朋友观察时还能发现问题，自问自答，真是不简单。教师经常怀着极大的兴趣引导学生一起来分享观察写话的快乐，学生观察的视野就会越来越开阔，写话的积极性也会越来越高涨。

组织学生开展饲养、种植、观测气象等活动，进行连续观察，写观察日记，也是行之有效的方式。有位教师给每个孩子发了几颗黄豆，让他们回去泡在水里，每天看看有什么变化，把看到的变化写下来。有个小朋友写下了这样一组日记：

3月17日

今天老师叫我们泡豆子。我放学回家，就找了一个茶杯，杯里放了温水，然后把豆子泡在里面。今后我每天要看看它的变化。

3月19日

今天我回到家里，首先看看我实验的豆子。我一看，豆子的颜色比昨天淡了一些，还有两颗豆子比原来长了一些。

3月20日

今天我发现茶杯里泡着的十颗豆子中，有一颗肚子上长出小芽来了。我想这个豆子为什么先发芽呢？大概是它比别的豆子多喝了一口水吧。

3月22日

今天爸爸看了我的小实验，对我说："豆子泡在水里是不容易发芽的，必须马上把它放到篮子里，不然会死的。"我听了爸爸的话，急忙拿了一个篮子，把豆子放在里面，又在豆子的上面盖了一层纱布，洒了一些水。看了这些豆子，我在暗暗地着急，心里想：什么时候豆子才会发芽长大呢？

3月24日

今天我回到家里立即去看我的小实验。我揭开纱布一瞧，爸爸的主意真不错。不仅原来的芽长大了，而且大部分豆子都冒出很长的芽头。我问爸爸："豆子泡在水里发芽，为什么那么慢？"爸爸对我说："豆子泡在水里缺少氧气。"听了爸爸的话，我想泡豆子也要懂得科学道理。

3月25日

我心爱的小豆子正在茁壮成长，这是我今天回家看到的。你看，有的小芽已经长成像个小"9"字，有的像个小钩子，还有的像个"S"。它们好像刚刚醒来在伸懒腰。我想，可惜小豆子不会说话，要是它会说话，我一定要问它："你为什么会发芽？"

3月27日

今天我看到我的豆芽，已经长到半寸长了。我心里有说不出的高兴。因为这是我第一次自己动手做实验，而且成功了。这件事说明，只要我们肯动脑筋，多向别人学习，什么事情都能学会。

（二）片段素描

素描是中年级练习写实能力的有效形式。这种形式是老师们借鉴美术教学的经验而创造的，具体做法是引导学生观察实物或活动，将描写和叙述结合起来（即运用"白描"的手法）写片段。

片段素描一般从单个静物开始，如文具、玩具、小摆设、小手工艺品、劳动工具等，再扩展到动物、植物、房间陈设、自然景物、人物外貌动作、游戏、活动场面等。进行片段素描训练，要引导学生抓住特点、按一定的顺序观察。特点，就是这一事物与别的事物不同的地方。如观察单个的静物，要注意它形状、大小、颜色、图案的特点；观察动物，要注意它的形状、动作、生活习性；观察植物，要注意它的干、枝、叶、花、果的形状、颜色，有些果实还可以闻闻气味，尝尝味道；观察人的外貌，要注意他的容貌、神情、身材、姿态、声音、衣着；观察房间陈设，还要注意方位和物品所在的空间位置。观察的顺序有许多种，如由上到下或由下到上，由外到内或由内到外，由头到尾或由尾到头，由整体到部分或由部分到整体等。观察不同的事物要采用不同的观察顺序，学生也可以根据自己的喜好选择观察的顺序。观察时做到了抓住特点、有顺序，再把观察到的写下来，就是内容具体、有一定条理的片段。

进行片段素描训练，要引导学生如实表达，也就是要写得像，看到的是什么样就写成什么样，不能想当然，写走了样。在这方面，教师有许多好经验。例如，有位教师指导观察一种蔬菜或水果的素描练习，要求学生抓住特点写具体，在习作中不出现这种蔬菜或水果的名称，但别人一读就能猜出你写的是什么。有位教师鼓励学生把自己喜爱的一种游戏写具体，写清楚，要让没玩过这种游戏的同学读了以后能弄明白，玩得起来。教师这样的引导，激发了学生如实表达的兴趣，从写出来的习作看，确实都在"写得像"上费了一番工夫。

进行片段素描训练，还要注意引导学生推敲词句。有些非常熟悉的事物，要表达得准确也并不容易，所以学生习作中有表达不准确、不清楚的地方，是不可避免的。引导学生推敲词句，不是从语法概念上来分析句子的通与不通，而是要看有没有把所要表达的意思表达清楚，别人看了能不能明白是怎么一回事。所以推敲词句的最好方式，是引导学生回忆或再现事物的实际情况，从而使学生找到恰当的语言来表达。这种推敲词句的做法，会给学生留下深刻的印象。养成了这样的推敲习惯，就能把写实的本领练扎实。

(三)根据命题写纪实作文

命题作文是我国传统的作文训练方式。采用命题作文的方式，可以把学生的思绪集中到某个方面来。学生在生活中和阅读中会有许多感受，但如果没有人提示，可能一时想不起来，就觉得没什么可写；也可能头绪很多，不知写什么好。教师的命题，就能够帮助学生勾起对已有感受的回忆，帮助学生抓住表达的重点。采用命题作文的方式，也便于统一地加以指导和讲评。但命题作文也存在着问题，这就是题目由教师出而文章却要由学生做，教师出的题目和学生所要表达的思想内容有时不容易完全取得一致；再加上一个班几十个学生，兴趣爱好、见闻感受各不相同，一个题目要符合每个学生的表达愿望就更不容易。弄得不好，教师的命题可能会束缚学生的思想，限制学生的表达。所以，我们对于命题作文这种训练方式要有辩证的认识，要看到它的利和弊，扬长避短，发挥命题作文的作用。

让学生根据命题写纪实作文，教师对为什么命题要有正确的认识。教师的命题，不应成为束缚学生作文的框框，而应是学生作文的"诱发剂"。命题的方式可以多样，常见的有以下几种：

1.教师直接命题

采用这种方式的关键是要尽量使题目扣准学生的生活积累和思想实际，要让学生感到，教师要求写的正是自己想写的。切不可出偏题，出学生无从下手的题。题目的文字要浅白明了，不要故意在文字上绕弯子，设障碍。

2.半命题

教师提出一个大致范围，让学生根据自己的实际，把题目补充完整，然后作文。如教师提出"我喜欢——"，学生可以在后面补上"打球""游泳""弹琴""看书""唱歌""养花"等，再如教师提出"——笑了"，学生可以在前面补上"爸爸""妈妈""奶奶""老师""警察叔叔"等。

3.出几个题目供学生选择

这几个题目在内容上可以是互相联系的，也可以没有联系，但都应体现本次作文训练的重点。例如，要训练学生写出事物的特点，就可以出"我的同桌""心爱的玩具""说说我们的校园"这样几个题目，学生无论是选择写人、写物还是写景，都能够达到本次作文训练的要求。

不管采用哪一种命题方式，都应该使题目提示的内容范围尽可能地宽一些。这样，每个学生都能够在指定的范围内找到自己所要表达的内容。例如有位教师出了"我发现了……"这样的题目，就为学生留下了极为广阔的思考和探索的余地，学生的习作题材广泛，写出了《我发现了蜗牛的秘密》《我发现了神奇的石头》《我发现了猫的语言》《我发现了自己并不笨》等充满童趣的作文，也培养了学生求新求异和力求有所发现的精神。

采用命题的方法让学生写纪实作文，要淡化"审题"，不要在是否"切题"方面苛求学生。评议学生的作文，应主要着眼于文章的内容和文字表达。如果学生写走了题，可以引导他根据自己写的内容，另换一个合适的题目。这样，不仅有利于鼓励学生无拘无束地用自己的话表达自己要说的意思，而且能使学生逐步加深对题和文之间关系的理解。事实上，成年人的写作也常常有写成文以后再修改题目的情况。如果对"审题""切题"要求过高，一走题就评为不及格，必然导致学生谨小慎微，视作文为畏途，这对培养学生的习作能力是不利的。

（四）自拟题目写纪实作文

自拟题目作文，就是让学生自己选择材料，自己确定题目写文章。这种方式，可以充分发挥学生的主观能动性，让他们放手写自己熟悉的人、事、物、景，表达自己的真情实感。所以在小学作文教学中，要减少命题作文，大力倡导学生自拟题目作文这种练习形式。自拟题目作文训练的方式很多，常用的有以下几种：

1.引导学生利用生活积累，自拟题目作文

学生在平时生活中，对周围事物有所观察，有所积累，教师提出一个范围，激起学生对观察积累的回忆。例如，语文课本中有这样一次作文练习："暑假中，你参加过什么有趣的活动？做过什么有趣的游戏？遇到过什么有趣的事情？看过什么有趣的电影、电视？回忆一下，选择一件印象最深的写一篇作文。内容要具体，语句要通顺，作文题目自己定。"

这次作文，就是具体引导学生回忆暑假生活，然后自拟题目的作文。再如有位教师了解到班上开展了"爱爸爸，爱妈妈"的活动后，许多孩子在家中开始体贴爸爸妈妈，帮助爸爸妈妈做事了，他就请学生把这方面的情况写一写，要求把一件事写具体，题目由自己定。学生感到自己的进步得到了老师的赞许，很高兴；他们也很愿意把自己在家中做的事写出来告诉老师和同学。这样的作文普遍写得比较好，内容具体真实，题目也各式各样，如《我跟爸爸学浇花》《我为全家叠衣服》《我帮妈妈包饺子》《我给爸爸泡杯茶》等。《我给爸爸泡杯茶》是一位平时作文不大好的男孩子写的，这个男孩子的母亲刚去世，他怀念妈妈，心疼爸爸，便仿效妈妈，每天给爸爸泡一杯茶。《我给爸爸泡杯茶》正是表达了这样一种思想感情，写得很感人。讲评时，教师朗读了这篇作文，师生都热泪盈眶。这样的作文，真正起到了交流思想的作用。在这样的作文练习中，学生是从自己的生活积累中选取材料、拟定题目的。

2.引导学生观察事物后自拟题目作文

可以布置学生在作文课前仔细观察一个人、一处景、一个场面或一个动物，到作文课上再把观察到的写下来，自己给作文加个题目。也可以在作文课上现场指导观察一项实验、一个玩具、一种植物等，然后再作文，题目自己定。布置课前观察，要注意检查落实，防止流于形式；课内现场观察，要处理好观察与写文的关系，不宜将过多的时间花费在观察上。

3.组织活动后引导学生自拟题目作文

教师有意识地组织学生开展各种有意义的活动，在活动前不必告诉学生要写作文，让学生全身心地投入活动。活动之后，引导学生畅谈自己的见闻感受，再因势利导，布置学生自拟题目写篇作文。

4.引导学生根据自己的内心感受自拟题目作文

学生在生活中有欢乐，也有苦恼；对接触到的种种现象，有的钦佩、赞赏，有的厌恶、看不惯。以上种种心情、感受，都希望有机会向人倾诉。教师可以为学生提供这样的机会，让他们自拟题目，说说自己的心里话。

自拟题目的作文训练，教师也要充分发挥指导作用。要指导学生选择自己生活中最熟悉的、感受最深的内容，作为作文的题材；还要指导学生根据自己作文的内容拟一个恰当的题目。怎样拟题的指导要渗透在作文训练的过程中，在作前指导时，适当告诉学生一些拟题的方法，如用人或物的名称作题目，用事物的特点作题目，用文章的主要内容作题目，用文章中一句重要的话作题目等。作后讲评时，要把评讲学生拟的题目作为一项内容，组织学生评议拟得好的作文题，使学生从实践中逐步学会怎样拟题。

(五)缩写、改写

根据课文或课外阅读材料缩写、改写，也是练习写纪实作文的方法。

1.缩写

缩写就是把篇幅较长的文章压缩成篇幅较短的文章，这是训练学生概括能力的有效方法。指导学生练习缩写要注意三点：一是要正确掌握原文的思想内容，原文中的主要人物、主要情节应该保留，只是把其中的次要内容、次要人物以及描写、抒情、议论等删去。二是缩写后的文章仍要结构完整，有头有尾，重要的时间、地点等也应交代清楚。三是字数要加以规定，缩写后的文章不能超过规定的字数。

2.改写

改写就是依据原文内容，改变写法，使之成为另一篇文章。改写的方式主要有改变文体、改变人称、改变记叙顺序等。在小学阶段，还不要求学生掌握文体知识及篇章结构的知识，可着重进行改变人称的练习，如将第三人称的写法改变为第一人称的写法，或将第一人称的写法改变为第三人称的写法。改写练习可以和阅读教学结合起来，选择教材中适合于改写的课文让学生进行练习。

二、简单想象作文的教学

纪实作文，主要练习如实反映生活的写实本领；想象作文，则重在练习写想象、幻想中事物的本领。这两种作文能力都很重要。修订版课标将"纪实作文"和"想象作文"并提，值得引起我们的重视。

练习写简单的想象作文有多种形式，经常采用的是看图作文、听音编故事、编童话故事、假想作文、扩展课文作文等。

1.看图作文

这里所说的"看图作文"，是指看图写想象作文，与前面所说的只要写出画面意思的"观察图画写话"有区别。

图画是现实生活的缩影，它所反映的只是事物的局部，只是一瞬间的情景，而且是平面的、静态的、无声的。要把图画写活，就要借助想象，想象图中没有画出来的事物，如周围的环境，事情的起因、发展、经过、结果，人物的语言、动作、心理活动等，使画面由平面变立体，由静态变动态，由无声变有声。

看图写想象作文这种形式适用于低、中、高各个年龄段。供低年级学生看的图画意思要浅显些，可采用情节连贯的多幅图。有时为便于学生展开想象，可将其中关键的部分留作空白。如"皮球掉进池塘了"这几幅图，第一幅图上画有几个小猴子在池塘旁边的草地上玩皮球；第二幅图上皮球滚到池塘里去了，猴子们都在想办法；第三幅图空缺；第四幅图是猴子们又在高高兴兴地玩皮球了。看图想象的重点就是猴子是用什么办法把皮球捞上来的。学生可能想到的办法有：用长树枝把皮球捞起来；把石头投进水里，让波浪把皮球推到岸边；从伸出的树枝上倒挂下来，像"猴子捞月亮"那样把皮球捞起来；等等。中、高年级可采用想象空间更为开阔的单幅图。有时让学生看一个简单的图形，如一个圆圈、一个三角形、一条曲线，想象成不同的物体，学生也能写出有趣的文章。

2.听音编故事

在日常生活中，我们能听到许许多多的声音。声音都与一定的事物有关系。听音编故事，就是教师提出几种互不相干的声音，学生根据这几种声音展开想象，编出故事。这是学生非常喜欢的作文形式。

听音编故事，首先要联系生活实际大胆想象，在什么情况下会发出这几种声音，要尽可能多想出几种可能性。然后再编故事，巧妙地把这几种声音编在一个完整的故事里。

听音编故事可在中、高年级安排，要注意循序渐进，由易到难。中年级可以听与学生生活联系比较紧密的声音，如熟悉的动物的叫声，校园里的读书、唱歌、做游戏的声音，自然界的风声、雨声、雷声等;高年级则可以听社会生活中比较复杂的声音，如农贸市场的喧闹声，联欢会上的掌声、笑声，马路上的人声、车声、喇叭声等。学生的生活经验不同，兴趣爱好也不相同，每次听音作文，教师可提供几组不同的声音，让学生选择自己比较熟悉又喜欢的一组来编故事。

3.编童话故事

童话是儿童喜闻乐见的一种文体，他们爱听童话故事，也爱编童话故事。

小学生处在创造性想象能力发展的最佳期。特别是低年级的孩子更多地生活在物我一体、精神现实不分的状态，他们常常借助想象和幻想的方式来观察、理解和解释生活世界中的事物。成年人看来无生命的东西，在儿童眼里大部分是活的，有意识的。指导学生写童话，正是顺应了他们心理发展的规律，有利于促进他们创造性想象能力和语言表达能力的发展。编童话故事的练习形式很多，前面讲的看图、听音响，都可用于练习写童话，此外还可采用以下形式:

（1）根据故事的开头写童话。教师讲述故事的开头，把事情的经过、结果都留给学生去展开想象，编出故事。

（2）选择几个物体编童话。日常生活中见到的春夏秋冬、鸟兽鱼虫、花草树木、风云雨雪，甚至泥土石块、桌椅板凳，都可以成为童话中的角色。教师提出几个不同的物体，让学生想象这些物体之间可能会发生一些什么事情，编出童话故事。

（3）自我创编童话故事。教师不提任何条件，不加任何限制，全凭学生自己的兴趣、爱好和生活积累，或自选几个不同的物体，或根据某种社会现象，编出喜爱的童话。有位教师让学生从蓝天的飞禽、地上的走兽到水里的生物，自选两三个作为童话的主要角色，编写童话故事，孩子们高兴极了，一个个兴致勃勃的。有的写森林里发生的故事《森林气象员招生记》《百兽之王的失败》《森林里的一次音乐会》;有的写大海里的有趣童话《海洋动物比武》《智打鲨鱼》;有的写了在蓝天飞翔的天使《两只天鹅的故事》《小天鹅离队记》;还有的从海上写到陆上《陆海之战》《邻里之间》;等等。

大胆想象,是写好童话的前提条件。没有想象就没有童话。不论采用哪一种形式,都要激发学生展开想象的翅膀。但想象要有依托,这个依托就是有关物体的特点,如鸟在天上飞,鱼在水里游,青蛙在陆上、水中都能生活;等等。编童话,正是从这些物体的特点想开去,又新奇地组合起来。小学生知识比较少,在选定角色写童话之前,教师可适当地让他们说说这些角色有什么特点,为展开想象做点铺垫。不过,在这方面不宜花费过多时间,要求也不宜太高,学生写的童话不符合角色的特点或者不合乎情理,都没有关系,因为让学生写童话,目的是培养对作文的兴趣,练习用语言文字表达的基本功,发展儿童潜在的创造力。

4.假想作文

假想作文是根据假想的内容写的作文。假想作文和编童话,都需要凭借儿童的想象展开,区别是童话一般都有故事情节,假想作文的写法比较灵活,不一定有故事情节。假想作文可分为两类,一类是假设作文,一类是幻想作文。

(1)假设作文。让学生假设某种情境,再根据这种情境,结合自己的生活经验进行想象和联想。如有的老师让学生写"假如我是……",学生写出的文章各式各样,有的把自己假设成自然界中的一个物,写"假如我是一朵云""假如我是一只鸟";有的把自己假设成社会生活中的一个角色,写"假如我是一个老师""假如我是市长"……许多文章都表达了美好的愿望,表达了对自然、对社会的责任感。

(2)幻想作文。幻想是指向未来的创造性想象。幻想作文就是让学生运用文字把自己幻想中的画面、色彩、情感、意向表达出来,例如写"二十年后的我""未来的……""我要发明……",学生可以充分发挥自己的聪明才智,海阔天空地进行幻想。

5.扩展课文作文

教材中许多课文给学生留有想象的空间,有些课文学生读了以后有所触动,有话想说。教师抓住时机,让学生从所读的文章想开去,也是进行想象作文训练的有效方式。在小学阶段进行扩展课文的作文训练,主要有扩写和续写两种形式。

(1)扩写。扩写是通过想象,把课文中写得简单的地方充实丰满起来。扩写又可分为全篇扩写和局部扩写两种。练习全篇扩写,可给学生提供课文的梗概,学生想象事情发展的过程,人物的神情、语言、动作,扩写成一篇内容具体、结构完整的文章。局部扩写也可叫加写或补写,是抓住课文中写得简单的部分,补写一个片段。如《黄山奇石》中详细描写了"仙桃石"等四块石头,还提到了"天狗望月""狮子抢球""仙女弹琴"这三块石头的名字,学生可以发挥想象,把这三块石头写一写。再如读了《穷人》之后,学生对善良的母亲西蒙充满同情,可让学生加写一段"西蒙临死之前"。像这样的局部扩写,与阅读结合得比较紧密,时间花费也不多,在教学中可以较多地采用。

(2)续写。续写是根据课文的思想内容,把故事延续下去。这种练习,有助于培养学生的推测想象能力。教师可选择合适的课文引导学生进行续写,例如,学了《小摄影师》,续写小男孩离开以后的故事;学了《穷人》,续写桑娜和渔夫怎样抚养西蒙的两个孩子。指导学生练习续写，要处理好续写与原作的关系，续写的内容应是原作顺理成章、合情合理的发展，不能与原作的思想内容离得太远，更不能与原作的思想内容相矛盾。

上述扩写与续写的练习也可以延伸到课外阅读，让学生利用课外阅读的材料写扩展性的想象作文。

三、常用应用文的教学

应用文是人们在日常的生活、学习和工作中广泛应用、具有一定格式的文体。应用文教学是小学作文教学的重要组成部分。小学生要学习的应用文主要有：请假条、留言条、通知、日记、书信、表扬稿、建议书、读书笔记等。进行应用文的教学要注意以下几点：

1.帮助学生认识应用文的语言特点

应用文都是为某种特定的需要而写的，有具体的写作目的，有明确的阅读对象。要使学生明白，应用文的语言必须简洁明了，使人一看就清楚，不要说多余的话，也不要用深奥难懂的词句，以免发生误会。除了读书笔记和书信、日记外，其他应用文均不需要描绘事物和抒发感情。

2.讲清应用文的格式

各种应用文的格式是人们在长期应用中逐步形成的，都已经约定俗成，不能随意变更。教学时，对应用文的格式要点要讲清，让学生记住，而且要根据应用文的用途，讲清楚为什么要用这样的格式，使学生知其所以然，防止因不理解格式的意义和作用而死记格式或用错格式。为了加深印象，可采用分析学生练习中出现的问题的方法。例如练习写通知，有的学生漏写会议的时间或地点，却要全体同学"准时参加"，那大家什么时候到哪儿去参加呢？有的学生通知的会议时间是6月1日，而发通知的时间却写成6月5日，这样的通知不就成马后炮了吗？再如练习写信封，有的学生把收信人的地址与寄信人的地址位置写颠倒了，这样的信只能寄回自己手中。通过对学生练习中出现问题的实例的分析，学生就会深切体会到应用文的格式是一点马虎不得的。

3.联系实际，学用结合

应用文的教学，要坚持在实际运用中学，学了就运用于实际，把学和用结合起来。例如，练习写信，不妨将写的信装进信封寄出去。学写了表扬稿，就挑选写得好的在黑板报上刊登，在学校广播站广播，或用大红纸抄写后送到受表扬者所在的单位去。学写了建议书，可从中挑选几份有价值的转交给有关部门，使学生的建议在改造自然、改造社会的实践中发挥一点作用。这样的学用结合，不仅能使学生进一步认识到应用文的实用价值，而且能在实际运用中提高写应用文的能力。

4.持之以恒，反复练习

应用文的学习要常写常练，才能熟练巩固。教师要鼓励学生勤动笔。例如，有事请假，自己写请假条（请家长在上面签字）。发现好人好事，及时写表扬稿。特别要鼓励学生坚持写日记，坚持写读书笔记。这样，不仅巩固了应用文教学的成果，而且将全面提高学生的理解能力和表达能力。

第四节　作文的指导、批改和讲评

作文教学是学生在教师指导下练习作文的过程。教师的指导，应贯穿作文教学的始终。从广义上讲，批改和讲评都是进行作文指导的方式。这一节中的"指导"，单指作文前的指导。

一、作文的指导

作文的指导，包括平时的指导和作文课上学生动笔前的指导。

（一）平时的指导

作文教学的成效在课内，功夫在平时。学生作文的内容主要靠平时积累，表达内容的语言文字也主要靠平时积累。教师对学生作文的指导，不能仅限于作文课上，要重视指导学生从生活和阅读中积累材料，积累语言。

1.指导学生从生活实践中积累材料

学生作文的内容主要来自生活实践，作文的欲望和激情也主要来自生活实践。生活越充实，感受越深刻，作文的基础也就越扎实。不少小学生怕写作文，问他为什么，最普遍的回答是没有内容可写，也没有作文的愿望。这固然和学生的生活还不够充实丰富有关，更主要的是平时对周围的事物不留心，不注意观察，也不大动脑筋思考，许多值得写的内容从眼皮底下滑了过去。要使学生有内容可写，有内容想写，教师就要注意丰富学生的生活，有意识地引导学生接触自然，接触社会，还要指导学生留心观察和分析周围的事物，养成观察和思考的习惯，使他们在接触自然、接触社会的过程中，时时处处做个有心人，从而有所见，有所闻，有所思，有所感，获得取之不尽的作文材料。

小学生的注意力容易分散，观察也往往停留在事物的表面，在引导学生留心周围事物的同时，还要教给学生观察事物的方法。教师应从以下几个方面指导小学生进行观察：

（1）指导学生集中注意力，全面仔细地观察，这就要启发学生调动各种感官，去感知和认识事物。如观察一株花，就要用眼仔细察它的花、叶、枝、茎，对各部分的形状、颜色、姿态做全面的了解，还要用鼻子去闻一闻花散发出的香味。如果不知花名，不了解它的生长特点，还要翻查资料或请教他人。假如只是让学生粗枝大叶地看看，就不会留下鲜明、具体的印象。

（2）指导学生按一定的顺序，有重点地观察。依据事物存在的状态，观察事物有两种基本的顺序。一种是按照空间顺序观察，多适用于静态观察。如观察一处景物，可指导学生由近及远、从上到下、从左到右去观察，或者根据学生的立足点和习惯自行确定观察的顺序。如果是观察人物、动物或植物的外形特征，就要指导学生从整体观察入手，然后依照一定方位顺序一部分一部分地去观察。另一种是按事物发展的时间顺序观察，多适用于动态观察。如观察日出、小实验、运动会等，就要指导学生按事物发展变化的时间先后，一个阶段一个阶段地观察。根据不同对象，依照一定顺序进行观察，不仅能使学生观察得全面细致，而且有助于抓住观察的重点，否则东看看、西看看，学生只能得到杂乱无章的印象。

（3）指导学生运用比较的方法，学会捕捉事物的特点。所谓特点是指事物的个性差异，与众不同之处。世界上的事物千差万别，变化无穷。指导学生观察，要在全面仔细观察的基础上，联系同类事物或同一事物在不同时间的发展变化，进行分析比较，以便捕捉到事物的特点。只有这样，才能具体深刻地认识事物。

（4）指导学生进行联想和想象，丰富观察的感受。例如在深秋的清晨带领学生观察学校门前的一条街，启发学生想象：夜晚，街灯亮了，街上怎么样？到了春暖花开的时候，这条街又是怎样的景象？如果这条街发生了很大的变化，还可启发学生联想这儿原来是什么样子，以后会是什么样子。通过联想和想象，学生拓宽了思路，作文的内容也就会更丰富。

2.指导学生从阅读中积累材料，积累语言

读书，是知识的重要来源，也是作文内容的重要来源。学生通过读书，可以间接地看到许多平时生活中未曾见到的事物，学到许多未曾学到的知识，而且提高了认识，陶冶了情操，丰富了语言，这些都是作文的必不可少的准备。

指导学生从阅读中积累材料，积累语言，首先要让学生读懂课文，每读一篇都确有收获，而且尽可能做到熟读成诵，使课文中的词语句式、精彩段落，成为自己语言仓库中的积蓄。还要鼓励学生广泛阅读，多读书，读各种书，通过广泛阅读拓宽视野，丰富积累。同时，要注意引导学生把阅读、思考、练笔结合起来，鼓励学生读书时随时记下所得所感，到高年级，可练习写读书笔记。阅读时勤动笔，既是积累材料、积累语言的好方法，又可使读和写的能力同时得到锻炼，收到相得益彰的效果。

（二）作文课上学生动笔前的指导

在学生动笔以前进行指导的目的是：

1.激发作文的兴趣

要通过指导，使学生感到这次习作很有趣，变"要我写"为"我要写"。激发作文兴趣的方法很多。例如，要练习写一次活动，先让学生尽情地回忆活动中的趣事，然后再把对活动的浓厚兴趣迁移到作文上。要练习写一种动物或植物，先让学生猜个谜语或讲个小故事，学生听得津津有味，也就跃跃欲试地想写出动物或植物的特点。假设情境，使学生觉得作文是生活的需要，也是激发兴趣的好办法。例如有位教师要让学生练习按照一定的方位介绍一个地方，就对学生说："许多同学的家里我还没去过，有空的时候我想到同学们的家里去看看，你们的家在什么地方？从学校到你们家该怎么走呢？你们写下来告诉我。注意把位置、路线写清楚，否则我就找不到了。"学生带着欢迎老师来自己家的愿望写文章，兴致当然很高了。

2.打开选材的思路

教师的作前指导要有利于学生开阔思路，想到生活经历的各个方面，从中选取最合适的作文材料。要做到这一点，教师要善于引导学生打开记忆的仓库，回顾生活经历中那些观察最细、感受最深的人、事、物、景。例如有位教师让学生写"第一次__"。学生通过回忆，通过互相交流，想到了许许多多的"第一次"：第一次扫地，第一次洗碗，第一次烧饭，第一次买菜，第一次到姥姥家，第一次游泳，第一次登台表演，第一次坐火车……而且曾经经历过的这些"第一次"的种种情景和场面再次在学生头脑中浮现。在此基础上提笔作文，全班每个学生的作文都很有个性，内容几乎没有相同的。教师还要善于引导学生产生联想，能够从不同的角度来选择作文的材料。例如练习写"我的朋友"的作文，学生一般从同学、邻居的小伙伴方面考虑选材。在教师的启发下，经过同学的互相交流，选材的范围就扩展到不是同龄的民警叔叔、售货员阿姨、传达室的老爷爷……甚至选择了字典、电脑、大熊猫、小猴子等内容。

3.明确训练的要求

每次作文练习都有具体的要求。每次作文的具体要求都包括两层意思。一层是常规要求，即贯穿于各个年级每次作文的要求，如内容具体，感情真实，语句通顺，书写工整，注意不写错别字，正确使用标点符号，写完以后认真修改等。一层是特定要求，即这次作文与别次作文不同的要求。例如，有这样一道作文题："你喜欢哪些小动物？观察过这些小动物吗？从中选择一种，运用从课文中学到的观察方法，再仔细地观察一下，然后写一篇作文。就用小动物的名称作为作文的题目，要把这种小动物的特点写清楚，做到内容具体、语句通顺，不写错别字。写完以后，要认真修改。"

这道题中所提出的作文要求，大多是常规要求，"要把这种小动物的特点写清楚"是这次作文的特定要求。作前指导时，教师要引导学生认真理解作文题中所提出的各项要求。对于常规要求，要作为良好的作文习惯加以坚持；对于特定要求，要着重下功夫去努力达到。

作文指导的时间不宜过长，要把作文课的较多时间留给学生练习作文。作前指导还要防止对具体写法指导过细，统得过死，那种规定统一的提纲、提供开头结尾和词语句式的做法是不可取的，因为那样做，影响学生自由表达，也就必然影响作文训练的效果。

二、作文的批改

对学生的作文进行批改，是作文教学的重要组成部分。教师通过批改，对学生进行作文的指导，使学生了解自己作文的优点缺点，并从中受到怎样写好作文的启发。通过批改，教师可以了解学生作文的实际，便于总结作文教学的经验教训，及时改进教学;也可以搜集素材，为作文讲评做好准备。

长期以来，作文批改存在着劳而少功的现象，教师辛辛苦苦地批改，学生却往往只看分数，并不能认真领会教师批改的意图。批改可以采取多种形式、多种方法，尊重学生的原意，肯定学生的点滴进步，讲求实效。要逐步培养学生自己修改习作的能力。

1.把教师的批改与指导学生自己修改结合起来

学生的作文是学生用自己的话表达自己要说的意思。写出来的作文与自己原来想要表达的意思是否一致，学生自己最清楚，所以修改作文应该是学生自己分内的事。也只有学会了修改，学生的作文能力才能不断提高。如果学生的作文由教师改，改上去的是教师的思想、教师的认识，不一定符合学生所要表达的意思。而且这样一来，学生不仅得不到修改、推敲方面的锻炼，还会错误地以为修改作文是教师的事，养成写完就了事的不良习惯，这对提高学生的作文水平是极为不利的。要改变作文批改劳而少功的现状，教师要转变观念，变"替学生改作文"为"指导学生自己修改作文"，把批改作文的着力点放在培养学生自己修改作文的能力上。具体做法主要有以下几种:

（1）先示范，再让学生自己改。方法是:教师认真阅读学生的作文，从中挑选一两篇带有普遍性问题的，仔细考虑好该怎样修改。上课时，将作文用大字抄出张贴或制成课件展示，师生共同讨论哪儿该改，该怎样改，使学生从中受到启发，再去修改自己的作文。

（2）教师批，学生改。"教师批"，就是教师在认真阅读学生作文的过程中，发现需要修改之处做上各种符号，发现妙语佳句画上圈或波浪线以资鼓励。凡是学生看了符号就能理解修改意图的，就只画符号;凡是看了符号还难以明白怎样修改的，可适当加点眉批。"学生改"，就是学生细心体会教师所画的符号、所加的眉批，根据教师的提示认真加以修改。学生修改以后，教师再把作文收上来，检查修改的情况。作文的成绩，可以在学生修改之后，从能写和能改两个方面进行综合评定。采用这种方法，首先要让学生熟悉教师使用的各种批改符号。

（3）互批互改。方法是:组成三人或四人小组，选择一个学生的作文互相讨论，共同修改。在小组讨论修改时，教师巡视辅导。

（4）面批面改。对学生作文中存在的个别性问题，宜采用面批的方法。例如，通过亲切交谈，了解作文内容的真实性;对于作文有困难的学生，一边启发，一边引导学生自己修改，改完以后让他读一读，并适当加以鼓励。

不管采用什么样的方法指导学生修改，都应该有要求，有检查，不能流于形式。强调注重培养学生自己修改作文的能力，并不意味着教师对学生的作文就不必认真批改，而是要更加充分地发挥批改的指导作用。

2.作文批改要从实际出发，实事求是，讲求实效

作文批改要考虑不同学段学生的作文能力和修改能力的实际，不能总是停留在一个水平上。一般说来，在低年级写话阶段，应着重指导学生进行字、词、句的修改;到中、高年级，要继续重视字、词、句的修改，并着重指导注意内容是否具体，叙述是否按一定的顺序。这样，批改的重点就和作文教学的要求相一致，学生改文的能力就和写文的能力得到同步发展。

作文批改还要考虑学生的不同实际。同一个班级，学生的作文能力有很大的差异，批改时应该区别对待，不能用同一把尺子。对于作文基础较差的学生，教师要多在词句基本功上指导，使他们过好语句通顺这一关;对于作文基础较好的学生，应该适当提高要求，使他们能用更准确的语句表达自己的所见所闻、所思所感。坚持从每个学生的实际出发，实事求是，就能使每个学生的作文能力都在自己原有的基础上不断地得到训练和提高。

3.作文批改要尊重学生的原意，鼓励学生的点滴进步

小学生对事物的认识和思想感情与成年人并不完全相同。教师阅读学生作文时，要细心体会作文中所反映出来的孩子的想法、孩子的语言，不要用成年人的眼光、成年人的语言习惯去看学生的作文。批改学生作文时应多留少删，多就少改。有位特级教师讲到这样一个例子:她在一年级第二学期让学生练习写话，有个孩子写了这样一句话:"昨天，有个法国阿姨到我们学校来参观，法国阿姨是女的。"在成年人看来，"法国阿姨是女的"是多余的话，应该删去。但这位教师认为:"小孩子唯恐别人不知道阿姨是女的，就写上了那么一句。这个话，出自儿童天真、幼稚的脑海，在他们的知识水平和生活阅历没有达到一定程度的时候是可以原谅的。只要他不说'法国阿姨是男的'，留在文中就没有关系。"从这个例子，可以看出一个高明的园丁对待幼苗精心培育的态度。事实正是如此，学生的写话和习作中是常常会出现天真可笑的童言稚语的，对此，尽量不要按照成年人的标准去随意改动。多留少删，多就少改，有利于保护学生写话、习作的积极性，也有利于学生语言表达能力的健康发展。

批改作文还要坚持多鼓励，少批评。学生在练习作文的过程中，出现这样那样的问题是难免的，教师要满腔热情地帮助指导，不能在批语中横加指责。特别是对作文基础较差的学生，更要注意发现和鼓励他们的点滴进步。有位教师说得好:"与其在批语中写上'语句不通'，不如把文中少数几个写得通顺连贯的句子用波浪线画出来，批上'这几句写得通顺连贯'。"显然，这两种批法的效果是不一样的。采取后者，学生可能在教师真诚的表扬、鼓励中对习作产生了兴趣，增强了写好作文的信心;而采取前者，学生可能由于教师的指责而失去对作文的信心，放弃对提高作文水平的努力。

三、作文的讲评

教师对作文的讲评，起着承上启下的作用，它对已经完成的这次作文是一个小结，对学

生下次乃至今后一段时间的作文又是一个指导。因此，讲评是作文教学中必须认真抓好的一个环节。

1.作文讲评的主要方法

作文讲评的方法很多，最常用的有以下几种：

（1）对作文的交流和品味。做法是，先让写得有特色的学生朗读自己的作文，可有选择地多请一些学生读一读，有的读全篇，有的读片段。在读的过程中，教师适时地加以评点和赞扬，使较多的同学得到当众倾吐表达的机会，体会到成功的愉快。然后从朗读的作文中选择一两篇佳作，组织学生重点讨论品味，还可请小作者自己做介绍，具体地谈出一两点体会。

（2）对作文得失的分析。做法是，选择一两篇中等偏上的作文，用大字抄写出来或制成课件展示，师生共同讨论分析。所选的这一两篇作文，在内容和表达上都有不少长处，又都有一些需要修改的地方。通过对典型文章的讨论分析，使大家知道这篇文章的优点是什么，有什么不足之处，并从中受到启发，体会到作文应该怎样写，不应该怎样写。

（3）对文字的推敲。做法是，从学生的习作中选择一批有"疑义"的语句，引导学生共同来分析推敲。有"疑义"的语句，不同于有明显错误的语句，明显的错字等应该让学生自己去修改。推敲有"疑义"的语句，要与想要表达的思想内容联系起来，看看这些语句是否能准确地表达所要表达的意思。例如有个同学写老鹰捉小鸡的游戏，写了这样的句子："母鸡站在前面，张开双臂，小鸡站在后面，抱着母鸡的腰。"如果不仔细推敲，学生可能看不出这个句子的毛病，仔细推敲了就会发现，这个句子写的与实际情况不符，因为并不是每只小鸡都抱着母鸡的腰，而是"第一只小鸡抱着母鸡的腰，后面每只小鸡抱着前面一只小鸡的腰"。通过对这类有"疑义"的语句的辨析推敲，可使学生体会到，下笔作文时，必须在用词造句上多下功夫。有"疑义"的语句要靠平时搜集，平时批改学生作文时，有意识地注意，发现了随手记下。积累到一定数量，就在作文讲评时组织学生辨析推敲。

上述几种作文讲评的方法不是截然分割的，有时可以灵活地结合起来使用。

2.作文讲评要注意的问题

讲评要肯定成绩，抓住带有共性的问题，鼓励学生积极参与。从当前作文教学的实际看，讲评要注意以下几个问题：

（1）要抓住重点。作文讲评不能面面俱到，也不能只抓一些枝节问题，而要抓住重点。讲评重点突出，学生印象才能深刻。作文讲评的重点，要根据这次作文的训练重点来确定，同时也要抓住全班学生这次作文的主要的共同性的问题。无论是采用品味优秀作文的方法，还是采用分析作文得失的方法，教师都要把握住讲评的重点，使学生在训练重点上有所体会，有所收获。

（2）要重在鼓励。作文讲评，主要采取表扬鼓励的方法。教师要善于发现全班共同的进步，共同的成功之处，在讲评时热情加以鼓励。对于存在的带共性的问题，最好是通过表扬在这方面做得比较好的学生，使没写好的学生从中受到启发。一般不要采用把写得不好的作文拿出来当众讲评的办法。表扬鼓励要照顾全面，不要总是表扬少数几个写得好的学生，忽视多数学生的苦心与进步。教师要特别注意发现作文比较差的学生的点滴进步，当众加以表扬。要使每个学生都感到，自己用心的地方老师注意到了，提到了，从而体会到成功或进步的喜悦，也看到自己的不足，盼望下次作文能写得更好。

（3）要充分调动学生的自觉能动性。作文讲评不能只是"教师讲，学生听"，而应该是师生共评。无论是品味优秀作文，还是分析作文的得失，或者是推敲有疑义的语句，教师都不能简单地把结论灌输给学生，而要引导学生充分发表意见，使学生自己品出味道来，看出得失来，推敲出结果来。学生谈出的体会和感受，只要没有错误，教师都要给予尊重，因为那都反映了学生各自的认识和收获。教师尊重学生，就能更好地调动学生积极参与讲评的积极性。

（4）要把作文讲评和作前指导、作文批改紧密地联系起来。教师在作文教学中的主导作用，主要体现在作前指导、批改、讲评这几个环节上，这几个环节应该互相联系，形成一个有机的整体。作前指导中提出的重点要求，应在讲评中加以落实，加以强化；通过讲评，又可对下次作文进行指导，提出要求。在批改时，认真分析全班作文中带有共性的问题，挑选可供讨论品味的有代表性的作文，发现较差学生的点滴进步，摘录比较典型的病句，这样的批改就为讲评做好了准备；讲评以后，留点时间让学生读读自己的作文，要求学生按照讲评中得到的收获认真修改作文，讲评就又指导了修改。只有作前指导、批改、讲评紧密联系，才能提高作文指导的整体效益。

第五节 作文教学应注意的问题

根据《义务教育语文课程标准》的精神，针对小学作文教学的现状，以下几个问题需要特别加以重视。

一、将教学生作文与教学生做人结合起来

作文教学是全面提高学生素质的重要途径，教师要有意识地将教作文与教做人结合起来，既教学生作文，又教学生做人。教作文与教做人的结合，主要体现在以下几个方面：

1.从作文中把握学生思想脉搏，及时进行引导教育

作文是学生语言文字表达能力和认识能力的综合体现。在批改作文时，不仅要注意学生的语言文字表达能力，还要注意学生在语言文字中反映出来的思想认识。从作文中发现了学生文明的言行、美好的心灵，对生活的独到见解，创造性的思维火花，就通过批语加以赞扬，通过讲评加以表彰，使得好的思想品德得到发扬光大，激励学生热爱生活、积极向上，勇于探究与发现。在学生的作文中也可能会出现消极错误的东西，教师要循循善诱，引导学

生用正确的观点和思想方法去观察分析社会现象，培养学生高尚的道德情操和健康的审美情趣。例如有个学生在《过年》的作文中写道，他贴春联时，将"恭喜发财"的"财"字横着贴，因为"发财要发横财"。教师就通过面批，使学生懂得什么叫"发横财"。这位学生后来谈体会时说："原来不大懂什么叫发横财，现在明白了，坏人才发横财，我们要靠劳动致富，不能用不正当的手段发财。"这样，就在指导学生作文的同时提高了学生的思想认识。进行作文教学，教师应该做到既目中有文，又目中有人，时刻不忘所肩负的育人重任。

2.培养学生说真话，不说假话、空话的文风

说真话，说实在的话，说自己的话，不说假话，不说空话，不说套话，不仅是对作文的要求，也是对做人的要求。教师要把握住这个标准，从学生的实际出发，随时加以指导。有个学生春天养了许多蚕，整天忙着找桑叶，甚至作业也不做了，他爸爸一怒之下揍了他一顿，把蚕扔进了垃圾桶。他偷偷捡回来十几条活着的，第二天早上又被爸爸发现，蚕被扔进了抽水马桶里。后来他在作文中写这件事时，情况全变了。他写道："……爸爸说：'你是四化接班人，现在不学本领，将来怎么接班呀？'我听了十分惭愧，立即把蚕扔了。"教师问他为什么这样写，他说只有这样才像作文。教师鼓励他如实地写，写自己的心里话。结果他写出了一篇从未有过的比较长的文章，语句也通顺，而且有感情。文中最后一段是这样的："我一下惊醒了，见爸爸拿着蚕盒往卫生间走，我急忙跳下床，光着脚去追，嘴里连喊：'爸爸！爸爸！'可是我跑到卫生间，水已经冲响了。只见水在马桶里翻着，蚕连影子也没有了。我急得直跳，光喊：'我的蚕没有了，蚕没有了！'爸爸又想打我，可我一点也不躲，对着爸爸叫：'蚕也是有生命的啊，你不可惜吗！'不知为什么，爸爸没打我。我呆呆地坐在床上，心想，也怪我，前几天要是做作业，蚕也不会死。"这位同学还告诉教师，这样写有话说，不难，而且写后心中也舒畅了。教师如能经常这样因势利导，学生就能逐步体会到作文就是如实地写出自己想要说的话，就能逐步养成说真话，不说假话、空话的好品质。

3.培养学生诚实、勤奋的学风

教师要经常表扬勤观察、勤动笔、勤修改的学生，也可通过一些古今名人勤奋好学的故事激励学生。现在供小学生阅读的报刊很多，为学生提供了丰富的精神食粮，但也给一些不动脑筋的学生提供了抄袭的方便。教师在批改作文时如发现抄袭现象，应及时进行教育，鼓励学生独立思考，做诚实的人。那种为了应付考试，让学生背上几篇好文章，遇到题目有点搭得上，就改头换面地抄上的做法应该坚决杜绝。因为那样虽能骗得个好分数，但失去了扎实的语文基本功和诚实的做人本色，是与教作文和教做人的目标背道而驰的。

二、重视两种能力的培养

两种能力，指的是用词造句、连句成段、连段成篇的能力和观察事物、分析事物的能力。前者是语言文字的表达能力，后者是认识事物的能力。小学生的作文，是小学生运用语

言文字反映他们对客观事物的认识。好的作文不仅表现在语言文字表达能力上，而且很重要的表现是有自己的见解，有与别人不同的感受。只有重视两种能力的训练，促使学生的语言文字表达能力和认识能力统一地得到发展，才能切实有效地提高作文教学质量，也才能使作文教学在为培养新时代需要的人才打基础中发挥应有的作用。

两种能力的训练是互相渗透、互相促进的。用词造句、连句成段、连段成篇的训练不能离开观察、思维的训练而单独存在。如果离开了观察和思考，学生无所见无所闻、无所思无所感，那么语言文字的表达也就失去了依托。同样，观察和思维的训练也不能离开语言文字表达的训练而单独存在。在观察和思考中所得到的见闻、感受，往往是零散的、不够确定的，而且有的时候是各种思绪一下子涌上心来，没有个头绪。只有经过一番认真的组织安排、遣词造句的工夫，这些零散的、不够确定的、一下子涌上心头的思绪，才能变成比较明确的、有条有理的思想内容。所以，我们在作文教学中，应该把两种能力的训练有机地结合起来。

两种能力的训练，要贯彻落实在整个作文教学的过程之中。在小学作文教学的各个阶段，随着学生语言文字表达能力的逐步提高，要使学生的观察、思维、想象能力也相应地逐步得到提高。从一次作文的具体过程来说，指导学生作文的过程，也是提高学生认识能力的过程。在作文教学指导、批改、讲评的各个环节中，都要着眼于培养学生的两种能力，通过扎实有效的措施，使学生的语文能力和认识能力同时得到发展。

三、指导学生作文要从内容入手

文章有内容，有形式，是内容和形式的统一体。在内容和形式这对矛盾中，内容决定形式，形式为内容服务；同时，形式又有相对的独立性，对内容起反作用。长期以来，作文教学中存在着重形式轻内容的倾向，这是学生怕写作文和作文能力提不高的重要原因。早在1992年颁布的《九年义务教育全日制小学语文教学大纲（试用）》中就提出："指导学生作文，要从内容入手。"在修订版课标中又进一步指出，要让学生"不拘形式，自由地把自己的见闻和想象写出来"。这些精神，对我们正确地处理内容和形式的关系，克服作文教学中重形式轻内容的倾向有现实的指导意义。要体现指导学生作文从内容入手，必须重视以下三个方面：

1.实虚并举，使学生有丰富的内容可写

作文的内容来源于生活。小学生与成年人不同的是，他们不仅有个与现实接触的经验世界，而且还有个想象世界。大纲多处提出，要让学生写自己的见闻和想象。写见闻，就是写耳闻目睹的实实在在的事物，这是写实；写想象，就是写并非现实存在的想象和幻想的内容，这是写虚。写实和写虚并举，充分考虑了学生经验世界和想象世界的实际，不仅能使学生有丰富多彩、新鲜奇特的内容可写，而且能使学生的观察思维能力、想象能力和创造能力得到充分的发挥。

2.改进作文的命题、指导、批改和讲评

改进作文的命题、指导、批改和讲评，让学生写自己想写的内容。长期以来，作文教学中对学生的限制较多，导致学生想写的不能写，不想写的硬要写。新课标虽没有对改进作文的命题、指导、批改、讲评提出具体的要求，但总的精神就是要放手让学生自由表达，让他们无拘无束地写自己想写的内容。

3.降低在表达形式方面的要求

文章的形式是指它的结构、语言、体裁等，新课标对小学生的习作，结构、体裁等都不做要求，只要求把语句写通顺，把要表达的意思说清楚，说明白。根据这样的要求，学生作文时主要考虑的就是想要告诉别人什么，怎样使别人明白自己的意思，真正做到不拘形式地自由表达。

四、习作训练应遵循从说到写，从述到作，从仿到创的顺序

1.从说到写

说和写是语言表达的两种形式。说是口头语言表达，写是书面语言表达。两者同是表达思想、进行交际的方式。小学生习作训练为什么要从说到写呢？首先，从儿童语言发展的过程来看，一个人学习语言总是先从口头语言开始。口头语言是书面语言的先导，也是书面语言的基础，口头语言的发展促进书面语言发展；反过来，书面语言的发展又会影响、丰富和规范口头语言。小学低年级学生的口头语言虽然已有相当的基础，但要连贯地有条理地表达，使口头语言变为书面语言，还要经过严格的从说到写的训练。其次，从思维与语言的关系来看，语言是思维的直接现实。叶圣陶先生说："思想不能空无依傍，思想依傍语言，思想是脑子里在说——说那不出声的话。如果说出来，就是语言；如果写出来，就是文字。朦胧的思想是零零碎碎不成片段的语言，清明的思想是有条有理组织完密的语言。"儿童如果说得清楚，一般来说思维也是清晰的。所以，先说后写是一个整理思想、疏通思路的过程。学生观察生活现象所得的素材比较零乱，必须经过大脑加工组织，将零散的素材，有条理地用口头语言表达出来，借助口头语言来控制、调整内部语言。这是对素材的第一次"梳理"。然后，再用文字写下来，成为书面语言，这是对素材的第二次加工。为了"说"好，先得让学生"想"好；为了"写"好，又要先指导学生"说"好。"说"可以检查思考的结果，起到组织语言的作用；同时又促进思考，有利于书面语言的发展。

2.从述到作

学生把自己阅读的或别人讲述的内容说出来或写出来，这就是"述"。而"作"，指的是学生自己去观察生活，收集素材，确定中心，选择材料，通过独立思考来进行表达。"作"较之以"述"，更具有创造性。小学生习作的从述到作，符合由易到难、循序渐进的教学原则，

体现了由"扶"到"放"的思想。因为"述"的训练是由教师提供材料来写，相对来说，较为容易一些，是"扶"的训练。"述"的训练为学生的"作"打下较为扎实的基础。

3.从仿到创

"仿"就是模仿。书法训练上有临摹字帖，科学上有仿生学，所以仿写也是小学生习作训练的有效途径。但仿写不是抄袭，对于如何仿写，教师要注意正确指导，使"仿"能真正起到应有的作用。比如，仿可以着眼于内容的生发，可以着力于写法的借鉴，也可以吸收一些妙辞佳句，等等。

五、作文训练与听、说、阅读训练相结合

作文训练主要是培养学生书面语言的表达能力，但是它和听、说、阅读有密切的关系。注意作文训练与听、说、阅读训练相结合，就能促进学生听说读写能力的全面提高。

1.作文训练与听、说训练相结合

从口头语言和书面语言的关系来看，学生的口头语言发展在前，书面语言发展在后。在低年级的写话训练中坚持从说到写，可以充分利用学生已有的口头表达能力作为基础，过渡到书面表达能力的训练上，这就降低了书面表达能力训练起步阶段的难度。但是从说到写要掌握好"说"的度，在说得已经到位时应及时转到写的训练上来，而不要过多地重复地说，否则就会耽误写的训练。另外，在不同的年级，"先说后写"时说和写的比重要有变化。在低年级，说得可多一些，到中高年级，说的比重要逐渐减少，以免影响学生独立构思和独立组织语言。

作文训练与听、说训练的结合，还体现在作文讲评的过程中，师生共同分析品味作文的得失，共同对有疑义的语句进行辨析，既总结了作文的经验教训，也锻炼了听和说的能力。

2.作文训练和阅读训练相结合

阅读是作文的基础。阅读对作文的影响和促进表现在思想、内容、文字三个方面。通过阅读，可以学到观察事物、分析事物的方法，提高思想水平。这对于正确地认识生活，从生活中汲取作文材料，提炼作文中心很有帮助。通过阅读，可以拓宽视野，增长见识，从中得到间接的生活经验，这是作文内容的一个重要来源。通过阅读，可以丰富词汇，学习语言，领悟到如何通过语言文字表达思想内容的方法。所以，进行作文教学不能就作文抓作文，必须把作文教学和阅读教学紧密地联系起来，这是提高作文教学质量的必由之路。作文训练和阅读训练相结合，要从两个方面同时下工夫：

（1）在阅读教学中，要指导学生学习作者观察事物、分析事物与遣词造句、连句成段、连段成篇的方法。所有这些方法，都不能作为写作的知识向学生灌输，而要让学生在读懂课文的过程中逐渐领悟。在阅读教学中，教师要经常引导学生联系课文的思想内容感悟作者用词造句的准确、精当，揣摩作者表达思想内容的清晰思路，体会作者对客观事物的独到见

解，还要让学生多读书，对许多写得好的课文做到熟读成诵。通过这样一篇篇的阅读，消化吸收，日积月累，学生对于如何观察分析事物、如何运用语言文字表达思想内容的认识日渐提高，语言积累也日渐丰富，这就为写好作文打下了扎实的基础。

（2）在作文教学中，要引导学生把阅读的收获运用到自己的作文中去。教师要鼓励学生把从阅读中学到的观察事物、分析事物的方法运用于自己的生活实践，鼓励学生根据自己所要表达的思想内容，灵活地运用从阅读中学到的词语句式和表达方法。学生如果在阅读中善于体会吸收，到作文的时候，课文中的思想、内容、语言都能自然地和自己的生活积累一道浮现于脑际，涌流于笔端。小学生模仿性强，对于感兴趣的东西也喜欢模仿。教师在批改作文时要有意识地注意，学生运用了哪些从阅读中学到的东西，发现运用得恰当的大力表扬，运用不恰当的酌情加以指导。在这个问题上，不能简单地采用读一篇仿一篇的立竿见影的做法。因为读一篇仿一篇，很容易导致从形式入手，把要表达的内容往现成的形式里面装，这必然影响学生的自由表达和有创意的表达，不利于提高学生用自己的话表达自己要说的意思的能力。

第七章 语文综合性学习

第一节 综合性学习的意义和学习目标

一、综合性学习的意义

《基础教育改革纲要（试行）》指出："倡导学生主动参与、乐于探究、勤于动手，培养学生搜集和处理信息的能力、获取新知识的能力、分析和解决问题的能力以及交流与合作的能力。"这就是综合性学习的价值所在。语文的综合性学习重在学科内外的联系，重在学习过程，注重激发学生的创造潜能，能较好地整合知识和能力，尤其有利于在实践中培养学生的观察感受能力、综合表达能力、人际交往能力、搜集信息能力、组织策划能力、互助合作和团队精神等。所以我们要充分利用现实生活中的语文教育资源，优化语文学习环境，努力构建课内外联系、校内外沟通、学科间融合的语文教育体系。引导学生开展丰富多彩的语文实践活动，拓宽语文学习的内容、形式和渠道，使他们在广阔的空间里学语文、用语文，开阔视野，丰富知识，砥砺能力。

之所以在语文课程中设计综合性学习，是因为仅仅强调学科或课程之间的整合还不够，语文课程自身的特点决定了语文课程内部也必须加强整合，从而更加有利于语文素养的形成与发展。语文综合性学习与其他学科的综合性学习相比具有自己的特色。从理论发展来说，不但要吸收外来教育理念的优秀成果，更重要的是要发扬我国传统语文教学理论的精华，并且适应时代发展的要求。

二、学习目标

综合性学习旨在倡导一种新型的学习方式，主要包括四方面的内容：①语文知识的综合运用；②听说读写能力的整体发展；③语文课程与其他课程的沟通；④书本学习与实践活动的紧密结合。通过这样的综合，可以培养学生的创新精神和实践能力，培养他们终身学习的愿望和能力。它重在学习过程，注重激发学生的创造潜能，能较好地整合知识和能力。

（一）突出综合

1.学习目标的综合

学习目标的综合包括识字与写字、阅读、写作和口语交际这四个方面的学习目标的综合。如用口头或图文等方式表达自己的观察所得;用口头或图文等方式表达自己的见闻和想法;书面与口头结合表达自己的观察所得;尝试运用语文知识和能力解决简单问题。另外,还包括"知识和能力""过程和方法""情感态度和价值观"三个维度目标的综合。如综合性学习的一些目标中包含了"情感态度和价值观"内容:热心参加校园、社区活动;在活动中学习语文,学会合作;学习辨别是非善恶;体验合作成功的喜悦;关心学校、本地区和国内外大事。

2.跨领域学习目标的综合

《语文课程标准》基本理念提出:"应拓宽语文学习和运用的领域,注重跨学科的学习和现代科技手段的运用,使学生在不同内容和方法的交叉、渗透和整合中开阔视野,提高学习效率,初步获得现代社会所需要的语文实践能力。""综合"的范围包括学生学习和生活的各个方面,要使他们学会在各个领域里用语文,在运用中进一步学好语文。有关的课程目标如:结合语文学习,观察大自然,观察社会;在家庭生活、学校生活中,尝试运用语文知识和能力解决简单问题;为解决与学习和生活相关的问题,利用图书馆、网络等信息资源获取资料,尝试写简单的研究报告;策划简单的校园活动和社会活动;能提出学习和生活中感兴趣的问题,共同讨论。

3.学习方式的综合

综合性学习,除了学习内容、课程目标的综合外,还包含学习方式的综合;既是书本学习和实践活动的结合,也是接受学习和探究性学习的结合;既有课内的学习,又有课外的学习。在语文课上学到的能力,也在实际运用中得到锻炼,课内的学习在课外得到延伸。下列目标侧重于探究,但是都体现了多方面学习方式的结合:有目的地搜集资料,共同讨论;对所策划的主题进行讨论和分析,学写活动计划和活动总结;选出研究主题,制订简单的研究计划,从报刊、书籍或其他媒体中获取有关资料,讨论分析问题,独立或合作写出简单的研究报告。

(二)加强实践

能在多学科交叉中体现语文知识和能力的实际运用,促进学生素质的全面提高,这是综合性学习的目的。所以在第一学段要求在活动中"用口头或图文等方式,表达自己的观察所得、自己的见闻和想法",第二学段要求"在家庭生活、学校生活中,尝试用语文知识和能力解决简单问题",第三学段要求"利用图书馆、网络等信息资源获取资料,尝试写简单的研究报告""策划简单的校园活动和社会活动,对所策划的主题进行讨论和分析,学写活动计划和活动总结",无不意在培养学生的实际综合运用能力。

1.重探究,重应用

培养学生对世界事物的好奇心,产生强烈的探究兴趣,具有问题意识,这是综合性学习的前提。学生在课内学到的东西到实际生活中马上能用，获得了锻炼的机会，也增强了学习的信心和兴趣。综合性学习的目标要和学生的实际生活相联系，设计的活动应该是"为解决与学习和生活相关的问题，自己身边的、大家共同关注的问题，学习和生活中感兴趣的问题，共同关注的热点问题"等。

随着社会的发展，语文的实际应用范围越来越大，学生的实践能力也越来越强。课内学到的东西不再是单薄虚拟的，长时间积累起来的各种语言材料在实践中会显得越来越丰满，学习时的应用意识以及"学"与"用"的联系、反应会越来越强。

2.重过程，重参与

综合性学习的课程目标一般不是指向某种知识和能力的达成度，而是提出一些学习的活动及其要求，主要指向"过程"。《语文课程标准》中把"过程"也纳入其体系目标，要求在课程实施中，不仅关注"达成度"，也要关注结果。其实，关注过程就是关注隐性目标，关注长远目标。阅读与写作等学习板块都需要关注过程，综合性学习更是如此。关注过程，就应该关注学生对学习活动的参与及参与程度，善于与他人合作，这是综合性学习的保证。《语文课程标准》关注学生对各种学习活动是不是都参与，是不是积极认真地参与，活动过程中有些什么样的成果和表现，等等。所以，在第一学段要求"对提出的问题共同讨论""热心参加校园、社区活动"；第二学段要求"在活动中学习语文，学会合作"；第三学段要求"策划简单的校园活动和社会活动"；等等。

3.重方法，重体验

学生养成良好的学习习惯，掌握学习的方法，有利于终身的学习和发展。课程实施的各个环节都要重视"方法"的教育。在综合性学习中，要学生掌握的方法主要在于各种知识和能力的整合、课内外学习的结合、书本知识与实践活动的结合、语文课程与其他课程的沟通。如课程目标要求：结合语文学习，观察大自然，用口头或图文等方式表达自己的观察所得。掌握查找资料、引用资料的基本方法，分清原始资料与间接资料的主要差别，学会注明所援引资料的出处。学生掌握这些方法的途径主要是通过点拨、示例，在实践中体验，不需要大量讲授一套又一套有关方法的道理。

(三)强调自主

基础教育的一个重要目标是要培养学生自主、独立的学习习惯和能力。综合性学习应突出自主性，主要由学生自行设计和组织活动，特别注重探索和研究的过程。强调观察周围事物，亲身体验，包括自然、生活、社会等各个方面，做到有所感受，有所发现，这是综合性学习的基础。从学习主体的特点和需要出发考虑并设计综合性学习课程目标，应给学生比较多的选择余地，活动内容和方式通常可以自主地选定，如对周围事物有好奇心，能就感兴趣的内容提出问题；组织有趣味的语文活动；就共同关注的热点问题，搜集资料，调查访问，相互讨论。

总之，综合性学习的内容和形式是多样的，课程标准关于目标的设定具有开放性，给教师和学生留下很大的创造空间。

三、语文综合性学习指导的要求

语文综合性学习虽然是以学生的自主学习和亲身体验为主要活动方式，但这并不排除教师的指导。相反，教师及时、适度的组织指导是综合性学习取得较好效果的重要保证。教师在具体的实施过程中要注意"四性"：开放性、阶段性、综合性、实践性。

(一)注意活动的开放性

学习活动的开放性是保证学生主体能够自主活动的一个重要条件。教师在组织、指导学生学习活动时要注意：

1.内容的开放

要求教师一要保证活动内容的丰富多样性，二要保证活动内容的可供选择性。因为只有具备这两点的活动内容才能满足处在不同发展水平、具有不同兴趣、爱好的学生的多方面需要，才能促使他们通过对活动内容的自主选择、积极参与，获得各得其所的相应发展，才能实现真正意义上的面向全体。

2.过程的开放

要求活动的过程应是动态的、变化的。学生的活动表现、活动需求应是调整活动进程的基本依据。

3.空间的开放

这是指要把以往固定的空间（教室）变为弹性的空间（如图书馆、植物园、社区等）。活动的场所要根据活动内容的需要确定。即便确定在室内，也可以根据活动的特点，打破单一的"秧田式"座位，进行多种形式的座位组合。

4.结果的开放

包括两个方面：一是活动结果的表现形式要具有多样性。学生可根据自己的实际情况，采用不同的表现形式，如调查报告、实物说明、诗歌、小品表演等。二是活动得出的结论要具有多样性，既可以得出统一认识，也可以保留多种意见；既可以形成完整结论，也可以留有一块"空白"。

5.师生关系的开放

表现在两个方面，一是在人格上师生之间建立一种相互尊重、民主平等、情感和谐的人际关系；二是在角色扮演上形成良好的转换机制，教师可以是传道者、真理的代言人，也可以是学习者、意见的倾听者；可以是长辈、导师，也可以是兄长、朋友。向何种角色转换，何时转换，视活动的需要而定。

（二）注意活动的阶段性

学生的活动具有鲜明的阶段性特征。这是因为学生身心发展的年龄特征制约着学生活动的内容、活动的形式、活动的质量。教师要依据学生身心发展的规律，科学地制定活动主题，确定活动内容，分阶段提高学生的综合能力。

1.内容选择的阶段性

《语文课程标准》在不同的年龄段所制定的综合性学习的内容是不同的。教师必须依据新课标，依据学生的年龄阶段选择内容。

2.活动形式的阶段性

不同年龄学生的智力、心理发育是不同的，活动的形式也应是不同的。教师在进行活动设计时，必须依照学生的心理发展规律，设计出符合学生年龄阶段特点的活动形式。以"社区活动"为例，低、中年级的学生宜侧重于对社区各种设施的了解，因此活动形式可以是教师带领下的参观，汇报展示的形式以语言描述、图画展示为主；而高年级活动的重点应放在理解和思考社区的设施建设与人们生活之间的关系上，活动形式以小组活动为主，考查的结果可以用报告、图片、模型或统计数据等形式表现。

（三）注意活动的综合性

语文综合性学习顾名思义要体现综合性。教师在组织活动过程中，要从以下三方面注意活动的综合性：

1.知识的综合性

语文综合性学习是"以语文学科为依托，以某种程度的学科的学习作为基本条件，强调学科之间的联系"，因此知识必然综合。

2.教育功能的综合性

学科课程由于内容的系统、连贯，使得教育功能比较单一。而语文综合性学习活动由于内容、方式的综合，必然导致教育的功能也是综合的，因此教师在设计活动时要从情感态度价值观、过程与方法、知识与技能三个维度综合考虑，应体现教育功能的综合。

3.考查评价的综合性

教育功能的综合必然使考查和评价学生体现综合性。教师要从学生参加活动时的态度、情感以及参加活动时的能力、行为等多方面对学生进行综合评价。

（四）注意活动的实践性

语文综合性学习强调的是学生的亲身经历、直接体验，因此实践性是语文综合性学习的一大特点。教师在设计活动时要注意：

1.突出活动的可操作性

一是活动的设计要适合学生的年龄特征，利于学生的实际动手操作；二是活动的设计要符合当地的实际情况，便于操作。

2.保证时间的充足性

主要体现在三个方面：一是要保证学生有足够的"体验""探究"时间；二是要保证学生有足够的小组讨论、交流时间；三是要保证学生有足够的汇报、展示、交流时间。

3.突出过程的完整性

要求教师要转变观念、转换角色，由学生学习活动的"主宰者、控制者"变为学生学习、实践活动的"指导者、参与者"，要敢于"放手"，还学生一片自由的天地，凡是学生可以做到的事情，教师决不越俎代庖，教师要让学生经历一个完整的自主实践的过程。

第二节　语文综合性学习的教学策略

一、综合性学习应遵循的原则

综合性学习，是学习方法，更是一种学习思想。可以说，没有固定的模式、现成的套路可以效仿，但是，在实现综合性学习目标的过程中，应遵循下面一些原则：

1.乐于探究

培养学生对事物的好奇心，使他们产生强烈的探究兴趣，具有问题意识，这是综合性学习的前提；所以在第一学段要求"对周围事物有好奇心，能就感兴趣的内容提出问题"，第二学段要求"能提出学习和生活中的问题"，第三学段要求"为解决与学习和生活相关的问题"，或"对自己身边的、大家共同关注的问题"进行探究，等等。

2.自主学习

综合性学习应突出自主性，主要由学生自行设计和组织活动，特别注重探索和研究的过程。强调观察周围事物，亲身体验，包括自然、生活、社会等各个方面，做到有感受，有发现，这是综合性学习的基础。所以在第一学段要求"结合语文学习，观察大自然"，第二学段进而要求"观察大自然，观察社会"，第三学段要求"能自主组织文学活动"等。

3.主动参与

要有强烈的参与意识和合作意识，要求学生人人主动积极地投身其中，善于与他人合作，这是综合性学习的保证。所以在第一学段要求对提出的问题"共同讨论""热心参加校园、社区活动",第二学段要求"在活动中学习语文,学会合作"等。

4.勤于动手

综合性学习主要体现为语文知识的综合运用、听说读写能力的整体发展、语文课程与其他课程的沟通、书本学习与实践活动的紧密结合,因此实践是第一位的。能在多学科的交叉中体现语文知识和能力的实际运用,促进学生素质的全面提高,这是综合性学习的目的。所以在第一学段要求在活动中"用口头或图文等方式""表达自己的观察所得""自己的见闻和想法",第二学段要求"在家庭生活、学校生活中,尝试运用语文知识和能力解决简单问题",第三学段要求"利用图书馆、网络等信息渠道获取资料,尝试写简单的研究报告""策划简单的校园活动和社会活动,对所策划的主题进行讨论和分析,学写活动计划和活动总结",无不意在培养学生的实际综合运用能力。

二、倡导自主、合作与探究的学习方式

综合性学习不是像阅读、写作一样,作为知识让学生掌握,更多的是作为一种方法、一种学习理念让师生在教与学中得到落实。综合性学习的方式很多,这里重点讲述自主、合作与探究的学习方式。

(一)自主学习

我们所说的自主学习是一个与他主学习相对立的概念,是对学习本质的概括。自主学习就是自己作为学习的主人:学习是我的事情,我能够学,我尽量自己学;不懂的、不会的,我在同学的帮助下,在老师的引导下再思考。

1.自主学习的策略

自主学习,最主要的就是让学生的主动性得到淋漓尽致的发挥。引发学生学习的主动性应该讲究一些策略。第一是兴趣。关于培养兴趣,新课程提供了很多平台,创造了很多条件,比如教材强调生活性,教学内容和学生的生活相关联,和他们的经验相整合等。还有就是要让学生有成就感、满足感。第二就是培养责任感。在现实中,并不是每一项学习内容都能让学生马上有兴趣或能成功,也不是马上就能看到每个知识点在生活中的作用、价值,但应该让学生相信,这个学习对充实自己、提高自己,对自己的将来、对家庭、对国家、对科学都有价值、有意义。这样就不能说兴趣高于一切,还要有责任感。学习是自己的事情,现在不好好学习,将来怎么对自己的父母负责,怎么对他人、对社会负责。责任感的培养是一个长期渗透的过程,是全方位、多角度渗透的结果。

2.自主学习的核心品质

独立性是自主学习的核心品质。任何人的学习,都是从依赖走向独立的过程。如何理解这里所说的"独立性"?我们可以引用教学论专家江山野的精辟论述:首先,每个学生都是一

个独立的人，学习是学生自己的事情，这是教师不能代替也是代替不了的，我们只能让他们自己读书，自己感受事物，自己观察、分析、思考，以让他们自己明白事理，自己掌握知识；其次，教师要想使学生接受自己的教导，首先要把学生当作不以自己意志为转移的客观存在，当作具有独立性的人来看待，使教育教学适应他们的实际情况和思想认识的发展规律；再次，每个学生都有独立的要求，他们在学校的学习过程同时也是一个争取独立和日益独立的过程；最后，每个学生，当然这不包括一些有特殊原因的学生，都有相当强的独立学习能力。总而言之，独立性是客观存在的，是学生普遍具有的一种根本特性，也是自主学习的灵魂。

独立性的养成离不开教师的引导。这里有一个例子：有位教师花一年的时间，把语文书拿起来，一个字、一个词、一句话地教学生读，而后学生知道：原来语文书是可以这样看懂的。这就告诉我们，教学生学会读书，学会学习，过程一定要有。自主学习不是一下子就让学生自己学。学生从他主学习到自主学习要有个过程，通过这个过程，教师慢慢地把方法教给了学生。学生的学习独立性自然就慢慢地形成了。

3.培养自我规划、自我管理的能力

规划性是自主学习的基本特征，必须从小培养。比如，家长有意培养孩子：早上起来，看看课程表，知道自己一天的学习进程，知道今天数学、语文有没有、有多少家庭作业，大概什么时候能做完，怎么把一天的学习安排得井然有序，剩下的时间可以看电视、可以看童话等等，它实际上是学生对自我的一种意识，意识到自己在做什么。作为老师也是这样，要多方面地培养学生的规划意识。学习规划还包括学习策略的选择，学习方法的应用，学习活动的调控，教师要培养学生把学习过程当成学习对象进行学习的意识和能力。

4.在实施自主学习的过程中，对教师自身素养的要求

从教师主导到学生主体，教师的作用不是弱化而是加强了，这对教师自身的素养是一个很大的挑战。一个不会自学的老师绝不可能培养学生学会自学。因此，培养学生自主学习，从教师方面的阻碍来看，就是教师读书、自学、研究的体验太少，这是个非常重大的缺陷。想想看，一个自己很少看书，很少搞学问，很少自学的老师，对自学的坚定不移的理念会有多少认同呢？推行自主学习的信心也不会多么坚定不移。任何行为、改革、追求，都要有自己相应的观念、经历、体验、思考作为支撑，如果没有这样的支撑，就只能浅尝辄止，不可能真正地坚持下去。所以，在提倡新的学习方式的背景下，教师的素养也受到了极大的挑战，我们应努力修炼，以便应对。

（二）合作学习

合作不是一种顺从，而是一种相互认同、相互接纳。在教学过程中存在很多形式的合作，如学生之间、师生之间、教师之间甚至学校与社会之间、校际之间的合作。合作方式有多种，合作手段也有许多，但这些方法与手段，都是为合作的意义而存在的，即培养学生的合作精神和合作的技能技巧，偏离了这一点，合作也就失去了其应有的价值。

合作与独立是一种辩证的关系，提倡合作与独立并重。合作以独立为基础，合作的双方

是对等的。如果学生没有自己的观点，千人一面，合作就没有意义。合作的前提是独立。三个臭皮匠顶上一个诸葛亮，但如果臭皮匠不能彼此独立地完成任务，也是没有什么用的。不能把合作与独立简单对立起来，合作学习应体现科学精神、民主精神和团队精神。

1.合作学习的基本要素

（1）正相互依赖。正相互依赖代表着小组成员之间一种积极的相互关系，每个成员都认识到自己与小组及小组内其他成员之间是同舟共济、荣辱与共的关系。简而言之，正相互依赖就意味着，每个人都要为自己所在小组的其他同伴的学习负责。

（2）个人责任。所谓个人责任是指小组中每个成员都必须承担一定的任务，小组的成功取决于所有组员个人的学习。社会心理学的研究表明，在群体活动中，如果成员没有明确的责任，就容易出现成员不参与群体活动，逃避工作的"责任扩散"现象。正是由于这种社会心理效应，在缺乏明确的个人责任时，小组就会嬗变为学生逃避学习责任的"避风港"。

（3）社交技能。导致合作学习小组解体或学习不能顺利进行的最主要因素就是小组成员不会合作。导致学生不合作的原因往往不是学生缺乏合作的愿望，而是学生缺乏合作的方法——社交技能。所以，教师最好在传授专业知识的同时教学生掌握必要的社交技能。好的社交技能对学生的发展具有重要价值，它们不仅能够使学生在小组里学到更多东西，同时对学生与家人和朋友和睦相处以及在未来事业上取得成功都是至关重要的。

（4）小组自评。为了保持小组活动的有效性，合作小组必须定期地评价小组成员共同活动的情况，这就是"小组自评"。小组自评的目的是帮助小组学会怎样更好地合作，为此，在小组自评时应讨论以下内容：①总结有益的经验；②明确发展的方向和目标；③在总结经验和分析问题的基础上，小组全体成员共同制订出本组今后的活动方案，明确在以后的小组活动中应当达到的目标，以及如何达到目标。小组自评能够为小组的合作提供有益的反馈，是合作学习的一个关键成分。杭州市胜利小学张晓敏老师在开展合作学习时，曾自编了一首七字诀，朗朗上口，学生很喜欢。

合作技能"七字诀"（一）（小学三、四年级适用）

听取发言要专心，注视对方动脑筋。

说明紧紧扣中心，有根有据说得清。

求助别人要有礼，得到帮助表谢意。

反思自己有勇气，肯定别人得诚心。

自控守纪勿喧哗，依次发言从多数。

帮助同学要热情，耐心周到把难除。

支持对方露微笑，点头鼓掌拇指跷。

说服别人把理表，态度诚恳不嘲笑。

建议大胆有设想，人人献策大步阔。

协调组员共商量，指正让步齐向上。

合作技能"七字诀"（二）

（小学五、六年级适用）

听取发言不插嘴，分析比较求领会。

说明理由要充分，启发大家同思考。

求助别人要心诚，注视对方稍欠身。

反思敢于承认错，肯定别人学着做。

自控发言尽量轻，服从集体留个性。

帮助同学要主动，诲人不倦情意浓。

支持对方心坦荡，高明见解倍赞赏。

说服旁人先肯定，语气婉转少批评。

建议之前多思考，分工合作效果好。

协调彼此求默契，交往合作争第一。

2.合作学习的分组形式

合作学习一般采用异质分组，即小组内各成员间形成性别、学习成绩、能力方面的差异。另外，还可以考虑家庭经济、社会背景和性格、脾气等的差异。由于每个小组都是异质的，所以就连带产生了全班各小组间的同质性，这就是合作学习的分组原则——组间同质、组内异质。组内异质为小组成员内部互相帮助提供了可能，而组间同质又为全班各小组间的公平竞争打下了基础。总之，合作学习的分组技术不同于以往的能力分组或兴趣分组——这些都是同质分组。

合作学习为什么强调异质分组呢？这是因为同质分组已被实践证明是弊多利少，它容易养成学生盲目自信或过度自卑的心理，而异质分组的最大好处恐怕就在于让学生懂得，每一个人都有长处和不足，人的智能、个性、才干是多样的，只有既善待自我，又欣赏别人，既知己又知人，才能发挥出最大的团队学习成效。

合作小组的人数，国外研究一般建议4～6人，根据我国大班教学的实际，也可以考虑将7～8名学生分为一组。一般而言，2人配对、4人相邻合作学习，对空间场地的变化要求不是很高，较容易实现。6人分组可以采取马蹄形排座，8人分组可以采用双人双排课桌前后相邻，等等。合作学习小组一般不提倡学生自愿组合，学生个人的意愿只能作为参考。教师要向学生说明，合作学习小组不是纯粹的交友小组或娱乐小组，而是一个协同共事的团队。就像到了社会上，我们不能选择单位里的同事，难以选择与谁做邻居一样。我们要学会与不同的人相处，尤其是要关心那些交往能力弱、学业成绩不理想的同学，愿意接近他们，争取共同进步。合作学习分组一般不需要做正规的测评，各类考试成绩、班主任的评语、与家长、学生沟通时所得到的信息都可以作为分组的参考依据。有条件的话，可以考虑每一门学科都有自己单独的合作学习小组。小组合作还必须有明确的分工，每一位学生都要被指定担任一种特定的角色，如领导者、激励者、检查者、读题者、协调者、报告者、操作者等。

3.教师在学生参与小组合作学习时的工作

合作学习的成功与否，同教师的引导与参与是分不开的，在此，教师不是更清闲了，而是担负起了更大的管理和调控职责。在合作学习中，教师的重点是如何精心设计合作学习，从学生分析、目标设置、任务选择、策略匹配、教学过程展开与评估等全程把握。但是，要使合作学习能始终卓有成效，仅仅依靠教师事先的设计是远远不够的。在开展合作学习过程中，随时都会有意外的问题发生，如果这些问题得不到及时有效的解决，往往会阻碍合作学习的顺利开展。因此，除了事先宣布合作规则外，在很多情况下，教师必须对各个小组的合作学习进行现场的观察和介入，为他们提供及时有效的指导。

（1）小组活动开展得非常顺利时，教师应给予及时的表扬。

（2）对小组的任务还不清楚时，教师要有耐心，向学生反复说明任务的内容及操作程序。

（3）小组讨论的声音过大，教师可以抽取小组中的一人做噪音监督员，或让这组学生的位置互相移近一点。如果小组讨论接下来声音小多了，教师应及时返回去表扬。

（4）小组活动出现问题时，教师应及时进行干预和指导。虽然小组出现问题的原因和方式都不会相同，但教师如果事先在准备阶段做出问题预测，并采取一些相应措施，也能避免临时的手忙脚乱。

（5）小组提前完成任务时，教师应检验他们是否正确完成了任务。如果是真正完成了任务，教师可以开展一些备用活动:帮助其他组完成任务或可以自由活动，前提是不能影响他人。

（6）小组讨论偏离主题或讨论一时受阻时，教师应及时发现、及时制止，或为小组讨论提供及时的点拨，使小组讨论顺利开展。

除了这些，还可能出现别的情况，比如说学生不愿意参加小组活动、学生经常缺席，等等。当然，这些头疼的问题也不是一朝一夕能解决的。教师应有耐心和爱心，经常鼓励和帮助这些学生，让他们充分体会到合作学习的乐趣、被人尊重的滋味，然后慢慢引导他们加入小组学习。

（三）探究学习

探究性学习是以学生的自主性、探索性学习为基础，从学生生活和社会生活中选择和确定研究专题，主要以个人或小组合作的方式进行的学习。探究主要是一种学习方式，而不是科学研究。探究不是像科学家那样探究深层次的、尖端的问题，而是学生研究自己身边感兴趣的现象。在探究性学习中，学生通过亲身实践获取直接经验，养成科学精神和科学态度，掌握基本的科学方法，从而提高综合运用所学知识解决实际问题的能力。

探究性学习有五个要素:①提出一个科学性问题，但不是学生一目了然的问题;②搜集证据，如收集资料、动手实验或进行社会调查;③处理信息，提出解释;④求证过程;⑤获得认识并发表探究结果。

1.探究性学习的基本特点

（1）实践性。在探究性学习中，学生无论是发现、提出问题并确定研究课题，还是收集、选择和分析加工各种信息以解决问题，都要走向社会，开展社会调查，要运用已学的知识进行实践操作以解决实际问题，在真实的任务情境中进行学习。

（2）综合性。这里的综合不单单指内容上语文学科要同其他学科融合，还包括学习方法、研究方法以及书本知识与社会实践、科学技能的综合。

（3）开放性。在探究性学习中，由于研究的问题大多来自学生生活和现实世界，因而学习内容和地点是开放的；在探究过程中，学生获取知识的渠道和方法是多种多样的，因而探究的手段和介质也是开放的；同时探究结论也不是唯一的，在交流评价时，标准是多元的，学生思维活跃，也呈开放态势，这彻底打破了传统课堂教学的多种禁锢。

（4）过程性。探究性学习目的是培养学生研究、探究的兴趣，在学习方法上进行启蒙，因此探究性学习将实施的过程看得比结果更为重要。学生通过选择课题、设计方案、查找资料、社会调查、动手实践等研究过程，可亲身感受研究的艰辛，了解科学研究方法，尝试与他人合作，体验知识产生发展的过程。这对培养学生的科学精神和实践能力，增强社会责任感和合作交往能力是大有裨益的。

（5）自主性。在探究性学习中，学生真正成为学习的主体，他们组织课题小组，成为探究的设计者、实施者，每个人在小组中承担相应的责任，在合作学习中共同克服困难，一同分享成功的喜悦，在自主学习、积极探究中促进主体性发展。

2.探究性学习的内容

探究性学习强调能力目标和情感目标，强调知识的综合性、应用性和过程性，其课题内容的选择、组织和发展由师生共同完成。在确定课题内容时，要注意内容选择的问题性、开放性、综合性和实践性等原则。通过实践，在探究专题的选择和确定上应把握以下几点：

（1）选题力求把握社会发展的热点问题，贴近学生生活实际，使学生的思考和活动有较大的空间。

（2）选题注重层次差异，由浅入深，逐步形成课题研究各阶段相衔接、滚动发展。

（3）选题要注重学生已有的知识、能力基础，符合学生的年龄、认知、心理特点。

（4）选题要注意资料收集的来源，一般考虑来源多样化且较容易收集的资料，以便于学生自主活动。

（5）选题要考虑教师特长，有利于教师的指导和组织。

探究性学习作为学生的综合实践活动，不应具有统一内容和单一模式，而应本着拓展学生自主学习的空间和时间这一宗旨，进行开放性的、创造性的探索实验。另一方面，研究性学习不能脱离学科教学，不能脱离各学段学生的知识能力及认知水平和特点。因此，需要从探究性学习的目的与各学段学科任务、学生特点的整合中探讨其具体内容和目标。如在小学阶段，可根据低、中、高不同年级的学生特点和知识、能力，循序渐进地加以引导，从产生兴趣和好奇心，到学会提问、有探索的欲望，再到把问题转化为课题，进行初步的研究、分析，使学生从中体会合作学习的必要与价值，了解从事科学研究必备的精神和品格，逐步形成积极主动的学习态度。

3.探究性阅读教学的举例

探究阅读，其关键处在于确定研读点，这里介绍一些研读点的确定途径。

（1）以课文题目为研读点。文章的题目犹如一个人的眼睛，蕴含、透射着文章的中心思想和主要内容。以课文的题目为研读点可起到牵一发而动全身之功效。如学习课文《董存瑞舍身炸暗堡》，若让学生仔细研读课题，抓住题眼"舍身"进行研读，必能收到事半功倍的效果。

（2）以课文作者为研读点。教材中有许多名家名篇和写名人故事的文章，以作者为切入口，形成一组板块来进行研读，使学生举一反三，融会贯通。如教材中选有老舍的文章三篇，分别是第九册《猫》，第十二册《养花》《林海》。在学习《养花》时，可联系《猫》，并把《林海》提上来组成板块学习研究，感受语言大师纯朴自然、风趣清新的语言特色，感受大师热爱生命、热爱祖国的崇高人格。课外可以研读老舍的其他作品，让学生更加全面地认识了解这位现代文学家。

（3）以课文重点词句为研读点。特级教师于永正在执教《草》时，善于引导学生品字析词，在领悟汉字的人文内涵中感受到语言文字的韵味。如教"一岁一枯荣"的"荣"字，于老师出示荣字的甲骨文，问学生："春天来了，山坡上长什么？山坡下长什么？"坡上坡下都有草木，当然是一片茂盛的景色。学生能够十分容易地理解。教"春风吹又生"的"生"字时，教师先遮住"土"，又遮住"撇""像什么呀？""一棵草从土里长出来。""那为什么是'春风吹又生'而不是'春风吹又长'呢？""因为生的意思就是从土里往上长。"既记住了字形，又理解了字义，体现了古诗教学的深入浅出，韵味无穷。

（4）以课文疑难处为研读点。"学贵有疑""思源于疑"。学生有了疑问才能进一步思考，进一步探索研究。我们不妨把学生读书活动中遇到的疑难问题作为研读点，放手让学生自找、自查、自读、自悟，解决疑难问题。如预习《嘱咐》一文时，多数学生对"勿以善小而不为，勿以恶小而为之"这句话产生了疑问。于是教师就此句为研读点让学生研读，出现如下三种情况：①通过查字典理解句意；②通过查字典并结合上下文理解句意；③通过查字典并结合上下文理解句意，还知道这句话原来出自刘备之口。如此读书，何愁学生会成为"井底之蛙"？

（5）以课文的标点符号为研读点。一篇文章中有许多标点符号，由于它形状小，位置不明显，常常被忽视。"句读之不知，惑之不解。"标点符号也和语言文字一样起着表情达意的作用，同样可作为研读点。如《少年闰土》中"我"与闰土的对话运用了四个省略号，研读点可设在这四个省略号上，让学生解读这些省略号的用处。经过讨论分析，学生一致认为作者连用四个省略号说明闰土心里有无穷无尽的稀奇事。学生的兴致来了，教师索性顺水推舟，让学生研究文中那些他们自己想研究的标点。"那时并不知道这所谓猹的是怎么一件东西——便是现在也没有知道——只是无端地觉得状如小狗而很凶猛"一句中间有两处破折号，学生难以理解，就放到课外去研究。第二天，有个学生告诉大家，他从一本参考书上了解到这里两个破折号叫双用破折号，相当于前面学过的括号，中间的文字起着对前文补充说明的作用。学生茅塞顿开。

（6）以课后习题为研读点。课文后面一般都有几个问题或习题让学生思考与解答，这些问题、习题是学习的重点、难点所在，也是重要的研读点。如学习《周总理借书》（浙教版三年级）一文前，可让学生仔细研读课后问题，说出或写出学习目标。一位学生编写的学习目标是：①课后第1题要我们学习周总理严格遵守制度；②课后第2题要我们学会读按事情发展顺序写的第3段；③课后第3题要我们会用"请问……没有……"句式说话；④课后第4题要我们学会"读者"等八个词语；⑤课后生字表要我们学会"图、馆"等八个生字。从三年级开始让学生研读课后习题，把握学习目标，树立目标意识，培养探索精神，不失为当前语文教育的良策。

（7）以课文的插图为研读点。许多课文配有插图，尤其是低年级的教材更为突出，而插图所显示的往往是文章的精华。在低年级语文教学中，把课文插图作为研读切入口，既有利于激发学生兴趣，又有利于培养学生的探索精神。如《狐狸和乌鸦》课文中配有两幅插图，上课伊始便让学生认真研究这两幅图，根据插图提问，根据插图想象，根据插图说话，根据插图表演。让学生问问、想想、说说、演演，充分展示自己的才华，语文课就会变得津津有味。

4.探究性学习的评价

探究性学习的评价应重在知识技能的应用，重在亲身参与探究性活动的感悟；突出评价的多元性，将他人评价与自我评价相结合；突出评价的激励性，将鼓励个性特长和发现自我才能相结合。

探究性评价的主要环节：①开题评价和指导。在学生课题确立之时对研选课题的可研究性、课题的社会价值和研究成果的达成方式进行基本评估，给予学生进行课题研究必要的方法指导。②中期检查和指导。研究性学习十分重视学生在研究过程中的参与，所以必须十分重视过程的检查与管理，在学生课题研究的过程中给予必要的指导。③活动性的结题评价。在探究性学习课程的评价中，应该没有不成功的记录，要采取客观认定的方法，允许学生按各自的能力将研究课题进行到不同的步骤，取得不同的成果。只要学生围绕课题认真进行了探究性学习，即使得不出正确的结论，也要给学生以成功的评价，以保护和鼓励学生的探索精神。

（四）自主、合作、探究三者之间的关系

"自主、合作、探究"是课程标准向我们语文教育工作者倡导的一种适合时代要求的新的学习方式。自主是合作、探究的基础和前提，合作是自主、探究的形式和途径，探究是自主、合作学习的目的。三者互为一体，又互相促进。从教学过程看，促进学生"自主、合作、探究"学习应采取以下策略：

1.在自主学习的指导中，要合理发挥老师的主导作用

（1）导有目标。目标具有导学、导教、导评的功能。目标设置对自主学习具有重要影响，因此课堂教学中，要把引导学生自定学习目标作为实施"自主学习"的一项重要策略。

我们可以从以下几方面考虑引导学生自定学习目标:根据导学内容制定;根据课后"思考·练习"制定;根据须解决的问题制定。

（2）导有方法。"教学有法，教无定法。"在学生自主学习的过程中，老师作为指导者，应始终站在点拨、引导的位置，合理发挥主导作用，注意引导的方式、方法。如理解词语时，可以引导学生用比较、联系上下文等方法;学习课文时，可以让学生用"读—思—勾画"方式;指导朗读时，可以采用默读、自由读、小组读、齐读、分角色读等形式。这样结合具体内容和学习实际，采用恰当的方法引导，便于发挥学生的主动性，提高学生的自学能力。

（3）导有学法。"授人以鱼，只供一餐;教人以渔，终身受益。"这句话说明了一个道理，"方法比知识更重要"。因此在教学过程中，作为自主学习的课堂教学，教师应时刻渗透学习方法，教会学生如何学习，找到适合自己的学习方法，这是学生能否自主学习的关键所在。①教法服从学法。从学生学习角度来设计教学方法，是向学生传授学法的最好策略。从学生学会一篇课文的角度来设计教法，每个程序中，既有要达到的目标，又有达到这个目标的方法。学生按这样的顺序由浅入深地进行学习，就能逐步达到目标。经过多次训练，这种教法会逐渐转化成学生的学法。②练习扣住学法。学生有了学习方法，还应学会运用。这就要求教师在教学中要为学生创设不同的情境，设计多种变式练习，促进学生能力迁移。练习的形式越多，情境变化越多，学生运用方法的能力才会越灵活。因此，教师在传授学法时，要尽可能提供更多的方法，鼓励学生形成自己的学习方法。

2.以探究学习为主线，培养创新品质

自主学习的课堂教学更多的是强调激励探究。即教师要想方设法激活学生的思维，引导学生自主地发现、探究、创造，旨在培养学生善于发现问题、解决问题的能力，训练学生正确的思维方式，培养创新品质。

（1）学会质疑问难。看似平淡的语文教材中往往蕴含着许多有价值的问题。教学中我们要鼓励学生敢于从教材中发现问题，大胆地围绕课文题目、课文文字、课中插图、课文标点、课文空白、课文结尾等内容提出疑问。

（2）学会求异思维。语文教材有着丰富的内涵，答案并非一个。同段文字，不同的人去读，就会有不同的见解，正所谓"仁者见仁，智者见智"。我们要让学生换角度、多方位地去探究、去追寻与众不同但又合情合理的答案。除此以外，欢迎对教师的见解提出不同意见。学生思考的角度不同，探究的结果就不同。在讨论的过程中，教师不能一锤定音，要让学生充分发表自己的独立见解。只要言之有理，教师都应予以肯定，以培养学生求异思维的能力。

（3）珍视独特见解。要让学生珍视对教材的独特感受、体验和理解，就要做到"三个不""四个敢于":不从众，不唯书，不唯师;敢于否认教材，敢于否认古人、名人，敢于否认自我、同伴，敢于否认教师。如此，学生的主动探究精神和创新品质才能得到较好的培养，学生的语文学习能力才能得到真正的提高。

三、综合性学习应注意的问题

综合性学习，对我国的普通教育工作者来讲，应该是一个比较新的事物。在探讨、实施的过程中，还应注意一些问题。

(一)正确认识学习方式的创新与继承

新课程背景下的学习方式有创新，也有继承。我们要改变的是过于强调接受学习、死记硬背、机械训练的现状，但这并不意味着要完全放弃接受学习。接受学习现在和以后也仍然有存在的意义和价值。以听讲、记忆、模仿、练习等为特征的接受学习，其主要作用在于引导学生在尽可能短的时间内获得尽可能多的知识和技能，它并不必然导致学习过程的枯燥与机械。在小学语文课程中，有许多陈述性的、事实性的知识运用接受学习的方式更为有效。但是接受学习既有其优点，也有其缺点。它的学习内容是以定论的形式直接呈现出来的，学生是知识的接受者。这就意味着，接受学习有其强调接受和掌握的被动的一面。长期地过于强调单一的接受学习，其结果必然导致人的主体性、能动性、独立性的不断销蚀、冷落和忽视发现与探究。

新课程正是致力于改变这种状态，引导学生理解知识的意义，发展创造性，形成积极的学习态度和正确的价值观，把自主、合作、探究这些对人的成长很重要，但曾经被忽略的东西凸显出来，变成教师的自觉追求，使学生的学习过程更多地成为学生发现问题、提出问题、分析问题和解决问题的过程。而实践、探究、合作交流等亲身体验的学习，能够更大限度地调动学生学习的主动性、积极性，更能激发学生的内在学习动力，能培养学生的创新精神和实践能力。大力倡导这样的新的学习方式，是现实的要求和未来的需要。即使是采用接受学习方式，也要尽力把这样的学习变得有意义、有价值。新课程就是要创造性地继承传统的学习方式，并加以极大地丰富。

如何恰当把握学习方式呢？一般来说，许多陈述性的、事实性的知识，可以让学生运用接受的方式进行学习。比如，汉字的结构、笔画，字词的具体含义等。如果你不这样写，不这样理解，你就不能与别人进行交流。但是，要注意的是，即使运用原来的方式让学生进行接受学习，也不要像原来那样那么消极、那么机械，不要做过量的机械训练，尽量减少它的负面影响，避免挫伤、损害学生的好奇心和探究欲望。尤其是要创造一个安全、良好的课堂氛围，师生平等、民主地进行对话，让学生在愉悦、积极的心态中接受新知识。这种状态的出现，意味着新课程所倡导的现代学校文化的"生根"。

语文课程有一些关键知识的掌握，一些技能的形成，恰当的情感体验，必须引导学生通过动手实践、主动探究、交流合作的方式，亲身经历知识的发生发展过程，引导学生在获得知识的过程中学会学习、独立思考和与人合作。

(二)创设综合性学习的良好氛围

表面看，语文综合性学习的任务主要在学生。实际上，它作为语文教学的重要目标，同时赋予了教、学双方不同的意义。从教师的角度看，主要任务是启发、点拨、引导；从学生的角度看，核心任务是学习、实践、发展、创新。所以，我们必须大力改革现行语文教学的思想、观念、方法、模式，按照《语文课程标准》对各个年级提出具体的任务和要求，为学生的综合性学习营造良好的氛围。

1.激发学生综合性学习的兴趣

在新的教学理念指导下，我们必须改变传统的教学方式，以学生的"学"为轴心来设计和组织语文教学。尤其要采用多种方法，创设学习情境，促使学生积极主动地参与到综合性学习之中。如教学古诗《寻隐者不遇》时，在让学生读通、读懂诗句的基础上，可引导学生用彩笔描绘云雾大山的景色，用表演再现诗人与童子的对话场面，用想象感悟体验隐者的达观安逸和诗人的既感缺憾又得到慰藉的心境和情感。这样，学生在读、画、演、想、说中既学懂了诗文，又感受了古诗文化的情味，同时还受到了审美的陶冶、想象的训练、表演表达的锻炼。学生在这样的情境中就会不知不觉地对综合性学习产生兴趣。

2.诱导学生掌握综合性学习的方法

我们知道，一切好的结果都来源于好的方法。就学习而言，好的方法可以促使学习者丰富知识，增长智慧，健全个性，增进发展。由此，在组织指导学生开展综合性学习的过程中，要优化教学过程，让学生在具体的学习过程中学习和掌握综合性学习的方法技巧。如教学《冬眠》一课时，先让学生看录像（展现刺猬的外形及行走、吃食、睡觉等情形），查资料（找有关刺猬的故事），听讲解（请自然老师讲动物冬眠的情景），算数据（计算不同动物冬眠的时间、气温、饮食等情况），谈体会（说说自己学习本文后的收获和感受），使学生在积极主动的学习过程中，领略利用身边已有资源学习语文的方法，即"读-看-访-集-谈"的综合性学习方法。这样的过程学生经历多了，他们自然会丰富综合性学习的方法，增强综合性学习的能力。

3.引导学生分享综合性学习的成果

语文综合性学习既是一种学习方法，更是一种学习思想。它需要通过一系列的具体方法去实现。具体学习过程中，学习的着眼点不同，采用的具体方法不同，就会取得不同的效果。在组织学生进行综合性学习的过程中，如果抓住机会，让学生把各自的不同成果都展示出来，让大家分享，并展开讨论、评价，不仅能促使学生互相启发、共同提高，而且能激发学生的创新欲望，增强学生的学习热情。

如有位教师教学《太阳》一课时，在学生自读课文、初步感知课文内容后，为了加深学生对太阳的认识，就让学生发挥自己的个性特长，展开综合性学习，并把自己的学习成果在全班进行展示。成果展示时，学生有的表演了后羿射日的故事，有的展示了从网上获取的材料，有的给太阳写了热情洋溢的感谢信，有的写了保护地球、保护太阳的公开信，有的写出了关于利用太阳能源的小论文，有的设计了各种新异的太阳能器具，等等。全体学生人人展示，个个评价，使成果展示课成了集知识性、学术性、科学性、实用性于一体的综合研讨会。在这样的学习氛围中，学生的学习积极性、主动性、创造性、探究性自然会高涨，他们的语文素养、创新意识自然会得到培养和提高。

（三）努力在学生中建立大语文观

在生活中，在学习中，在交往中，语文无处不在。要实施综合性学习，就必须建立大语文观。通过下面的例子可以进一步体会大语文观的理念。

在一个一年级教室里，学生们正围着一张桌子，上面放着一支蜡烛和一个罐子。教师杰基·威斯曼点亮蜡烛，等它充分燃烧一两分钟后，小心翼翼地在上面罩上罐子。蜡烛的光亮慢慢变暗，摇曳不定，最后熄灭。然后她取出另一支蜡烛和一个更大的罐子，重复了上次的做法。烛光也熄灭了，但熄灭的速度比上一次慢。杰基取出另外两支蜡烛和两个不同大小的罐子，让学生们自己点亮蜡烛，然后在上面罩上罐子，烛光慢慢地也熄灭了。杰基说："看到刚才发生的事情我们有什么想法呢？大家可以提出一些关于蜡烛和罐子的问题，并谈谈你们观察到了什么。"学生们开始提问题了，一个学生问："我们用一个更大的罐子，是否烛光就熄灭得更慢一点？"杰基反问道："我们怎么能够得出这个结论呢？"她不时地让学生们陈述一下自己知道的有关知识和他们还存在的疑问，同时将他们说的话记在白纸上。这些话就成为他们第一节阅读课的内容。

这节课是从一个使学生产生疑问的情景开始的。然后通过问题和实验，使学生产生一些想法并予以验证。教师再分析学生的询问，计划下一个环节的活动，以建立一个他们可以共同探索自己的世界的学习群体。这个例子真正落实了综合性学习主要体现的"语文课程与其他课程的沟通、书本学习与实践活动的紧密结合"。教学示例中的例子，能给我们以启发。

（四）注重学习过程中成果的生成

综合性学习的过程，是一个未知的过程，是一个充满挑战的过程。在这个过程中，没有标准答案，但会留下大家合作、探索的足迹，学生的差异蕴藏着巨大的财富，思想碰撞会点燃智慧的火花，这些"火花"在学习过程中"生成"。教师要善于发现有用的火花，引导学生积累在综合性学习中生成的火花，将这些火花加以积累，就会形成一盆熊熊火焰——知识素养。如教学《草船借箭》，教师引导学生探究：如果三天之内江面上没有大雾，诸葛亮"草船借箭"的计划落空了，事情的结果会怎样呢？问题一提出，即引起了学生浓厚的兴趣，各人根据自己对问题的看法和对课文中人物的理解，纷纷发表意见：有的学生说，这样一来，诸葛亮肯定会大难临头，栽在周瑜的手上了；有的学生说，诸葛亮足智多谋，肯定会有化险为夷的计策；有的学生说，诸葛亮虽然神机妙算，但也有失算的时候，例如他晚年的几次北伐都以失败告终，所以这一回诸葛亮很可能凶多吉少……围绕着对诸葛亮这个特定人物命运的预测，学生的看法虽然不一致，但都言之有据、言之成理。对此教师并没有简单地下结论，而是热情地肯定了学生这种善于思考、勇于探索的学习精神，并鼓励学生课后结合课外阅读，对这一假设的结局继续探讨。在这一处思维发散的训练中，前提条件虽然是假设的，却引起了学生极大的好奇心，都关心一向料事如神的诸葛亮在此情此境下命运会怎样，并由此激发起学生的求知欲，主动去思索、去寻找答案。这里，"生成"的就是学生的求知欲增强，阅读兴趣激增，并且可能通过对诸葛亮命运的探索，使自己受到启发，使自己今后的人生之路少些坎坷。

(五)综合性学习应多一点实质、少一点形式

作为一个近一两年才出现的新生事物，综合性学习到底该如何开展、如何运作，其中确实有许多未知的领域值得我们去进行深入的思考和研究。如课堂中的合作，是否有必要；探究性学习是否抓到了根本上。这里仅以探究性学习为例，让大家明白探究性学习的实质。

1.开设讲座不等于探究性学习

时下，有很多学校将"探究性学习"课程开设成了专题讲座课，从中国"入世"到伦理道德，从宗教信仰到揭批"法轮功"，内容五花八门，气氛热热闹闹，表面的"繁华"掩盖了内在的"虚弱"。这种做法其实是走进了"探究性学习"的一个极其常见的误区。就像开展各种丰富多彩的活动不等于是实施素质教育一样，开设各种类型的专题讲座也不一定就等于是"探究性学习"，因为它忽略了学习的主体——学生。探究性学习应该是学生在教师指导下进行的一种主动学习的行为。而"研究性专题讲座"的实质，充其量是教师就某一个问题自行进行深入广泛的研究，然后再将自己的研究习得直接传授给学生。这与我们平时照本宣科、按部就班式的教学形式有什么两样呢？在这一过程中，研究者还是教师本身（这里暂不涉及教师在这方面的功底），学生丝毫没有介入探究之中，主体作用没有得到任何发挥，只是被动式地参与和接受，至多也只能说是学习他人的研究成果。

诚然，探究性学习的初始阶段是应该开设一些专题讲座，但这种专题讲座的性质主要是指导性的，其目的是指导学生如何进行探究性学习，借以传授一些必要的方法，而不是以知识讲座取代学生的主动学习。

2.确立课题不等于探究性学习

为了应对教育行政部门的检查验收，有很多学校精心准备了第一手资料，其中以"探究性学习课题"最为常见，寄希望以此来证明"探究性学习"的开设程度和效果。这里我们不妨略举几例：《WTO与道德》《环境污染的防与治》《世界恐怖主义的过去、现在和将来》等。有探究性课题当然不算是坏事，但要具体问题具体分析，小巧的、可操作的而且适合小学学生特点的课题是有意义的，也是可行的甚至是必要的。但是我们觉得，像上面所举的这种大而宽的课题研究绝对不是小学意义上的"探究性学习"，只能是浪费时间。

3.加深知识不等于探究性学习

虽然探究性学习能够起到拓宽知识面甚至深化知识的作用，但如果把探究性学习片面地理解为加深知识，那无疑是走进了探究性学习的死胡同。据笔者了解，有些学校在开设探究性课程时存在着严重的"偏食"现象，采取的是"单科突进"的方式，集中表现于以理科学习为主，授课教师也就集中于理科教师，其中又以数学、物理、化学和生物居多，而且在开设

的这些所谓研究性学习的课程中，几乎无例外地又主要是用来拓宽知识面和加深所学知识的难度，甚至是用于竞赛科目的辅导和选拔。

其实，"探究性学习"的内涵应该是全方位的。前面说过，探究性学习应该是一种学习方式，是指学生在学习过程中发现问题，通过思考研究、查阅资料，进而解决问题并最终形成能力的过程。很显然，这种学习方式适用于各个领域和所有学科，它不是简单意义上的加深和拓宽。因此我们说，单纯地加深知识的难度和拓宽知识面不等于"探究性学习"。

第八章 小学语文教学设计

第一节 语文教学设计概述

教育是一种人类社会特有的、关系到人类生存和发展的十分复杂的活动，作为其核心环节的"教学"，无论从何种层面来讲，都离不开"设计"，于是便有了"教学设计"。广义地说，从有教学的时候起，就有对教学活动的设计、组织和实施，就有教学设计了。

一、语文教学设计的内涵

"教学设计"亦称教学系统设计，广义上是指"为了达到预期的教学目标，运用系统的观点和方法，遵循教学过程的基本规律，对教学活动进行系统规划的过程"。它既是教育（学）技术学的主要领域，又是教学科学的重要组成部分，以至有时候人们往往把教育（学）技术学、教学科学、教学设计甚至教学理论作为含义相近的术语来看待。其实，狭义的教学设计就是指教学工作者对教学工作的各个层面、各个环节、各种教学方法以及教学步骤所做的精心巧妙的安排。

语文教学设计属于学科教学设计，它是从教学设计的一般原理出发，结合语文学科特点，按照语文课程的教学目标和要求，根据教学内容的实际和学生认知规律的实际，结合教师的自身特点和优势，对教学过程的安排和教学方法的运用所做出的一种策划。语文教学设计是一种富于时代特色和普遍意义、具有特定内涵和完整结构框架的语文教育应用技术学。周庆元认为："语文教学设计就是语文教师根据正确的教育思想和语文教育原理，按照一定的教学目的和要求，针对具体的教学对象和教材，对于语文教学的整个程序及其具体环节、总体结构及其有关层面所做出的预期的行之有效的策划。"

语文教学设计是语文教学的先期准备，它以一定的哲学、教育学、心理学、课程论、教学论、语文教育学等作为理论基础，运用系统的观点和分析方法，认识语文教学的问题和需要，针对具体教学对象，制订语文教学的规划，预先对语文教学系统各要素做出合理规划与安排，以达到语文教学过程的最优化。实际上，语文教学设计，就是教学设计原理、方法在语文学科教学中的具体应用。要想教学取得预期的成功，必须对教学进行一番精心的设计。因此，语文教学设计是指语文教师以一定的教学理论为基础，从教学的总体目标和学生学习的实际水平出发，选择恰当的教学内容，设计合理的教学过程，采用适宜的教学方法和教学手段，对一个单元或一篇课文甚至一个课时的教学进行的设计。它是语文教学活动的一个重要环节，其中包括两个方面，即"教的设计"和"学的设计"。也就是说，它是对"教什么"和"怎么教"的一种设计，《中国大百科全书》（教育卷）这样描述："教学是师生双方的共同活动。"因此，在进行语文教学设计时，要考虑教师和学生这两个方面。另外，语文教学设计在主观上受语文教师个人的教学观念、理论修养、专业水平等的影响，在客观上又受到语文课程标准、语文教学目标、教学内容、教学对象和教学环境、条件等的制约。

二、语文教学设计的特征

在新的教育理念的指导下，语文教学设计也相应地呈现出新的特征。

1.整体性和系统性

语文教学设计是一个系统组织语文教学活动的整体过程，在进行语文教学设计时，设计者应站在全局的高度，全面规划教学活动的各个方面甚至细节，努力追求教学过程的整体效应。一方面，在教学内容选择上应从整体出发，抓住各种文体系统内的各个要素进行教学设计。比如，在讲授记叙文时，应从记叙文的六要素、人物的性格品质、思想感情、事件的意义、蕴含的思想道理、人物描写方法、记叙语言的特点等整体中的各个要素出发进行教学设计；在讲授说明文时，应把握住说明对象、说明对象特点、说明方法、说明顺序、说明语言的特点等整体中的各个要素进行教学设计；在讲授议论文时，应把握住议论文的论点、论据、论证三要素以及论证方法、论证方式、论证结构、论证语言等方面，从整体上把握教学内容。另一方面，在教学实施上，教师还应在一定的理论和方法的指导下，积极探索语文教学实施系统中各要素之间的本质联系，进行教学设计，如教师、学生、语文教学内容、教学目标、教学方法、教学环境、条件以及教学媒体、教学组织形式、教学评价等之间的联系，使各要素有机结合起来，形成科学合理的教学设计。因此，语文教学设计具有整体性和系统性。

2.开放性和生成性

传统教学观认为，课程是教学的方向、目的或计划，是在教学过程之前和教学情境之外事先预设的，教学过程就是忠实而有效地传递课程的过程。而"课标"提出的教学理念则认为教学不只是课程传递和执行的过程，更是课程创生与开发的过程。"在我们对知识的探索中，我们面对的不是已经固定'在那儿'等待发现的实在，而是解释上帝笑声回音的多种方式"，这样，"课程成为一种过程——不仅是传递所（绝对）知道的而且是探索所不知道的知识的过程，而且，通过探索，师生共同'清扫疆界'从而既转变疆界，也转变自己"。从这种理念出发，我们认为，教学可以设计，但又不应拘泥于设计。教学是一个逐步展开、逐渐生成的过程，因此，语文教学设计也应具有开放性和生成性。

3.预演性和创造性

教师进行教学设计的过程，实质上就是实际教学活动的各个环节、各个步骤在教师头脑中的预演过程，这一过程带有较强的预演性和生动的情境性，它能使教师如临真实教学情境，对教学过程的每一个细节周密考虑、仔细策划，为教学活动的顺利进行提供可靠保证。教学设计的过程，实际上也就是教师根据不同的教学目标和不同学生的特点，创造性地思考、设计教学实施方案的过程。而且，由于教学设计同教师个人的教学经验、风格、智慧紧密结合在一起，每个教师设计的教学方案都会不同程度地带有个人风格与色彩，因而它为教师个人创造才能的发挥提供了广阔天地。因此，语文教学设计具有预演性和创造性。

4.育人性和独特性

作为语文教学一个重要环节的语文教学设计，理所当然应该体现课标的这一精神，一切从提高学生的语文素养出发，着眼于学生的全面发展，培养适应现代社会的高素质人才。这就要求教师在教学设计中，不管是设计目标、内容、方法，还是设计媒体、板书，都要做到"心中有人"，而不仅仅是向学生传递知识、完成教学任务。语文教学设计的"独特性"，一是指语文教学设计理应体现语文学科本身的特点。课标指出，"工具性与人文性的统一，是语文课程的基本特点"，因此，在语文教学设计中，应体现出工具性和人文性。二是指每个教师在设计教学时，都带有浓烈的个性色彩，都会把自己对教学内容的理解，自己的思维方式、个性特点、爱好倾向等融入教学设计中，使设计具有"独特性"。因此，语文教学设计具有育人性和独特性。

5.科学性和艺术性

语文教学设计是语文教师教育思想、思维流程和教学艺术优化和物化的体现。它既有科学性，又有艺术性，科学性和艺术性的辩证统一，是语文教学设计的本质特征。科学性是指以正确的语文教学理念和教学原理为指导，在准确把握教学规律的基础上，对教学内容的选择、教学方法的使用、教学过程的安排都要符合学生的实际情况和教学的具体要求。艺术性是指语文教学设计能够激发学生的学习兴趣，满足学生的求知与情感需求，为学生创设良好的学习氛围。

三、语文教学设计的意义

1.有利于达成教学目标

在一个优秀的语文教学设计中，只有对教材透彻解读、对教学内容进行科学分析，才能更好地确定教学重点、难点，选择合理的教学方法，安排科学的教学过程，采用恰当的教学媒体，从而更好地落实教学目标。教学设计中，教师应从教师和学生、教和学、主观和客观等多方面分析教学的有利因素与不利因素和教学最终达标的把握程度。这样，教师才能增强做好教学工作的信心，做到有的放矢、方寸不乱。从教学思路系统连贯出发，使课堂教学每个环节的活动，都有计划、有步骤地进行，只有这样，教学活动才成竹于胸、有条不紊，教学任务的完成、教学目标的达成才有保证。

2.有利于优化教学过程

语文教学设计是加强语文教学的科学性和计划性，保证教学效果，提高教学质量，实现语文课堂教学最优化的必要手段。从本质上讲，语文教学过程，是一个以提高学生语文素养，促进学生发展为目的的师生交往过程。这一过程涉及一系列复杂的因素，这都需要预先从整体上统筹规划、合理安排，才能取得最佳效果，达到预定目标。而教学设计，正是从教学规律出发，运用系统的观点和分析方法，客观地分析具体教学工作的规律和特点，清晰地阐明教学目标，合理地拟定教学进度，正确地确定教学速度，科学地制定教学策略，恰当地选用教学媒体，准确地测定和分析教学结果，从而使教学活动在人员、时间、设备使用等方面取得最佳效益。有经验的教师还能事先预料到教学过程中可能发生的偶然因素，以事先采取必要措施，做好排除教学干扰、未雨绸缪的准备工作，优化教学过程。

3.有利于促进学生学习

新的教学理念认为，教学是教与学的交往、互动，语文教学应在师生平等对话的过程中进行。教师和学生都是教学过程的主体，师生关系是一种平等、理解、合作的人与人之间的关系。学习的内在动力源于学习者，学生是语文学习的主人，而教师则是学习活动的组织者和引导者。教学设计是在对学习者进行全方位的了解和分析、获取大量信息的基础上以及对现代新型师生关系认识的基础上才着手进行设计的，它遵循学习规律和学生身心发展的特点，以学生的发展为出发点，运用多种方法激发学生的学习兴趣。

总之，通过教学设计，教师能清楚地知道学生要学习的内容，学生将产生哪些学习行为，并以此确定教学目标;通过教学设计，教师可以准确地预测学生学习的初始状态和学习后的状态，便于有效地控制教学过程;通过教学设计，教师可以依据教学目标和学生的特征，采用有效的教学模式，选择适当的教学媒体和方法，实施既定的教学方案，保证教学活动的科学进行。

第二节 语文教学设计的依据

一、课标

《语文课程标准》主要阐明语文学科的性质和地位、目标、内容框架、教材编写与选用的要求以及教学建议和学业评价建议，它是语文教材编写、语文教学、评估和考试命题的依据，是国家管理和评价语文课程的基础，是语文教学的根本大法。教学设计中，课程标准是最为重要的现实依据之一。新课标提出的新的教学理念和方法，是我们在进行教学设计时必须考虑的。课标指出，教学不是忠实地传递事先规定的课程的过程，而是课程创生与开发的过程，这就要求教学设计要有一定的灵活性、弹性，注意教学过程的生长性。因此，教学导入设计要丰富，教师可以采用讲述故事、播放音乐、放映视频、播放录像等方式导入新课；教学语言的设计要灵活，应符合各类文体课文的特点；教学媒体方法设计要科学合理，要不断变化；教学评价的手段更要多种多样，给学生不同的鼓励。课标指出："阅读教学是学生、教师、教材编者、文本之间的多重对话，是思想碰撞和心灵交流的动态过程。"这就要求我们在设计阅读教学时应精心营构师生对话的情境，尊重学生对作品的独特理解和感受，鼓励学生创造性地解读文本，打通教师、学生、文本三者之间交流对话的通道。新课标还指出，教学中应"积极倡导自主、合作、探究的学习方式"，这就要求我们在设计教学时应把学生看作完整的、独特的、具有独立意义的人，关注学生的兴趣、爱好和个体差异，不论是确定教学内容、选择教学方法，还是设计评价方式，都要有助于学生自主、探究学习并培养学生的交流、合作意识。

新课标对不同文体的课文学习有不同的要求。新课标指出："阅读叙事性作品，了解事件梗概，简单描述自己印象最深的场景、人物、细节，说出自己的喜欢、憎恶、崇敬、向往、同情等感受，能初步把握文章的主要内容，体会文章表达的思想感情，能复述叙事性作品的大意，初步感受作品中生动的形象和优美的语言，关心作品中人物的命运和喜怒哀乐，与他人交流自己的阅读感受。"据此，我们在进行记叙文教学设计时应注意：通读课文，理清思路，能找出记叙的要素，了解记叙的顺序和人称、线索，明确记叙的中心和记叙的详略，辨析记叙文中运用的多种表达方式；能抓住文章的中心，找出关键性语句，概括文章的思想内容；能分析结构，划分层次，归纳段意和中心意思；能结合具体语境理解词句和深层含义。

"阅读科技作品，注意领会作品中所体现的科学精神和科学思想方法。"据此，我们在进行说明文教学设计时应注意：把握说明对象的特征，厘清说明的条理，明确说明的顺序，理解分类别、下定义、做比较、打比方、举例子、列数字等说明方法及其作用；体会说明文语言的准确性，对科技说明文中的关键词能正确理解、判断及阐释；注意领会作品中所体现的科学精神和科学思想方法。

"阅读简单的议论文，区分观点与材料（道理、事实、数据、图表等），发现观点与材料之间的联系，并通过自己的思考，做出判断"，据此，我们在进行议论文教学设计时应注意：把握文章的论点，明确文章的论据，厘清文章的叙述主次，理解文章的论证方法及其作用，体会议论语言的严密性、鲜明性。

"欣赏文学作品，能有自己的情感体验，初步领悟作品的内涵，从中获得对自然、社会、人生的有益启示。对作品的思想感情倾向，能联系文化背景做出自己的评价；对作品中感人的情境和形象，能说出自己的体验；品味作品中富于表现力的语言。"据此，我们在进行文学作品教学设计时应注意：能厘清文章的思路；能品味作品中富有表现力的语言；能对作品中感人的情景和形象说出自己的体会。具体说来，阅读散文，要理解文中的人或事物所蕴含的作者的思想感情，理解文章组材的特点，体会文中精美的语言；阅读小说，要了解故事情节，体会人物的性格特点，理解人物描写的方法，理解环境描写的作用；阅读诗歌，要把握全诗的内容，理解诗人的思想感情，体会诗句的意境，感受诗句的节奏。

"阅读浅易的文言文，能借助注释和工具书理解基本内容。"这就要求我们在进行文言文教学设计时应注意：掌握常见文言实词、虚词的用法；辨析文言实词的一词多义、古今异义、词类活用现象；理解、翻译重点、难点语句；能对文章（段）进行整体感知、理解、分析、欣赏；联系实际谈体会，作评价。所以，语文教学设计应依据语文课程标准进行。

二、文本

文本是教师教语文、学生学语文的依据和凭借，也是语文教学设计的重要依据，我们可以从文本的内容和形式这两个方面进行语文教学设计。

(一)文本内容

根据文本内容设计教学，三大常用文体中，写人的记叙文应把握人物的性格、品质、思想感情、中心、主旨等内容；记事的记叙文应把握事件的意义、道理、思想情感等内容；写景的记叙文应把握所描绘的景物及特点、情感等内容；状物的记叙文应把握记叙对象及特征等内容；说明文教学设计应把握说明对象、说明对象特点等内容；议论文教学设计应把握作者的观点、态度。文学作品的教学设计中，诗歌教学设计应把握诗歌的意象、意境和思想感情等内容；散文教学设计可以参考记叙文的教学设计内容；小说教学设计应把握人物的性格品质、情节等内容；戏剧教学设计应把握戏剧冲突、思想感情等内容。总之，不同的文体教学内容的侧重点不同，所以在教学设计时，应把握住各种文体的内容。

(二)文本形式

根据文本形式设计教学，三大常用文体中，写人的记叙文应把握人物描写方法、人物语言、记叙顺序、线索、表达方式、表现手法等；记事的记叙文应把握事件的记叙顺序、事件的概括等;写景的记叙文应把握景物描写方法、表达方式等;状物的记叙文应把握记叙顺序、写作手法等;说明文教学设计应把握说明方法、说明语言、说明顺序等;议论文教学设计应把握论证方法、论证结构、论证语言等。文学作品的教学设计中,诗歌教学设计应把握诗歌的修辞手法、表现手法等;散文教学设计应把握写作方法等;小说教学设计应把握人物描写方法、情节结构、人物语言等;戏剧教学设计应把握旁白、对白、幕种等。总之,在教学设计时,应把握住各种文体的形式。在语文教学设计中,应根据不同文体的课文的不同内容和形式进行设计,教师对文本理解得越深入、越透彻,教学就越得心应手。

三、学生

教学设计的基本特征之一是它既关心"教",又关心"学"。教是为了学,学是教的依据和出发点,教师的教必须通过学生积极主动的学才能起到有效作用。建构主义认为,世界是客观存在的,但是对世界的理解和赋予意义却是由每个人自己决定的。我们是以自己的经验为基础来建构现实的。在学生建构自己的知识的过程中,现有知识经验和信念起重要作用。根据这一理论,我们认为,教学设计前先进行学情分析,即了解、分析学生对将要学习的知识的相关准备状况及态度动机是有必要的。在教学设计前,主要应对学生的以下情况进行分析:知识准备,包括字词知识、文体知识、阅读知识、语言知识及与课文内容相关的其他学科的知识等;技能准备,包括阅读技能、写作技能、口语交际技能、收集处理信息的技能等;动机态度,包括成就动机、交往动机、情感储备等。进行学情分析的主要途径有:第一,平时观察了解。通过课堂教学活动、成绩考核、作业批阅、课外学习活动的指导,了解学生的学习水平、学习方法、学习习惯和学习态度。第二,有意收集信息。通过和学生谈话、开座谈会、进行问卷调查、听取其他教师的意见等了解学生学习的情况。第三,广泛接触学生。教师应和学生打成一片,多到学生中去,听取他们的意见和建议,即使是只言片语,也会发现和了解到一些有价值的东西。

第三节　语文教学设计的策略

语文教学设计的主要内容包括确定教学目标，选择教学内容，确定教学方法，组织教学过程等。在进行语文教学设计之前，应首先确定学生的起点状态，包括他们原有的知识水平、技能和学习动机、状态等，分析学生从起点状态过渡到终点状态应掌握的知识技能或应形成的态度与行为习惯，在充分掌握学生情况的基础上做好语文教学各个步骤的设计。

一、教学目标设计策略

（一）语文教学目标的内涵

语文教学目标是预期学生进行语文学习的结果或者是预期的语文学习活动要达到的目标。每个语文教师都希望学生通过一定的语文学习之后能够在知识、技能以及情感态度上有所发展和提高，至于发展和提高到何种程度，语文教师会依据现实情况制定一个标准，也就是对学生学习结果的一个预期，这就是语文教学目标。

（二）语文教学目标设计的依据

1.语文课程目标、教材目标、单元目标

语文课程标准中的语文课程目标，语文教材中的单册教学目标和单元目标，是语文教学目标设计的依据。《语文课程标准》规定，"学生在发展语言能力的同时，发展思维能力，激发想象力和创造潜能"。我们遵循课程标准的规定，可以将《春》的教学目标设计为"引导学生体会散文优美的语言，培养学生的朗读能力，进一步提高学生的文学鉴赏能力和想象力"。

《语文课程标准》规定："注重情感体验，发展感受和理解能力，丰富自己的精神世界。"据此，我们可以将《秋天的雨》的情感目标设计为"通过学习本文，领略秋天的美，引导学生形成热爱大自然、热爱生活的意识，引导学生善于在平凡的生活中寻找美、发现美、创造美，拥抱大自然，欣赏大自然的美，培养学生热爱大自然、热爱生活，积极进取的生活态度"；可以将《地震中的父与子》的情感目标设计为"引导学生领会全文主旨，体会父亲对儿子深深的爱，感悟亲情的真诚可贵，引导学生学会珍惜和回报父母的爱"；等等。

语文教材是根据语文课程标准的规定和学校语文教育的实际需要，为师生教学应用而编写的、系统反映教学内容的专门材料。现代教学论认为，教师、学生和教材是构成教学过程的三个基本要素，教材在这三个基本要素中发挥着纽带和桥梁的作用。它既是教师组织教学的重要凭据，测试命题的基本依据，又是学生获取语文知识的主要源泉，培养语文能力的必

要阶梯，陶冶情操的重要园地，开发智力的最佳钥匙，所以，教材是进行语文教学目标设计的重要依据。小学分三个学段，每个学段分四个学期，每个学期的语文教材都有它的学习目标，我们应该依据单册教材的目标设计每一个单元甚至每一篇课文的目标。

语文教材中的单元目标也是教学目标设计的重要依据。比如人教版教材三年级上册第三单元是一个写景（关于秋天）散文单元，这个单元课文的单元阅读目标为"能图文结合进行朗读；学会积累，体会语言的美；感受秋天的美好"。这个单元教学设计的重点在于引导学生学会感受语言的美，学会有感情地朗读课文。因此可以根据这一单元目标设计这个单元的每一篇课文的教学目标，如可将《秋天的雨》的教学目标设计为：

知识与技能目标：会认8个生字，会写12个生字。正确读写"清凉、留意、扇子、炎热、柿子、仙子、菠萝、气味、香甜、粮食、加紧、油亮亮、杨树、丰收"等词语。

过程与方法目标：①正确、流利、有感情地朗读课文，读出对秋天的喜爱和赞美之情，背诵自己喜爱的部分。②联系生活实际体会比喻句的优美与形象，积累好词佳句。（过程与方法目标体现单元目标的第二点。）

情感态度价值观目标：读懂课文内容，感受秋天的美好，激发学生热爱大自然的思想感情。（情感目标就是落实单元目标的第三点。）

所以，我们在设计语文教学目标时应依据语文课程目标、教材目标和单元目标来进行设计。

2.语文学科的特点

语文是最重要的交际工具，是人类文化的重要组成部分。工具性与人文性的统一，是语文课程的基本特点。设计语文课堂教学的各项具体目标，都要依据以上特点。落实工具性的特点就要求在文体教学中，依据工具性特点设计知识目标和能力目标，我们可以将《称赞》（人教版二年级上册）的知识目标设计为"会认'猬、糙'等10个生字，会写'板、椅'等8个生字"，将过程与方法目标设计为"能正确流利有感情地朗读课文，通过朗读，了解课文内容，体会相互称赞带来的快乐"。

落实人文性的特点就要求在文体教学中，依据人文性特点设计情感目标，记叙文动之以情，议论文晓之以理，说明文育人以知识，所以，可以将记叙文的情感目标设计为"引导学生养成健康的人生观、世界观、价值观"，可以将说明文的情感目标设计为"培养学生爱科学、爱自然的思想感情"，可以将议论文的情感目标设计为"培养学生明辨是非、锻炼思维的能力"。比如，可以将《称赞》这篇课文的情感目标设计为"引导学生学习发现别人身上的优点"。

目标设计还应落实实践性的特点。语文课程具有很强的实践性，它的一个基本目标就是培养学生运用语文的实践能力，而提高语文能力的主要途径是语文实践。依据实践性特点在设计《称赞》的教学目标时，要带领学生走进生活，让学生用行动称赞别人，切身体会到欣赏别人所带来的作用，从而真正让学生学会发现别人身上的优点。因此，在设计语文教学目标时，其依据应是语文学科的特点。

3.学生的行为与心理变化

从本质上讲，语文教学目标是对一个单元、一篇课文或一个课时的教学活动之后学生行为和心理变化的预期。因而，要在教学目标中反映出学生的行为和心理将有怎样的变化，有什么样的表现，应该达到什么程度等。要做到这些，教师必须弄清内在能力、情感态度同外在行为之间的关系；在此基础上力求通过描述行为的变化来反映心理的变化，使教学目标既不会抽象笼统，又能够充分体现学生学习语文的特点。每一个学生的才能、气质、理想、信念、思想、情操、意志等，都应得到培养和发展。现代教育理念要求，语文教育目标不能单纯地只从培养语文能力着眼，而是为了使语文教学面向全体学生，使每位学生的个性得到全面发展。

语文教学目标的设计，还要从语文教学的实际水平出发，包括语文教师的教学水平和学生现有的语文学习水平。目标切合实际才有可能实现，目标脱离实际，偏高或偏低，都会给教学实践造成困难，难有收效。语文教学还必须与社会主义现代化的前进步伐合拍。社会发展要求人们大大提高吸收和处理信息的能力，对语文提出了许多新的要求。当今世界要求人与社会的和谐、人与自然的和谐、科学与人文的和谐，语文教学目标设计必须适应这些社会需要，提出新的要求。

(三)语文教学目标设计的分类

语文教学目标有着丰富的内容，为了更清晰地把握这些内容，根据目标设计的理论与现实依据，我们可将语文教学目标设计做以下分类：

1.从课程的三维目标出发可以分为：知识与能力目标、过程与方法目标、情感态度与价值观目标。

知识与能力目标指基本的知识和能力。基本知识主要包括人类生存所不可或缺的核心知识和学科基本知识；基本能力包括获取、收集、处理、运用信息的能力、创新精神和实践能力、终身学习的愿望和能力。过程与方法目标，主要包括人类生存所不可或缺的过程与方法。过程指应答性学习环境和交往、体验，方法包括基本的学习方式（自主学习、合作学习、探究学习)和具体的学习方式（发现式学习、小组式学习、交往式学习)。情感态度与价值观目标包含三个层面：情感态度不仅指学习兴趣、学习责任，更重要的是乐观的生活态度、求实的科学态度、宽容的人生态度。价值观不仅强调个人的价值，更强调个人价值和社会价值的统一；不仅强调科学的价值，更强调科学价值和人文价值的统一；不仅强调人类价值，更强调人类价值和自然价值的统一，从而使学生内心确立起对真善美的价值追求以及人与自然和谐和可持续发展的理念。比如，我们可将《动手做做看》（人教版二年级下册)的教学目标根据三维目标设计为：

知识与能力目标：会认"朗、志、漫"等10个生字，会写"朗、漫"等9个生字。过程与方法目标:正确、流利、有感情地朗读课文,感受故事的趣味。

情感态度与价值观目标:领会"科学家说的话也不一定都是对的""在生活中,只有自己亲手去实践,才会得到准确的答案"的道理。

2.从目标行为方式出发可以分为:结果性目标和体验性目标。

结果性目标是告诉人们学生的学习结果是什么,"知识与技能"领域多是结果性目标。体验性目标是描述学生自己的心理感受、体验或明确安排学生表现的机会,主要应用于"过程与方法""情感态度和价值观"方面的目标。

语文教学设计中结果性目标的学习水平可以分为以下三类:

了解水平。这是语文结果性目标中最基本的学习水平,它要求学生具有一定的语文基础知识积累。比如《动手做做看》的教学目标中"会认会写生字词"便属于了解水平。

理解水平。这是结果性目标中的第二个层次水平,它要求学生能够对所学习的内容进行归纳和整理,形成自己对文章的初步理解。比如《动手做做看》的教学目标中"领会'科学家说的话也不一定都是对的'的道理"便属于理解水平。

应用水平。这是结果性目标中的最高层次水平,它要求学生掌握一定的语文知识和方法,并将其灵活运用。比如《动手做做看》的教学目标中"在生活中,只有自己亲手去实践,才会得到准确的答案"便属于应用水平。

语文教学设计中体验性目标的学习水平可以分为以下三类:

感受水平。这是体验性目标中最基本的层次水平,它要求学生在学完所学内容后有最基本的关于该内容的感受。比如《动手做做看》的教学目标中"通过学习本文,感受故事的乐趣"便属于感受水平。

鉴赏水平。这是体验性目标中的第二个层次水平,它要求学生对所学知识有一定的文学鉴赏能力。比如《秋天的雨》的教学目标中"通过学习本文,进一步提高自己的审美能力,善于在平凡的生活中寻找美、发现美、创造美"便属于鉴赏水平。

内化水平。这是体验性目标中的最高层次水平。它要求学生将所学的内容内化成为自己的知识,并能够得到升华。比如《秋天的雨》的教学目标中"培养学生热爱大自然、热爱生活的感情"便属于内化水平。

3.从思维(学习过程)出发可以分为:"积累·整合""感受·鉴赏""思考·领悟""应用·拓展""发现·创新"五个方面的目标。

这五个方面可以分为三个层次。第一层次是"积累·整合",它符合学生的认知情况,在积累的同时,强调了学生对所学的内容进行不断地梳理整合,以实现言语经验的系统化和结构化,使得学生语文素养的各个方面能够融会贯通、整合为一体。"感受·鉴赏""思考·领悟""应用·拓展"是第二个层次,它呈现了语文学习活动的主要过程,突出了高中语文课程着重培养学生应用、审美和探究能力的基本思路。"发现·创新"是第三个层次,它是从语文探究、创新方面对学生的语文学习提出更高的要求,体现了语文素养培养的更高目标。这五个方面的目标是从学生的思维水平和学习过程的角度进行分类的。

(四)语文教学目标的陈述

一般情况下，语文教学目标表述的基本要素有四个：行为主体、行为动词、行为条件和表现程度。

1.行为主体

判断教学效果的直接依据主要是学生有无进步，因此，语文教学目标陈述必须从学生的角度出发，行为主体必须是学生。尽管有时行为主体"学生"两字没有出现，但也必须是隐含着的。比如，在教学设计时，可将教学目标设计为"厘清文章思路，揣摩文中抓住景物特点运用准确、生动的语言及比喻、拟人、排比等修辞方法描写景物的写作方法，进一步感悟春天的美好""体会作者对人生的独特感受，体味人生，感悟人生"，在教学《小英雄雨来》（人教版四年级下册）这类小说时，教学目标可设计为"复述故事情节，把握人物形象特点"；在教学《美丽的小兴安岭》这类写景的文字时，可将教学目标设计为"比较春夏秋冬小兴安岭景的不同，感受小兴安岭是美丽大花园的特点"等等。

应该注意的是，在设计教学目标时，教学目标的陈述主体一定是学生，教师起引导的作用，尽量少地使用"使、让"等带有命令语气的词语，比如"使学生领会作者不满现实、向往光明的精神""使学生的口语能力得到锻炼、思想认识得到提高""使学生体会作者写景状物的方法""使学生通过关键词句的分析，把握文章的语言特色""让学生了解有关词的知识""让学生更加热爱祖国、关心祖国的事业""教育学生应坚定思想、树立正确的价值观"等等，目的是通过教师引导，学生自主达成教学目标。

2.行为动词

行为动词是目标陈述的谓语，要说明通过学习后，学生应能做什么，做到什么，这就要求教学目标中的行为动词应力求具体、明确、可观察、可测量，而不应是笼统的、含糊的，以便于教学时把握和评价时使用。比如，有的老师这样设计《谈骨气》的教学目标："培养学生革命的骨气，提高学生写议论文的水平。"这样的教学设计不仅主体不对，而且也无法进行测量和评价。

3.行为条件

教学目标需要在表述中指明行为的条件，即影响行为表现的特定的限制或范围等，如"根据地图"、"不靠帮助或参考书"、"在十分钟内"、"利用网络环境"等。对条件的表述包括四种主要类型，即允许或不允许使用参考资料或辅助手段、是否提供信息或提示、时间的限制、行为完成的情境。

4.表现程度

表现程度是指学生对目标所达到的表现水准，用以测量学习表现或学习结果所达到的程度。例如，"既提供的一道应用题，学生至少能写出三种解题方案"，"通过这一堂课的学习，学生至少能记住四个单词"等。表述中的状语部分，便是限定了目标水平的表现程度，以便检测。

5.行为目标的陈述有两类基本方式：结果性目标陈述方式、体验性或表现性目标陈述方式

结果性目标陈述方式明确告诉人们学生的学习结果是什么，所采用的行为动词要求明确、可测量、可评价，"知识与技能"领域多是结果性目标。体验性或表现性目标的陈述方式描述学生自己的心理感受、体验或明确安排学生表现的机会，所采用的行为动词往往是体验性的、过程性的，这种方式指向无须结果化或难以结果化的目标，主要应用于"过程与方法""情感态度和价值观"方面的目标。

在设计语文教学目标时，我们可根据"知识与技能目标""过程与方法目标""情感态度和价值观"目标将语文教学目标设计中常用的行为动词做以下分类：

知识与技能目标行为动词：学习、熟悉、了解、识记、回忆、认识、熟记、辨认、选出、举例、复述、列举、描述、识别、再认、经历、复习、巩固、弄懂等。

过程与方法目标行为动词：学会、翻译、背诵、诵读、默写、积累、获取、把握、掌握、理解、厘清、梳理、揣摩、训练、培养、分析、对比、比较、区别、发现、领会、感知、探讨、探索、探究、研究、评析、评价、评判、浅析、解析、透析、鉴赏、欣赏、赏析、论述、发挥、筛选、明确、创造、创新、提炼、运用、应用、使用、说明、阐明、解释、分类、概述、归纳、概括、判断、区别、提供、转换、猜测、预测、推断、收集、整理、联系、找出、寻找、拓展、扩展、设计、解决、撰写、拟定、检验、计划、总结、思考、练习、想象、联想、提取、提炼、形成、探索、讨论、交流、合作等。

情感态度价值观目标行为动词：把握、揣摩、发现、领会、领略、领悟、感受、感悟、体会、体味、体悟、体验、品味、品读、关爱、关心、关注、注意、建立、树立、陶冶、热爱、尊重、珍惜、重视、怀疑、摒弃、抵制、质疑、养成、形成、喜欢、坚持、保持、追求、确立、分享、爱护、遵守、拒绝、认同、认可、承认、接受、同意、反对、愿意、称赞、感兴趣、采用、支持、蔑视、克服、拥护、帮助、传承等。

根据以上分类我们可以发现，在这三个方面设计目标的行为动词中，过程与方法目标的动词最多，可见，在整个语文教学中，在授予学生语文基本知识的基础上，更加倾向于提高学生的能力，进而增加学生的情感体验。当然，行为动词的分类没有绝对的分界线，有的词在这三个方面中都可以使用，比如"把握、领会"等词既可以用于过程与方法目标中，也可以用于情感态度价值观目标中。

二、教学内容选择策略

（一）语文教学内容概说

"教学内容"是指"学校传授给学生的知识、技能、技巧、思想、观点、信念、言语、行

为、习惯的总和"。语文教学内容，就是在语文教学中教师向学生呈现的种种材料及传授的语文知识、技能及相关的信息。

语文作为工具性和人文性相统一的学科，教学内容包罗甚广，异常复杂。从纵向看，有知识与能力、过程与方法、情感态度和价值观三个方面；从横向看，有识字与写字、阅读、写作、口语交际及综合性学习五个领域，而且三个方面和五个领域又相互交叉，每一个领域都要体现三个方面，每一个方面都要融合到五个领域中，从每篇课文看形式、内容，这样，就衍生出一个语文教学内容的立体网络。不仅五大领域的目标都要体现三个方面的内容，而且每一领域又都包含众多子系统，子系统下还可以再分为若干项目。所有这些"点"都涉及"知识与能力""过程与方法""情感态度和价值观"三个方面，这样，语文教学内容就成了一个立体交叉的复杂结构，一个有序严密的庞博系统。语文教材是语文教学内容的主要载体。小学语文教材主要是由课文、注释、思考和练习以及语文基础知识等几个部分组成，并配以必要的插图和附录。语文基础知识包括文体知识、语言知识、文学常识、读写知识等，它具有基础性和系统性，当然是语文教学必不可少的内容。课文是语文教科书的"血肉"，它是阅读、写作、口语交际训练的材料，通过课文的教学，学生学习如何理解和表达。同时，因为课文是作者思想水平、知识水平和表达能力的综合体现，思想内容和表达形式始终是血肉相连的，所以课文也是实现"情感态度和价值观"这一方面的目标的重要凭借。

（二）导入和收束设计策略

1.导入的设计

（1）导入的含义与特征

"导入"又叫"开讲""开场白"，它是指在讲解新知或教学活动开始之时，教师有意识、有目的地引导学生进入新的学习情境的一种方式，是课堂教学的启导环节、领起环节。语文课堂教学的导入，就是在一节课的开始，教师应从本节课的具体内容出发，运用有效的方法，激发学生的学习兴趣，激起他们旺盛的求知欲，使之产生学习动机，明确学习目的，进而把注意力集中到所学内容上来。同时，通过各种艺术手段，给学生以美的享受。富有教学实践经验的教师总是多角度、多层次、全方位地考虑教学的各个环节，尤其精心设计教学的突破口，把握好导入这一环节。导入具有如下特征：

启导性。导入的启导性是指它的启发性与诱导性，这是由导入的本质所决定的。教师一方面把学生"导"入正常的课堂之中，另一方面又将学生"导"向未来，在他们的心灵中潜移默化地理解教师所讲导语的意图和目的，这正是导入具有启导性的关键所在。

概括性。导入的概括性主要是由导语的简短形式所决定的。导语必须短小精悍、高度概括、言简意赅，它的内容必须是概括的、精练的、升华的，而且是丰富的。

定向性。导入的定向性是由导语的驾驭作用、总领作用所决定的。导语对整个教学过程与环节有一种或明或暗的定向作用，它尽管小，但它处于全讲的开头，为全讲确定基调，决定方向。

（2）导入设计的要求

导入的内容要精选。导入不是目的，而是手段。导入是一节课的有机组成部分，其根本目的是使学生对本节所要学习的新内容有充分的心理准备，以便更充分地投入学习，以求取得最佳的效果，因此在设计导入时，要精选所讲的内容。首先，导入的内容要尽量贴近学生的生活。其次，导入的内容要尽量贴近课本，要同所讲的内容密切相关，不要离题万里、生拉硬扯。导入的内容还要力求新颖有趣，以激发学生的学习动机。导入的设计，要考虑将新的信息带给学生，切不可千堂一调、万课一腔。这需要教师从多方面收集与课堂教学内容有关的信息，精心筛选，巧妙组织。

导入的语言要推敲。在导入内容选定之后，还得仔细推敲导入的语言。总的说来，导入的语言要求精练、准确、富于启发性，并且要符合内容本身。导入语言最重要的一个要求是"准确"，导入中的表达准确，不仅是指一般意义上的语言准确，尤其是指教师的问域应与所期望的答域相一致。唯其如此，教师在发问之后，才能得到所期望的回答。

导入的形式要多样。文章导入的方式很多，设计导语时要注意交叉运用。每堂课或每篇课文都用一种模式的导入就起不到激发学生兴趣，引入入胜的作用。

导入的时间要控制。导入所占的时间要短，最多不能超过5分钟。如果所占时间过长，就有喧宾夺主之嫌，那也就从根本上违背了运用导入技能的初衷了。时间不能多占，又要起到应有的作用，就要认真提炼：要精选内容，不要使用过长的材料；用语要精练、准确，不要拉拉杂杂、没完没了；在方法的选择上，要坚持省时的原则。

导入要从学生实际出发。学生是语文学习的主体，教师教学内容的好坏，往往都是要通过学生的学习成绩得以体现的。因而，作为教学内容一部分的导入，要从学生的角度出发，符合学生的实际情况，用学生能够理解的内容来进行导入，充分配合学生的不同特点。

（3）导入设计的类型和方法

①开门见山，揭示中心

开门见山，是一种比喻。"开门"就是教学开始，"见山"的"山"是指本堂课的中心。这种方法是利用精练的语言，将本课的讲解中心简短揭示出来。

②解题释义，进入课题

题目是文章的眼睛，准确凝练的文题有着画龙点睛之妙。抓住题目，条分缕析，就会有事半功倍之效。从讲解和分析文章题目引入对课文的学习，一方面可帮助学生从总体上把握文章要旨，领悟作者的精巧构思；另一方面也能使学生更好地把握文章题目与内容的密切关系。

③背景介绍，便于理解

背景即背后的情况、情景，具体是指作品产生之前作者的写作原因、构想，作品产生前的时代景况、特点及有关事实，以上称为作者背景、时代背景、内容背景，也可称为作品产生的诱因。开场白向学生介绍作品产生的诱因，有助于学生对作品全面深刻地理解。

④借用名言，激发兴趣

"名言"是指人们所熟悉认同的含义深刻的格言、警句、诗词、成语、对联或典故等，具有振聋发聩的作用，如"失败乃成功之母""一寸光阴一寸金，寸金难买寸光阴"，等等。有的名言是出自名人之口、名人之文，如古代教育家孔子《论语》中的许多话，为人详熟，能够脱口而出，如"有朋自远方来，不亦乐乎""学而不厌，诲人不倦"等；也有的名言是经过客观实践的检验，为人们所称道并在日常生活中使用的成语、俗语、谚语，如"三个臭皮匠顶个诸葛亮""三人为众，聚沙成金"等。借用这些名言，应用于课堂教学的导入，格外引人注目，新颖别致，能激发并提高学生的学习兴趣。

⑤温故知新，自然过渡

叶圣陶先生说过："既要温故，又要知新，把以前读过的温理一下，回味那已有的了解和体会，效益绝不比上一篇来得少。"教师在教学中，要注意承上启下，引导学生温故而知新，联系旧知，引入新知。联系过去所学过的课文，运用旧知导入新知，通过对学生已经学过的与本课相关知识的联系开讲，以引起学生的兴趣。无论是文体，还是题材，新旧知识都有可联系的"媒点"，即它们的相同或相似之处，抓其一点生发开去，再联系即将要学的内容，这种中介性的衔接之语给学生以自然流畅、水到渠成之感。

⑥投石激浪，巧设悬念

教师从一上课，就创设一种问题情境，使学生把注意力迅速集中到所问上来，这是常用的导入方法。教师所问的范围，往往以课文为中心向外辐射——或就作者、就文章的出处发问，或就内容发问，或就题目发问，或就文章的语言形式发问，等等。凡所问，都有一定的思维强度，给学生留下悬念，激起胸中思考的波澜，为进入新课做铺垫。巧设悬念，俗称"打埋伏""吊胃口""卖关子"。制造悬念，诱发学生的学习兴趣，此法用于教学是指教师将课文中的一部分内容做渲染说明，故意不将答案说出。这样可以引起学生的深入思考，先使学生有"山重水复疑无路"之感，然后通过对内容的层层交代，突然一抖"包袱"，说出答案，排除疑团。学生感到豁然开朗，又有"柳暗花明又一村"的愉悦。解疑之后的轻松，会使学生更加兴奋，似乎思维之舟驶向了理想的彼岸，达到了预期目的，顿觉神志清爽。

⑦情感熏陶，创造佳境

古人云：感人心者莫先乎情。情感是教学中的魂。在课文的起始阶段，教师用充满感情的语言创设某种具体生动的情境，能唤起学生的情感体验，引起他们激动的情绪，使他们的思想情感同课文产生共鸣，从而形成"转轴拨弦三两声，未成曲调先有情"之妙。这种类型的导入，重在感染，以景动人，以情感人。

⑧提出疑问，启迪思维

提出疑问是指：其一，设问，自问自答；其二，提问，由学生回答。学生回答又分为指名回答和集体回答两种。所问内容，可从不同方面、不同角度提出，只要有利于引入正文讲解即可，巧妙的提问可启迪学生的思维。

⑨讲述故事，吸引注意

故事吸引是指：第一，与课文内容有关的故事，有助于对课文内容的理解；第二，与课文相关的现实生活中的故事，既是加深理解课文内容的基础，又有助于学生思想品德的提高与升华；第三，比如文言文教学中，课文本身是文言文，学生难以看懂，教师将其故事绘声绘色讲给学生；第四，课文内容中引申出的故事。总之，这种导入，必须是故事，既然是故事，就要求有完整性，同时还应有一定的趣味性，否则谈不上吸引。它的好处是，教师讲述的故事，不仅吸引了学生的注意，又可使学生在不知不觉中"悟"出故事中的道理，从而与所学新课间建立起学习联系。

⑩利用实物，加深印象

"实物"，指真实之物，实际之物，包括有生命的、无生命的，或指仿照之物，或指标本。一般为小巧之物，或挂立于黑板，或置放于讲台，拿取方便，便于演示。利用实物，具有直观性、形象性、真实性、可信性，可以使学生获得直观的感性知识，加深对学习对象的印象，语文课教学要根据内容，间或使用，学生颇感新颖。

⑪播放录音，活跃气氛

播放录音，是指以与课文内容相关的录音材料导入，来引起学生的兴趣，如已经谱成歌曲的古典诗词，与作品相关的戏剧演员唱腔等等，均可作为录音导入的材料，它不仅有助于学生了解作品的内容，还可使学生在音韵、唱腔欣赏方面得到一定提高。这种导入方式开阔了学生视野，陶冶了学生情操，而且丰富了课堂内容，活跃了课堂气氛，使教学显得生动活泼。

⑫放映录像，直观感受

放映录像属现代化教学手段，是直观教学。声、光、图像、电子技术的综合运用，使目前的教学手段更趋多样化，使用声、光、影视综合刺激学生感官较之单纯语言传授，其感知效果更佳。放映录像导入，应注意：其一，放映以作品内容为主的影视片。其二，放映与作品内容相关的影视片。这种教学导入，不仅使课堂教学别开生面，而且妙趣横生，分外受到欢迎。

2.收束的设计

（1）收束的含义与特征

收束又叫作"结束""收讲""结尾"等，它是整个教学环节的最后一环。部分知识或是全部知识的讲解，在这个环节中将得到归纳、总结和提升，同时还要延伸、扩展，过渡到新知；或是将学过的知识，学以致用，化为技能与实践。它是课堂教学必不可少的一个环节，是教师智慧的结晶、创造灵光的表现，也是衡量一个教师教学艺术水平高低的标志之一。好的结束不仅能为一堂课画上一个圆满的句号，而且有时还能起到画龙点睛的作用，并可为下一堂课的开始抛砖引玉。收束具有如下特征：

收束性。收束环节的收束性，是由它在整个教学过程中所处的位置决定的。它不仅是前面各环节的自然收尾，同时也带动了知识前进的收结或暂告一个段落。

归纳性。收束环节的归纳性，主要指它对教师前面所讲知识的梳理作用、归结作用、整理作用和系统化作用。

延伸性。收束环节的延伸性，是由它对新旧知识衔接的作用所决定的。这种延伸既是过渡，又是升华，更是联系学生实际的学以致用，从而使所学知识更实、更活、更有用。

（2）收束设计的要求

水到渠成，自然贴切。结束技能的运用要做到水到渠成，顺理成章，自然贴切，该收则收，该结则结，与前面的教学环节衔接自然，浑然一体，天衣无缝。

前呼后应，首尾圆合。教学结束要做到前呼后应，首尾圆合。要注意照应前面的知识难点、要点；注意概括和集中；注意哪些问题应该突出，哪些知识应该强调；注意前面讲解中留下的伏笔和运行线索；尤其是要特别注意导入的定向性指意与暗示，在此时要一一收结、一一关照。这样处理过之后，才能使整个教学环节前后照应，严谨圆合。突出中心，叶落归根。导入是教学活动的开始，中间它要经过若干教学环节，运用各种教学手段，最终它也要回到自己的原点和起点，教学的原点是所教内容的中心与主旨，所以教学活动最终要指明所教内容的中心。

语言精练，收不离义。结束用语一定要精当，要言不烦，提旨点要，在教学活动的结束时刻，教师要注意用极精练的语言，点明要害，揭示主旨。

联系实际，学以致用。一切有经验的教师在教学结束之时，都有意引导学生将已学过的知识或内容与现实相联系、相结合，尽量使之学以致用，或培训技能，或诱导创新。

结而不死，善于开拓。结束的真正含义，只是收拢、收结，而不是结死、封死。因此，要求教师在运用结束技能时，善于将收结作为新的起点，新的生长点，新的发挥点，新的开拓点。从而将旧知引向新知，将旧课渡向新课，将知一推向反三，将思维引向开阔。这样就结而不死，且充满活力。

形式多样，生动活泼。收束形式要多种多样，教师在实际操作时，要注意变换形式和方法，变换语音和声调，等等。不要拘谨呆板，局限于一种格式。要根据需要，根据情境，根据自身条件，根据学生的不同程度，灵活生动，富于变化，使结束绚丽多姿，采用多种有效方式，使教学结束这一环节有声有色，妙趣横生。收束还要特别注意韵味，如橄榄在口，愈嚼愈香，如余音绕梁，三日不绝，从而让人回味、深思，也就是古人所说的"言有尽而意无穷"，所以在运用结束技能时，语言切忌浅薄、直白、淡而无味。要富有深意，富有启发性，富有开拓意识，甚至有一些含蓄，给学生留下深思和探索，让学生去钻研，去展开联想。

（3）收束设计的类型和方法

①升华情感，引起共鸣

情感是人对客观事物是否符合自己的需要而产生的态度体验，是人的心理动机机制的中心。晓之以理，必先动之以情。因此，在教学中应采取多种方式对学生进行情感的辐射，这在课堂教学的最后一个环节的设计——收束时也不例外。通常情况下，教师可结合课文中的主要内容，用饱蘸情感的语言，来营造一种特定的气氛，促使学生在情感上"共鸣"，形成教学高潮。

②总结回顾，强化记忆

在教学结束时，教师将讲课内容简明扼要地进行归纳总结，使学生回顾课堂上所学的知识要点、能力训练点，将印记在头脑中的散乱知识加以整理，分条归纳，厘清其线索，使它变为更有利于记忆的形式。

③点评议论，提高认识

如果说"升华情感，引起共鸣"的收讲方式在于以富有感情的言语、音乐等手段唤起学生的情感体验，达到与作品情感的和谐共振的话，那么"点评议论，提高认识"的收讲方式则重在以富于思辨色彩的语言唤起学生的理性思考，提高他们的思想认识。一感性，一理性，二者并行不悖，相互补充。

④讨论归纳，复习巩固

教师在提出问题、学生积极思考并进行讨论发言的基础上，由教师或学生对讨论发言归纳总结，充分肯定学生的积极性和讨论发言的正确内容，同时对学生在讨论发言中所表现出的错误认识予以纠正，通过归纳使学生对问题答案有一个较完整清晰的认识。

⑤板书收结，清晰明确

教师在讲课过程中，将重点词语逐步板书，最后将这些重点词语联结起来，点明中心，作为结束；或是在课文分析结束时，将提纲板书再勾画牵连，进行总结，起到直观、醒目、清晰、明确、便于记忆的作用。

⑥诵读课文，重现情境

教师在课程将要结束的时候指导学生再次诵读课文，一是能够提高学生的诵读能力，二是能让课文中的内容和情境再次呈现在学生的脑海中，起到加深印象的作用。

⑦布置作业，巩固所学

这是课堂教学常用的一种结束方式，虽然朴实，却很有效。这种方法是对教师教学效果的一种检验，是对学生学习效果的一种考核。布置作业的方式是多种多样的，总之要围绕"巩固知识记忆，激发积极思维，提高实践能力"这一总目标进行设计。

⑧引入作文，读写结合

引入作文是指根据课文内容、写作特点，布置作文练习，或是片段性的，或是整体性的，将所讲内容、作品写作技巧，转化为学生的写作技能，既要有具体指导，又要有批改讲评，培养学生既要掌握语文知识，又要具有写作技能，从而达到读写结合的目的。

⑨联系现实，贴近生活

联系现实是指联系与教学内容有关的社会现实、学生学习现实、生活现实来结束教学的形式。联系社会现实，便于学生了解社会，认识社会;联系学生学习现实，便于学生了解自己，激励学习积极性，树立良好学风;联系学生生活现实，便于学生明辨是非，革除陋习，弘扬正气。联系现实，要自然贴切，恰如其分，不能生搬硬套，牵强附会。

⑩制造疑团，巧设悬念

制造疑团，巧设悬念是指多课时的中间课时，提出若干疑问，悬于学生心头，刺激学生积极思考，释疑解难。该疑团承前启后，在原有知识的基础上，和新知识有一定关联，有助于加深理解原知识，促进对新知识的吸收消化。在前课时结束时，制造疑团，给后课时设置悬念，主动学习的学生会深入学习课文，寻求答案。这样教师就为后课时的授课铺平了道路，扫除了障碍。

⑪知识拓展，思维延伸

知识拓展是指利用原有知识或在原有知识的基础上，拓宽学生的思维空间，增加新的知识、新的技能，既有利于巩固已学知识，又得到新的营养而结束学习的方法。这种方法，是学生学习知识的再提高，是学生学习知识转化成某种技能的实践，既拓宽了知识面，又加大了知识的力度。思维延伸是指教师在结束时对课文内容的中心或某一点，心有所感，生发开去，或举例说明，或阐明事理，思维不断延伸。这种延伸，既增加了学生的知识含量，又开阔了学生的知识视野，引导学生思维延伸，做到思维共振，双向共鸣，从而保持课堂气氛的活跃。

⑫举一反三，学以致用

举一反三是指举一个例子，而学生由于深刻理解这个例子，能够举出相同相似相关联的若干个例子，它是联想的延续，是对所学知识的灵活运用。用这种方法结束，是对学生学习效果的一种检验，是对学生知识理解程度的一种考核，是对学生技能掌握的一种检测。能够达到"举一反三"，说明教学活动收到了学以致用的最佳效果。

(三)讲解和提问设计策略

1.讲解的设计

（1）讲解的含义

讲解是指教师从具体的教学实际出发，按照一定的教学模式，采用灵活适用的讲解方法，运用口头语言向学生传授知识、训练技能和培养智力而完成教学目标的主要方式，讲解的好坏直接关系到教学质量的好坏。在实际的教学活动中，教师的讲解应坚持科学性和艺术性的统一。

（2）讲解的原则

准确明晰，具有科学性。这是要求教师要用周密的语言、精确的词汇来分析综合、推测判断。课堂讲授是传授科学知识，这就需要科学的语言，科学的语言是周到严密、含义准确、不生歧义的。

通俗易懂，具有大众性。教学的目的是要让学生掌握教学内容，所以，教师讲话首先就要让学生听得懂、听得明白，这就要求教师要用大众化的语言，讲得通俗易懂、深入浅出。

简洁练达，具有逻辑性。这是要求教师讲授语言简洁明快，干净利落，既准确又洗练，句句连贯，联系紧密，层次分明，具有内在的逻辑力量和高度的概括水平。

生动活泼，具有形象性。这是要求教师的讲授用语必须鲜明活泼。课堂本来是庄重而严肃的，学生在学习时往往会因为课堂氛围严肃而拘谨，渐渐地由主动学习转为被动学习。结合教学内容，讲授鲜明活泼、生动形象，俚语典故、历史故事的穿插，往往就会使得本来严肃沉闷的教学活泛起来，讲授也具有一定的趣味性，学生的被动学习将会转化为主动学习。

抑扬顿挫，具有感染性。教师讲授的声调要有变化，发音高低、音量大小、速度快慢都要根据教学内容的主次、详略、难易程度和课堂的现场情况的不同而变化。

详略得当，具有适宜性。教师不仅要"传道、授业、解惑"，更重要的是要提高学生素质，培养创新能力，不能"一刀切""一锅煮"，必须目标明确，清楚实在，要善于把握中心，撷取重点，抓住全文纲领。有所舍，才能有所获;有所不为，才能有所为;为强干，就要削除旁枝;为保苗，就要铲除荒草。当详则详，当略则略，全盘在胸，果断处理。

深浅有度，具有层次性。深，指课文钻研精深;浅，指语言表达浅显透明。学生的年龄特征、认识水平不同，教材的体裁、内容各异，教师在课堂讲解中应遵循"可接受性"原则，进行深入浅出的讲解。教师对教材钻研精深，才能平易浅出;而非平易浅出，就不能使人人理解。教师要根据不同课文采取不同的讲解方式，深课文可以浅教，浅课文也可以深教，有时需细腻详述，有时需着意点拨，深而有度，浅而有法，环环相套，节节相通，使课堂呈现摇曳多姿的曲线美。

展收到位，具有精彩性。一堂课要撒得开，也要收得拢。课堂讲解开头要精彩，起句要引入，三言两语就要抓住学生的心，引起他们的兴趣，进而打开他们的思想通道，这样才能展得开，铺得平，夯得实。讲到"火候"，要关闸断流，明快作结，见好就收，给学生留下无穷想象的余地。

疏密有致，具有平衡性。课堂讲解的任何步骤和阶段，都有教师、学生和教材之间的协同作用，教材有密有疏，课堂节奏也应有密有疏。新课开篇应是"多密度""重负荷"的运动，教师应趁学生兴趣正浓，锐气正盛，浓彩重笔，或讲或练或评，掀起一个高潮，将教学内容大部分推出，融会贯通，深入强化，把有效时间用在刀刃上。高潮之后，调整疏密，可以继之以舒缓的小插曲，回味切磋，使学生大脑皮层的紧张状态在"微调"中得到缓冲，使整个讲解疏密得体，张弛有度，学生轻松地接受知识，愉悦地度过一节课。

断续结合，具有节奏性。每一节课的教学都渗透着动态节奏，每一节课的教学不能平分秋色，匀速前进，而是要有间歇，有休止。教师要善于借助短暂的"休止"，无形的"换气"，呈现教学的小链条。断续间隔、互补、创造富有节奏的课堂气氛，横扫沉闷呆板的课堂气氛，既要有长流水、不断线的"续"，又要有"十里一长亭，五里一短亭"似的"断"，时断时续，使课堂讲解呈现出节奏美。

（3）讲解的类型和方法

①整体–部分–整体式

把课堂讲解分为三个阶段，第一阶段为整体感知阶段，让学生大体了解课文"写什么"。在教师的引导下，学生通过初读课文，对课文有一个总体感受，形成初步的整体印象，大致了解课文写的是什么时间、什么地点、什么人物和什么事件，用什么写作方法表现的。这个阶段主要培养学生初步概括课文内容、艺术手法的能力和识字解词的能力。这个阶段，学生对课文的理解是笼统、肤浅的，也是不够精确的，还须进一步深入，然后便自然进入第二阶段——部分理解阶段。这是对课文的理解深化阶段，主要是让学生弄清"怎样写"的问题。通过教师的提问、点拨、讲解，较深入地搞清文章的结构，厘清文章的思路，划分段落，归纳段意，掌握课文重点段、中心句、关键词语，突破难点、重点，了解作者叙事、写人、状物、写景、抒情、议论的方法。在这一阶段，主要训练学生厘清文章思路、划分层次的能力，写作能力和理解句、段，归纳分析的能力。讲解至此，不算结束，教师还要引导学生升华到理性阶段，即第三阶段——整体回归阶段。这是在学生理解课文各部分的基础上，进一步弄清部分与部分，部分与整体的关系，使学生能把它们综合为一个整体，对课文产生立体认识，这个阶段主要让学生解决一个"为什么"的问题，即领会作者为什么要写这篇文章，为什么要这样写。这个阶段教师讲解的任务：一是要引导学生对课文内容、作者思路、表达形式等方面做整体理解；二是要启迪学生求异思维，使他们针对课文提出自己的新见解，把理解教材推向新高度。这个阶段重在培养学生准确掌握课文内容和表达形式的能力、判断能力和求异思维能力。

②重点突破、四面开花式

教师深入钻研教材，找出教材中的关键点，即体现教学内容的重点或难点，以这一点为突破口，引导学生理解全篇，完成学习任务。这种讲解方式跨度大，但省时间，收效也大，有利于指导学生掌握学习方法。设计这种讲解模式，教师要注意把握"两种思路"，即教材作者的思路、学生学习心理所能理解的思路，做到两个结合便做到了课文教学重点与学生思维发展相结合。教师要善于浓缩课文的内容，通过生动活泼的讲解，来达到学习语言文字和发展思维的目的。只有这样，这个"点"，才是体现教和学思路的"亮点"，才是解决教学重点、难点，完成教学任务的"突破点"。

③问题引领、一线串珠式

教师钻研教材，采用变序教学的思维方式，精心设问，用问题引路。有的课文哲理性较强或内蕴意义较深，学生一下难以理解，按照自然顺序讲解，又颇费时费力，学生不能直奔重点、突破难点。这时教师把教材中的重点或难点设计成悬念式问题，再引导学生反顾全文，深入探究，步步逼近，破除悬念，解决问题。这种讲解模式，不仅使学生自始至终在浓郁的学习兴趣和探求问题的欲望中完成学习任务，而且加快了课堂中教师和学生双向信息交流、反馈的速度，提高了教学效果。

④读写改融为一体式

这种课堂讲解模式着眼于培养学生自会读书和自能作文能力，其基本特征是把讲读、写作、批改融为一体，形成一条龙的讲解模式。语文教学内涵丰富，因素众多，纵横交叉是一个立体型的综合体，这一综合体的各因素不是杂乱无章的偶然堆积，而是合乎规律的有机组合，必须研究各因素之间的关系，并合理地组织和协调，通过科学的讲解模式，来反映语文教学这一综合体。读写改融为一体的讲解模式正是兼顾各因素间的关系，反映了语文教学综合体的一个简易方式。在教学中运用这一讲解模式时，教师必须全局在胸，根据教材实际，科学编排记叙文、议论文、说明文的反复交叉的训练序列，修改序列。在实施过程中除了讲清基础知识外，重在学习方法和能力的训练。具体的讲解模式应是：

第一步讲读。在教师引导下，组织学生认真阅读，理解课文。分析课文各部分的内容，归纳中心思想，分析写作方法。其间同学可以质疑、析疑，再编写读书提要，深入理解课文的内容和写作方法。

第二步写作。首先在教师的指导下，整理材料，即调动积累，梳理素材，确定中心。再以刚刚阅读理解了的课文为模式范文，拟提纲，打草稿，最后一气呵成，落笔成篇。

第三步批改。先选择一两篇典型范文，在教师指点下分析、批改。之后，教师就共同性的问题做针对性的讲评，再提出要求。每个同学把自己的文章再认真修改润色一遍，直至达到教师要求为止。在读写改的过程中虽然是以学生活动为中心，教师只是适当地讲解点拨，但自始至终教师都要起到主导作用。

⑤多课比较式

语文教材中单元的课文，总起来分析往往有其共性，但仔细推敲，各篇又个性鲜明，特点突出。讲解这样的单元，应围绕共性，各有侧重，通过比较，显现个性，使学生准确掌握这类文章的写作方法，也就是通过事物的各个侧面，来认识事物的整体。运用比较的方法来进行讲解，可将两篇比较或多篇齐下，比异求同，深化认识，可以异中求同，也可以同中求异。比较讲解重在培养学生关联式的思维方法、综合性的思维方法、区分的思维方法，这就有助于培养学生创造性的思维能力。

2.提问的设计

（1）提问的含义

提问是教师在课堂教学中根据学生已有知识、技能、经验和现有的心理水平，从教学内容、目的、要求出发设置问题并引导学生对提出问题进行回答、讨论，做出结论，以此了解学生的学习状态，使学生更好地掌握知识，从而获得技能、形成能力、发展智力的一种教学活动方式。

（2）提问的原则

精心设计，注意目的性。课堂教学的提问不是随意性的，要紧紧围绕着课堂教学的中心来进行。教师在备课时要精心设计提问的内容和形式，所提内容应具有典型性，反映教学的重点、难点和要点，否则就会偏离课堂教学中心，达不到提问应有的效果。难易适度，注意科学性。提问不能让学生简单地回答对与不对，要以思考性的问题为主，从学生的最近发展区来着手，让学生"跳一跳才能摘桃子"。如果一些难的问题一定要提问，就要注意设计铺垫性的提问。

新颖别致，注意趣味性。提问的形式和角度要新颖别致，使学生产生浓厚的兴趣，继而积极思考。因势利导，注意灵活性。课堂教学千变万化，教师在提问时要注意根据实际情况有针对性地提问。不能不顾课堂情况的变化生硬地照搬课前设计好的问题，也不要在学生答不上来时一个劲地追问，而应多用疏导性提问启发引导学生。

面向全体，注意广泛性。问题要向全班同学提出，待学生思考后指定学生回答，不能先点名再提问题。另外，全班每一个学生都有自己的长处，为了每一个学生的发展，要善于设计难易不同的问题，让全班程度不同的每一位学生都有经常被提问的机会，不能只提问少数"尖子"学生。

（3）提问的类型和方法

①是非式提问

问题的表述形式为"是不是"。是非式提问是教师在提出某个命题（如知识的陈述、教学内容的理解等）后要求学生对其正误进行判断、辨识的提问。这种形式可以作为启发学生思考的起始问题，后面随着学生答问的情况接问"为什么"，则可以将思考引向深入。

②特指式提问

问题的表述形式为"是什么（谁）""什么（谁）是"。特指式提问可以作为了解学生对旧知识记忆程度的提问，也可以作为引导学生学习新知识的提问。学习新知识的特指式提问后面通常跟着"为什么"的问题，其作用是避免思考问题的表面化，引导学生不但"知其然"，而且"知其所以然"。特指式提问与是非式提问一样，其思维方式为判断思维。

③选择式提问

问题的表述形式为"是……还是……"。选择式提问是同时提出几个意思相关、相近或相反的命题，要求学生做出选择判断的提问。通常情况下，在学生做出选择的同时，要求学生说明选择的根据或理由，学生答问时需要对给出的选项进行比较辨析，需要对涉及的内容进行分析、综合、取舍。因而，这种提问方式是一种具有启发意义的提问，可以锻炼学生比较、分析、综合的思维能力，同时辨析、说理能力也得到训练。运用选择式提问的关键是确定选择点。

④比较式提问

比较式提问是为了使学生对所学内容有明晰认识，引导学生将相近、相关或相反的内容进行比较、发现异同的一种提问方式。进行比较的内容可以是同一篇文章中的，也可以是从其他文章引来的。比较的范围也很广泛，字、词、句、段、章、观点、方法、风格等都可以进行比较。这种提问方式，有利于提高学生分析、比较、归纳、综合、概括等能力，有助于学生思维的缜密、认识的全面及创新意识的培养，是语文教师经常运用的一种提问。

⑤查考式提问

这种提问方式既可用于了解学生对旧知识的记忆情况，也可用于了解学生对新知识的掌握情况，目的是获得反馈信息，以便根据需要调整教学内容和教学进程。查考式提问通常用在某项教学内容的起始阶段，作用是建立旧知识与新知识的联系，为学生架起运用旧知识学习新知识的桥梁；或者用在结束阶段，作用是检查学习效果，深化教学内容。

⑥直截式提问

直截式提问是直接就问题的本身做正面提问，问题的表达简捷明白的一种提问方式，其长处是问题明白无误，不令人费解，其不足是由于问题直白显露，如果问题本身难度不够或启发性不强，则易降低思维训练的效度。这种提问方式运用的关键是，问题设在知识与智能结合的关键处，问题本身应富于启发性，以达到创设问题情境、启发思维的目的。当然，如果问题本身已具相当难度，或者问题的答案涉及内容较广，则不宜在提问的方式上再设置理解障碍，而以直截式为好。

⑦婉曲式提问

这种提问方式也是就问题的表达而言，它与直截式提问相反，不是就问题本身做正面提问，而是改变发问的方式，或变换发问的角度作"迂回"提问。婉曲式提问可以变直线思维为曲线思维，因而有利于学生的思维训练，由于发问方式不同寻常，因而易于引起学生的新鲜感。婉曲式提问的作用，一是可以增强问题的启发性，增加问题难度；二是可以激发学生思考的乐趣，增添学习的情趣。

⑧故谬式提问

故谬式提问是教师故意设置谬误的命题提出疑问，以引起学生深入思考的一种提问方式。故谬式提问具有很强的启发性，不但引起学生的注意，有利于所学内容的准确理解，更重要的是激发了学生思考和发表的欲望，学生的分析、辨别、比较、综合的思维能力和联想思维、想象思维、求异思维、创造思维等得到发展，口头表达、思辨能力得到培养。设计故谬式提问的关键有两点，一是应扣住教学的重点、难点设置疑问；二是谬误的说法对学生而言，应是并非显而易见的，或者是似是似非的，或者是虽觉得有错，但一时还说不出道理来的，这样的问题才是具有启发性的。

⑨反问式提问

反问式提问是教师在学生提出问题时，不直接正面回答，而将问题反问学生的提问方式。设计反问式提问，应以鼓励、引导学生积极思考，踊跃提出问题为前提。如果学生提出的问题，恰好是教师预先设计的问题，便可不失时机地运用反问式提问。运用的关键是反问问题的选择，反问的问题应该是有一定思维价值的，应该是与学生的旧知识结构有一定联系的，学生经过再思考，有可能自行解决的。反问的对象，可以是提出问题的学生个体，也可以是其他学生或全体学生。反问式提问的作用是引发学生的再思考，将思维由表层引向深入，同时培养学生独立思考，自己提出问题并解决问题的能力。

⑩连锁式提问

根据教学需要设计的一些问题的排列体现为一定的顺序，或由浅入深，或由易到难，或由简单到复杂，前后关联，体现一种内在的逻辑联系，这样的一组提问称为连锁式提问。连锁式提问是教师们着力较多的教学设计内容，它体现了对教学内容的深刻把握，体现了对教学规律、认识规律的深刻认识。事实上，设计连锁式提问的关键也在于此。连锁式提问除了有助于训练学生深入思考的能力外，还有助于培养学生思维的条理性、连续性和逻辑性。

⑪扩展式提问

扩展式提问是意在引导学生从不同方向、不同角度、不同侧面进行思考的提问方式。扩展式问题犹如一个中心原点，从这里出发，学生可以向不同方向寻求答案，因而扩展式提问的答案不是唯一的，也不必强求统一。扩展式问题属能力训练题，利于培养学生独立思考能力、变换角度思考的能力等。也正因此，扩展式提问的过程也就是培养发散思维、求异思维、联想思维、想象思维等高级思维方式的过程。

⑫理解式提问

答问的内容是对所学内容的理解。提问意在引导学生对所学内容从整体到局部，又从局部到整体进行反复思考，以达到深层次的认识。学生答问的过程中以分析、综合、概括为主要思维活动方式。从认知水平看，理解式提问已脱离了低级水平层次，不再停留在对事物的表层认识。但是，它仍止于对所学内容本身的认知，因而，其认知水平尚未进入更高级层次。尽管如此，由于引导学生对所学内容的理解既是教学的目的之一，又是培养学生阅读能力、发展思维的前提和手段，因而理解式提问是课堂教学中运用的最经常也最重要的一种提问方式。

⑬评鉴式提问

答问是对所学内容进行欣赏、鉴别或评论。评鉴式提问可以用在引导学生进行理性阅读时，也可用在要求学生运用知识解决具体问题时；评鉴的对象可以是精彩的名篇，也可以是不成功的习作；可以赏析文章的内容、形式，也可以畅叙自己得到的启示、体会；评鉴的方式可以比较分析，可以美读品味，可以讨论或默思。学生答问的过程中，要综合运用所学知识，综合运用自己多方面经验，综合运用多种思维方式进行独立思考，对问题的解答，要融进自己的感受，往往带有一定的主观色彩。因而，评鉴式提问是最富启发性、创造性的提问方式，是学生思维最活跃、多种思维可同时得到锻炼的提问方式，是既充分锻炼又充分展示学生语文能力的提问方式，可以说，它是最易受学生欢迎的一种提问方式。从答问的认知水平看，评鉴式提问显示了认知的最高层次。

(四)板书设计策略

科学合理的板书设计，能够配合讲述等行为，向学生提供学习内容的视觉通道的信息，与从听觉得来的信息相互印证，彼此融合，促进学生建构意义;能够提供学习内容的要点和结构，促进知识的条理化和系统化;可以为识记、保持、再现学习内容提供线索，为师生将注意集中于共同内容提供现实载体，从而提高课堂教学效率，取得理想的教学效果。

1.板书设计的原则

（1）求实，富有直观性。板书是为教学服务的，它一方面要有利于学生梳理、积累知识，帮助学生理解、概括课文，启发思维、提高能力;另一方面，要便于教师施教，实现教学目标，完成教学任务。所以，板书设计必须具有实用性、可操作性。另外，板书是以"纲要符号"的形式作用于学生的视觉的，所以还应强调直观、通俗易懂。

（2）求准，富有科学性。语文板书要准确地反映课文，要客观地表现教材，要科学地图解重点、难点、疑点，做到语言文字正确规范，内容概括完整、系统，结构严谨，逻辑严密，形式活泼，富有表现力。

（3）求精，富有简洁性。板书最忌烦琐啰唆，动不动就来个"满天星"，写满黑板。那种事无巨细、面面俱到、烦琐冗长的板书，一则会冲淡重点难点，面面俱到等于面面不到;二则会浪费上课的时间，降低教学效率。板书设计必须进行锤炼，炼字炼句、炼声炼色、炼趣炼味，做到书之有度。

（4）求序，富有条理性。文章写作讲究顺序，教学中的板书也应在一定程度上反映这种顺序，作品的线索顺序、情节发展、性格心迹、游踪线路、思路文路……都为板书的条理性提供了设计的依据，因此，板书应富有条理。

（5）求新，富有独创性。现代社会要求培养学生的创新能力，要做到这一点，首先教师要能创新，体现在板书上，那就是不但要能设计文字式板书，更要能设计符号式、表格式、图示式板书;不但能使用传统板书（黑板板书），更要能使用现代板书（电教板书）;不但能清楚、正确、精要地体现教学内容，更要设计符合心理规律的、令人耳目一新的形式。总之，语文板书应丰富多彩，要经常变化，时有创新，做到新颖性、趣味性、灵活性、多样性相结合。

（6）求美，富有艺术性。美观大方的板书，能使学生赏心悦目，折服于教师;相反，乱七八糟的板书，不但影响学生的学习效果，而且会给学生留下不好的印象。那么，怎样才能使板书富于美感呢？首先，粉笔字应工整规范、流畅醒目，教师的字虽然不一定都达到书法家的水平，但是每个人都应具备毛笔、硬笔的基础知识和基本能力。其次，板书的设计要新颖独特、变化多样、生动灵活，不要千篇一律都是一个模式，提纲式、图示式、情节式和形象式板书可交替使用、综合运用。再次，要安排好板书在黑板上的布局。板书内容在黑板上的安排方式和位置不同，板书所获得的效果也不同。

2.板书设计的类型

语文课的板书虽然千变万化、各个不同，但归结起来，其主要类型有以下几点:

（1）结构式板书。这是最常见的一种板书。它反映文章的结构、线索或情节的发展变化，能帮助学生掌握布局谋篇的方法。它适用于情节性较强的、线索清晰的叙述类和典型的议论文。

（2）提纲式板书。这种板书是用文字概括出各段落、层次的大意，然后以提纲的方式书写出来的。它不但能训练学生的概括能力，而且还能培养学生拟写作文提纲的习惯。

（3）线索式板书。所谓线索式板书，就是以文章的线索作为板书的主体，其他内容书写在与线索相关的位置上，这种板书的特点是线索鲜明，脉络清楚，能够简明扼要地反映作品的情节，直观凝练地揭示作者的思路，也便于反映人物、事件的思想意义和作品的表现手法。有的课文线索鲜明是其主要特点，阅读时如果把握了文章的线索，就可顺利地领会全文，对于这样的课文，就应从它自身的特点出发，采用线索式板书。

（4）图文式板书。图文式板书即将文字与板书的其他构件如线条、符号、图形等结合起来所构成的板书。这类板书有图文并茂的特点。教师运用文字、线条、表格、简笔画等多种板书构件进行板书设计。笔者认为这类板书更适合在小学阶段的课堂教学中运用，因为它更生动活泼，更有趣，适合小学生的形象思维等认知特点。

（5）形象性板书。这类板书主要是运用各种简单的图画把教学内容展示出来，它具有直观性、形象性，能使学生对所学内容一目了然，加深印象，加强记忆，调动学生思考的兴趣。

（6）对比性板书。这种板书是把几组事物（或一个事物的几个方面）放在一起进行比较。它可以培养学生的观察、分析、鉴别能力，引起学生深入思考，揭示事物的特点或前后的变化等。

（7）归类性板书。这是一种把具有同一属性的事物或现象排列在一起的板书形式。它能使学生按类别理解、记忆知识。比如，文言文中的语法、句子的板书常采用这一类型。

（8）脉络式板书。揭示课文的主要内容，突出重点和关键，扣住作者思路。化繁为简，把握主线和重点。

课文情况是多种多样的，有时采用某一种板书形式，还不能准确、全面地反映课文的面貌，而需要几种板书形式配合使用，将教学意图诸多要点熔于一炉方能解决问题，精简扼要、一目了然。

第九章 小学语文教师

第一节 教育实习

对于师范生而言，教育实习是大学四年中最重要的一个阶段，在这一阶段莘莘学子要把自己储蓄了四年之久的专业知识转化为实践，并通过实践检验所学知识，不断充实自己。如果没有亲自进行教育教学实践，学的知识再多也不可能产生良好的社会效果，当然也就不可能创造出新的知识。

一、教育实习概述

高等师范院校是培养师资的工作母机，责任重大。而教育实习作为教师职前培训的一个过程，是培养教师具备独立工作能力的一个中心环节。教育实习作为培养优秀教师的最为重要的实践课程，是理论联系实践的纽带，在师范教育中的作用是不容忽视的。教育实习质量直接关乎到高素质教师的培养，而教育实习的质量取决于教育实习观、教育实习目的、教育实习时间、模式、指导、评价等多种因素。

（一）"教育实习"的界定和特性

虽然教育实习是一个人们耳熟能详的概念，但是，对教育实习的定义却有所差异。范围较广的教育实习包括参观、见习、试教或协助指导教师教学等在内的各种教育实践活动，而活动的主体包括师范生、接受上岗培训的教师。然而较为狭义的教育实习指的就是教育实习中最主要的组成部分——教学实习，而活动的主体就是师范生。在顾明远主编的《教育大辞典》中，对教育实习（educational practice）的概念是这样界定的：各级各类师范院校高年级学生到实习学校进行的教育、教学专业实践的一种形式，包括参观、见习、试教、代理或协助班主任工作以及参加教育行政工作等。

李伟在《师范学校教育实习经验选集》中认为："教育实习是师范生在教师指导下将已获得的教育科学知识和各科专业知识、技能运用于中小学教育教学工作，以形成和完善知识结构，培养和锻炼教育、教学工作的能力，提高职业素养的综合性教育实践活动。"还有学者认为，教育实习是"师范生理论联系实际的重要途径，是师范生综合运用所学知识、技能解决实际问题的过程，是师范生在具体真实的教育情景中感受由学生到教师的角色转换，逐渐培养教师的职业意识、职业情感、职业道德、职业技能以及职业能力的过程。"

综上可知，虽然研究者对教育实习的界定不尽相同，但内涵基本一致，都认同教育实习是师范院校的重要课程，是教师教育的重要环节。概括各家所言，我们认为教育实习具有以下特性：组织性，即有计划、有组织、系统地开展教学实践活动；目的性，牢固掌握专业知识，发展教师教育技能；指导性，实习生需要教师的指导，以规范自身的教育和教学行为；实践性，亲历教师职业行为，把握教育对象的特点；学习性，传承优秀教育理念，习得教师职业行为；评价性，检验自身的教师教育素养，涵盖专业知识素养、教育素养、心理素养、身体素养等；发展性，锤炼专业思想，发展教师素养。

（二）教育实习的目的

教育实习是高等师范院校高年级学生到初等或中等学校进行教育和教学专业训练的一种实践形式。它是师范教育贯彻理论联系实际原则、实现培养目标不可缺少的教学环节，是教学计划中的重要组成部分。通过教育实习，可以使学生把知识综合运用于教育和教学实践，以培养和锻炼学生从事教育和教学工作的能力，并加深和巩固学生的专业思想。

具体来说，教育实习的目的主要有：通过教育实习，使学生进一步领会党和国家的教育方针，提高对教育工作重要性的认识，初步了解中小学、幼儿园教育和教学工作的特点，培养学生从事教育工作的能力；使学生将所学的专业知识、基本技能和教育理论综合应用于教育实践中，不断完善按自身素质解决实际问题的能力；全面检验办学思想和人才培养规格要求，及时获得信息反馈，不断改进教育工作，提高教育质量。

（三）教育实习的内容与要求

教育实习的内容包括教学实习、班主任工作和教育调查等。

1.教学实习

教学实习分为实习前的准备工作和实习期间具体的工作。对于实习生而言，实习前的工作主要是在校内实习指导教师的指导下，学习钻研教材、编写教案、进行试讲。实习期间，本科生在一线中小学、幼儿园不仅要听课，还要上课，参与教研活动，直至完成18周的实习任务。实习生应结合相关课程的学习，观摩中小学、幼儿园课堂教学，了解课堂教学的规范与过程。在有指导的情况下，能够根据中小学生、幼儿的特点和教学目标设计与实施教学方案，经历1~2门课程的教学活动。对于上课，每节课课前都要编写教案，在上课前实习生也要主动征求原任课教师、听课教师及同学的意见，不断改进和提高教学质量。

实习期间，每个实习生都必须认真听课，做好详细记录，并进行交流，以达到取长补短、共同提高的目的。实习期间应在各实习点有计划地组织一次实习公开课，并进行认真的评议，以提高实习生的课堂教学质量和教学实践能力。同时，实习生还应参与各种教研活动，获得与其他教师直接对话或交流的机会。

2.班主任工作

每个实习生应在实习学校原班主任的指导下制订班主任工作实习计划。班主任工作实习时间与教学实习同步，在18周的时间里，实习生应该承担中小学、幼儿园的班主任管理工作。在有指导的情况下，参与指导学习、管理班级和组织班队活动，获得与家庭、社区联系的经历。实习生应深入班级，了解中小学生、幼儿群体活动的状况以及中小学、幼儿班级管理、班队活动的内容和要求，获得与中小学生、幼儿直接交往的体验。密切联系中小学、幼儿园，了解中小学、幼儿园的教育与管理实践，获得对中小学工作内容和运作过程的感性认识。具体实习内容包括：了解学生的思想、学习、生活情况和身体健康等状况；对学生进行思想教育和组织纪律教育；根据学生特点，组织主题班会等活动；组织和指导学生课外活动等。

3.教育调查工作

实习生在实习期间，应参加实习学校的教研活动，并对实习学校的教育改革情况进行调查，写出调查报告，实习结束后交所在学院，作为评定实习成绩的参考。

(四)教育实习的主要模式

基础教育的课程改革为增加教育实习提出要求，如何设计切实可行的教育实习模式，真正有效地提高教育实习质量一直是高师教育工作者思考和探索的重大课题。近年来，人们提出了一些新的教育实习模式，诸如，集中教育实习和分段教育实习相结合，定点教育实习和分散教育实习相结合，委托管理教育实习和自主管理教育实习相结合，模拟教育实习和现场教育实习相结合。但根据各高校的具体情况，可采取的教育实习模式可据本地实际情况而定。以曲靖师范学院为例，该校主要采用定点教育实习和分散教育实习。定点实习主要是建立稳定的教育实习基地，分散实习则是学生回到生源地或自己联系实习。

1.基地式教育实习

基地实习由师范院校统一编队，在同一时间，学生集中在几个相对集中的实习点实习。目前该形式在我国应用普遍。其优点是计划性、组织性强，便于集中管理和指导。我国很多大学与其附属中小学都建立了亲密合作的伙伴关系，这种教师校本培训应当成为中小学及地方教育当局一项固定的长期工作。由此形成的是职前和职后教师教育的一体化，中小学校将在这一过程中形成大学与中小学融合的新型的学校文化，实习生可到指定的基地进行实习。实习生和正式教师一样必须参加学校的各种活动，承担教师的所有角色。

2.自由分散式教育实习

所谓分散实习是指一些师范院校的大学生单个或三五成群联系实习单位。这种形式看似灵活自由，与自主择业相吻合，但最大的弊端是疏于管理、缺乏指导，难以营造一种互相帮助、互相竞争的氛围。虽然对每个学生在此条件下的发展不能一概打折扣，但就学校的整体培养目标而言，这种实习方式不利于学校自身反省和审视教学质量。

(五)教育实习阶段步骤

目前，我国大多数高师院校的教育实习仍以毕业前的一次性实习为主，通常安排在第七学期，时间为18周。在第六学期末就进入到实习准备阶段，大都为实习动员，主要涉及说课、备课、试讲环节。第七学期第1周至第18周均为教育实习，主要涉及教学观摩、课堂教学实践、班主任工作等。但各高校根据实际情况在实习的时间安排上略有不同。一般而言，教育实习全程共18周。第六学期临近期末在学校做实习准备，第1～18周在实习学校进行实习，第18周做实习工作总结，结束实习。具体步骤如下：

1.准备工作

实习前的准备工作首先由院系召开由主管领导、实习带队教师和全体实习学生参加的实习动员大会，强调实习的意义，明确实习任务和要求，帮助学生调整状态，做好各方面准备。其次，以实习队为单位，由带队教师组织学生进行教育理论再学习。另外，还要组织实习学生熟悉中小学教材，根据实习年级、实习课文特点，进行教材通读，收集相关资料。在确定实习课程后，开始备课、试讲。

2.实习活动

实习学生应在实习带队教师和实习学校指导教师的双重管理下，完成以下工作和任务：

首先，了解实习环境，包括实习学校自然概况，实习班级教育教学概况，尽快熟悉实习环境。在班主任指导教师的指导下，尽快熟悉实习班学生，开始班主任工作实习。在明确实习教学课程后，迅速进入备课状态。且在同一学年实习的同学，要集体备课。

其次，认真编写教案并反复进行修改，正式上课前必须进行试讲，经带队教师认可、教学指导教师在教案上签字后方可进入课堂上课。实习生按照实习教学计划进行课堂教学实习，完成实习教学任务。

最后，开展相关学科的课外活动，以配合课堂教学。按照实习学校的班会统一计划，为实习班级设计并主持一次主题班会。同时，确定教育调查项目并按时完成。

3.实习评价与成果展示

学生在实习学校的教育教学实习任务完成之后，根据规定，需要对学生进行教育实习成绩评定。实习评价应与实习总结、实习成果展示结合起来，注重评价学生的成绩，鼓励学生总结自己实习的收获，提升他们在实习中获得的思想认识。

实习评价主要是为实习学生建立教育实习档案，要求他们根据教育实习文件夹内的项目积累实习中的各种材料，尽可能展示自己实习中的最大成功和最佳表现，以及教师、同学和学生对自己的最高评价，以此作为实习评价的重要依据；成绩评定实行实习队内民主评议、实习学校指导教师评价、实习带队教师评定相结合的方式。

实习成果可以有多种形式，包括实习日记、实习生活照片、优秀教案、优秀教学课录像、优秀实习生实习总结报告等；实习成果展示，也采用多种方式，如宣传展板、优秀课竞赛、优秀教学课录像播放等，最集中的方式是实习总结大会。

实习总结大会，是教育实习总体工作的最后一个环节，是教育实习结束的标志。由院系领导主持，全体实习教师和学生参加。主要对实习工作进行全面总结和表彰，同时进行适当的教师职业教育，培养学生对教师职业的热爱和尊重。

从实习生的成果中，我们可以感受出实习对学生的各种帮助，也可以看出学生对实习的认识与体会，这种教育实践对学生的成长有较大作用。

(六)教育实习成绩评定

教育实习成绩是衡量实习生教师实践技能的有力手段，也是检验实习生教育实习综合素质的一个结果。因此，实习成绩的评定对实习生显得尤为重要。就目前而言，我国各大高校在教育实习结束后都会通过各种途径给实习生评出成绩。实习结束前，要做好教育实习的总结工作，每位实习生要填写《教育实习鉴定表》，经实习小组评议、实习学校指导教师及领导签署意见后，由院长（系主任）审定实习综合成绩。教育实习总结与成绩的评定按如下要求进行：首先，进行实习生个人总结。实习总结要求写出自己在实习过程中的基本情况和心得体会，要求写实，切忌空谈。其次，进入院内准备阶段成绩。实习指导教师根据实习生在院内准备阶段的表现评定院内准备阶段成绩。接下来进入院外实习成绩评定阶段。实习学校指导教师根据实习生听课、备课、试讲、上课、实习班主任工作、教育调查、实习纪律、实习态度等情况写出鉴定评语，并按《教育实习鉴定表》逐项评定等级。评定的材料需交实习学校教导处签署意见，并加盖公章。最后，由实习生所在院的院长综合实习生院内、院外实习成绩及表现，组织评定实习生的实习总成绩，并报教务处备案。

(七)目前师范生教育实习中存在的主要问题

教育实习作为师范院校的重要课程、教师教育的重要环节，直接关系到师资培养的质量和师范院校的办学水平。但高等师范院校的教育实习中，很多师范生面临很多问题，这些问题也是他们的困惑。这些问题的存在造成了教育实习对于一部分高校而言，在师资的培养上质量不是很高。对师范生而言，教育实习中主要存在以下问题：

1.实习内容和形式单一

高师教育实习一般包括如下内容：教育实习前的见习、校内模拟实习、课堂教学实习，以及班主任工作实习、学校行政管理实习和课外、校外教育实习等。其中，课堂教学实习是高师教育实习的主要内容。而且在目前教育实习的大背景之下，学校实习的内容主要是课堂教学实习，形式也多为传统的课堂模式，这使得实习生在教育实习中所学的东西不全面。

2.实习角色定位不准

实习生自己定位不准确，习惯于将自己定位为中小学生的"大哥""大姐"。实习生也希望学生能像对待教师的方式对待自己，但在实习中很难脱离"大哥""大姐"的角色。这种角色虽有助于建立良好的师生关系，但也使得实习生倾向于以"讨好"的方式与学生相处，缺失原则的坚持。由于实习指导老师对他们的实习成绩具有决定作用，尤其在班主任实习工作中，不少实习生把自己当作执行者，指导教师怎么说自己就怎么教，在具体事情的处理上不敢做主。当然，这种"学习者""执行者"的定位，有利于实习工作计划的执行和落实，但它的缺陷也是显而易见的，容易使实习生形成依赖性，而主动性和自觉性较差，不易发挥创造性。这种权威和朋友角色间的冲突，如果没有权威作前提，实习生往往无法驾驭课堂，无法保证教学工作的有效展开；教师的权力运用过多，实习生虽能驾驭课堂，但又容易造成课堂气氛僵硬。这种既想不失其身份又要与学生维持朋友关系引发的角色冲突，往往导致实习生在学习者和"大哥""大姐"的两个角色之间左右为难，总想在二者之间寻找一个平衡点以缓解冲突带来的压力。

3. 不能有效地处理教材，缺乏教学技能

（1）不会备课，讲课没有趣味性。大部分师范生对讲课内容理解不深，不能找出难点、重点，对于学生明白的内容不厌其烦地讲，学生不理解的知识却没有仔细讲解；把不重要的当成重要的大讲特讲，而重要的则一带而过。

（2）对学科知识理解不到位，缺少真实的互动。很多师范生的学科专业知识深度不够、广度不足，对教学内容缺乏深刻的理解，教学易浮光掠影、流于形式。

（3）缺乏教学经验。师范生实习和上讲台的机会有限，所以没有过多的课堂管理经验，面对突发事件时，就不会处理了。课堂的突发事件大部分靠教师的自身课堂机智来应对，而课堂机智的培养很大一部分要靠师范生的实践操作。可师范生在实习时，有指导教师坐在教室里听课，课堂的意外情况不会太多，所以大部分师范生都没有机会去真正地感受真实的课堂。

（4）学科知识不足。很多师范生在校的时候学习刻苦认真，对于考试的科目非常精通，但除此之外很少看课外书。其实，知识都是互通的，所有的学问都有一个相互的入口，彼此相辅相成、相互补充、相互迁移。而大部分师范生并没有认真地坐下来好好读几本相关的或不相关的书。在强调综合素质的今天，很多师范生就有明显的缺陷了。而有的师范生对本专业的东西不够重视，对一些专业细节不够了解，所以在教学的时候也容易出现错误。

（5）条件性知识不够。师范生实习或初上讲台最大的一个问题就是对教学理解不到位，把教学当成了纯粹的传授知识，把自己当成了一个纯粹的传道者。所以教学时总是高高在上，目空一切，把讲台当成自己表演的舞台。

4. 不能驾驭课堂，缺乏教育机智

师范生在实习的时候遇到的一个最大的问题就是不能控制课堂。青少年学生活泼好动、思考积极、发言踊跃、敢于并善于怀疑，然而常常也会出现不利于课堂教学的情形，比如思路漫无边际、脱离正题、说一些无关的话、做一些无关的事等。很多师范生对学生的这些表现无能为力，最后只有采取简单粗暴的手段，打骂学生，结果是适得其反。

5.班主任工作技能有待提高

班主任无论在贯彻国家教育方针政策，还是在学校工作中，尤其是在促进学生全面成长的过程中，都发挥着重要作用。对于师范生而言，班主任工作是师范生未来从事教师工作所要面临的重要任务，中小学、幼儿园要求各专业师范毕业生都要具备较强的班主任工作能力，但由于师范生在高校学习期间没有真正经历过班主任管理工作，使得在教育实习中存在一些问题：

（1）缺乏管理者的角色意识

班主任是管理者的角色，但在教育实践中，许多师范生没有认识到班主任管理角色的这一特征，因而在教育实习中甚至在正式工作之初不能按照管理的规律和方法行事，导致班主任工作连连受挫，挫伤了青年人为师从教的自信心。师范生在校学习期间很注重教师角色的学习，对班主任管理角色的学习重视不够或认识不清，忽略了相关知识的积累和技能的学习，这对师范生的未来发展极为不利，所以师范生在学习期间一定要加强班主任相关知识和技能的学习，培养做班主任的管理能力，努力向未来班主任专业化方向迈进。

（2）难以把握师生关系的适度原则

师范生在刚刚接触班主任工作时，多数不能把握与学生交往的"度"，往往在"过于亲密"和"过于严肃"的跷跷板上不断接受失败的痛苦煎熬。年轻的大学生在班主任工作之初，还不能很快地适应由学生到教师身份的转变，他们带着年轻人的热情、朝气，甚至还有稚气投入到工作当中，他们渴望学生们喜欢自己、信赖自己，他们很想表达对学生的爱，但是却以"大哥哥""大姐姐"的心态对待学生，渐渐忽视了师生界限，有的师范生在实习期间与学生称兄道弟、姐妹相呼，把师生关系庸俗化，对于学生的错误姑息迁就，导致学生犯错不断，班级纪律涣散，这时班主任的权威已消失殆尽，如再想重塑班主任管理者的角色形象为时已晚。另一种情况是一些师范生为了维护自己的权威形象，避免学生气带来的不利影响，假之以"严厉"的形象示于学生面前，这虽然会对学生产生一定的威慑力，但是由于缺少方法和沟通，学生们不会像对待老教师那样"敬而远之"，反而对年轻的班主任会产生集体对立情绪，使班主任陷入孤立之中，结果是同样不能顺利开展班级管理工作。

（3）缺少应对偶发事件的应变能力

偶发事件是指在教育教学过程中突然发生的、始料未及的，教师必须迅速反应，做出特殊处理的事件。班主任在工作中会遇到各种偶发事件，无论是一般性质的偶发事件，还是特殊性质的偶发事件都会给全班学生带来一定震动，都会对学生的思想产生冲击。很多师范生在教育实习和工作之初遭遇到各种偶发事件，如学生打架事件、师生冲突、学生意外伤害事件等等，常常以突然的方式爆发，教师对事件缺乏足够的思想准备，所以常常会手足无措。对于偶发事件的处理，往往成为那些经验不足的师范生们最为头痛的问题，他们面对性质各异的偶发事件往往束手无策。然而，偶发事件对于初涉班主任工作的师范生来讲，既是挑战，又是机遇。它考验了班主任的教育机智，是对班主任的知识、能力、经验、智慧、品格的综合检验。

（4）设计组织班级活动的能力有待提高

班级活动是学生班级生活的重要组成部分，组织班级活动是班主任的一项重要工作内容和基本技能。从教育实习中班主任工作反映的情况来看，师范生的书本知识掌握得比较扎实，而实际的组织管理活动的能力相对较弱，在设计组织班级活动方面存在的主要问题有：首先，在班级活动内容的选择上还不够典型，师范生在设计活动方案时能够根据新时期学生的特点，寻找一个明确的主题，但是具体内容还缺乏针对性，不能较好地突出主题。其次，活动形式比较单一，不够灵活。例如，师范生在设计主题班会时，大多数采用的是讲授形式、表演形式，除此以外很少用一些能调动学生积极性的丰富多彩的形式。再次，结构不合理。例如，班会的结构应环环相扣，层层深入，内容应围绕主题层层推进，以引领学生情感走向高潮，达到内心深层次的震动。较多师范生在设计班会时采用并列结构，内容安排缺乏逻辑性。最后，准备工作不充分。由于师范生缺少实地工作经验，所以在班级活动的设计和组织的准备工作方面还有失细致，班级活动中的偶发事件在很多情况下就是由于细节准备工作的疏忽而导致的的。

二、课堂教学艺术综合应用

课堂教学艺术是优秀教师出色地完成教学任务、实现教育目的所应具备的重要素质之一，它是教师遵循课堂教学特有规律，科学地运用各类教学手段、方法，以取得最佳教学效果的综合创造性活动。课堂教学艺术风格是教师独特的教学风貌的集中体现，是教师教学工作个性化进入稳定状态的标志。课堂教学艺术是课堂教学发展到一定阶段的产物。它的明显标志是出现一大批形成课堂教学艺术风格的教师。目前实施素质教育，当务之急是深化课堂教学改革。这不仅需要在理论上提高认识，更需要在实践中使课堂教学向更高的阶段发展。因此，时代呼唤课堂教学艺术，呼唤形成课堂教学艺术风格的教师尽快地成批地涌现。

（一）教学是科学还是艺术

教学与科学一样也是一门艺术。教师与学生的互动关系是一个双边活动，既包括教师的教学活动也包括学生的学习活动。教学过程主要体现在课堂教学中。很多人认为教学和艺术是两种不同并完全无关的东西。但实际上，艺术的特点如熟练的技巧、创造性和生动的表达都存在于教学中，所以，在这一点上它们是相关的。

科学是关于自然、社会和思维的知识体系。科学是用逻辑和概念等抽象形式反映世界，其任务是揭示事物发展的客观规律，探求客观真理，作为人们改造世界的指南。科学工作者的一个突出特点是"求真"。而艺术是用形象化来反映现实，是比现实更具典型性的社会意识形态，包括文学、绘画、雕塑、建筑、音乐、舞蹈、戏剧、电影、曲艺等。艺术的一个突出特点是求"活"。所谓"活"指的是生动、形象，灵活多变，丰富多彩，具有"静"与"动"的审美价值，富有内在的意蕴，既能反映现实生活，但又高于现实生活。

说到底，教学既是一门科学，又是一门艺术。教学是指教师的教和学生的学所组成的双边活动，无论教师的教还是学生的学都是有客观规律可循的，教与学必须以科学的理论为指导。从这个意义上讲，教学是一门科学；另一方面，教学也是一种创造性的劳动，教学理论应用于实际，须因人、因地、因时制宜不能囿于一个程式，因而教学不仅应遵循客观规律，还要灵活运用客观规律。从灵活运用客观规律方面而言，教学不只是求"真"，且要求"活"。从这个意义上讲，教学又具有艺术性。

(二)教学艺术的内涵

1.什么是教学艺术

教学艺术不属于文学、美术等以典型形象反映现实的社会意识形态，而应指富有创造性的方式、方法。换句话说，教学艺术的上位概念应是创造性活动方式、方法。我们可将教学艺术定义为教师的教和学生的学所组成的双边活动的创造性活动方式、方法或技巧。

教学艺术就是教师在课堂上遵照教学法则和美学尺度的要求，灵活运用语言、表情、动作、心理活动、图像组织、调控等手段，充分发挥教学情感的功能，为取得最佳教学效果而施行的一套独具风格的创造性教学活动。把教学艺术看成某种高超的教学技巧、某种创造性教学设计、某种教师的动人表演都是不全面的。教学艺术是一种高度综合的艺术，属于教学实践活动的范畴。

2.教学艺术有哪些特征

（1）科学性

所谓教学艺术的科学性指的是教学艺术的"真"性。具体表现在两个方面：

①内容的"真"。教学艺术是为表现教学内容服务的，如果内容讲错了，求"活"本身就失去了其意义，也就谈不上艺术了。如一位女教师讲"一言以蔽之"的意思。她连说带做，先讲了一句话，然后立即躲在讲台底下，问学生："看见我没有？"学生回答说"没有"。她接着说，刚才我表演的就是这个成语的定义，即讲一句话就躲起来，让别人看不见。这种教法，活则活矣，只是活所表现的内容严重失真，这能叫艺术吗？

②表现手段之"真"，即表现内容的方法应符合教育学、心理学的有关原理。如有位教师讲《变色龙》一课，在学生既无知识背景的铺垫，也没有必要的已知条件的情况下，就给学生提问："这篇小说中有一句最重要的话，是哪一句话？"学生于是像猜谜语似的乱猜一通，却怎么也猜不着"这是谁家的狗"这一句最重要。这种提问的方式有何科学性呢？

因此，教学艺术的首要特征是用正确的方法表达科学的内容，这就是教学艺术的科学性。

（2）创造性、灵活性

创造性是艺术的活跃因子，没有创造性，也就没有艺术性。这里指教学艺术具有求"新"、求"异"、求"活"的特征。教学因内容不同、对象不同、时间地点不同而应有所不同。即使是成功的方法与经验，其存在也不是无条件的。因此，即使是先进的教学经验、教学方法，在具体运用过程中，只有依据具体的条件进行一番创新与改革，或是灵活地加以运用才能最大限度地发挥其作用。

在小学语文教学中，要发挥教学的创造性，应注意开发学生的求异思维，培养学生看待问题的新颖性、独特性、多向性，激发学生的创造力。例如，一位教师在教《称象》时，问学生："还有没有更好的称象办法？"学生的思维顿时活跃起来。一个学生说："称石头太麻烦了，可以让随行官员一个个地上船，直到船沉到画线的地方，称称每个人的重量，把重量加起来就是大象的重量。"多么与众不同又切实可行的办法！多么可喜的求异思维的火花！学生不是不能，关键在教师的启发引导。语文教材中的很多课文都可以用来训练学生的求异思维。还有的教师在教学《圆明园的毁灭》时，引导学生讨论：圆明园要不要重修？说出自己的理由。教师这样精心地为学生铺设求异路径，引导学生多角度、灵活地观察、分析问题，就能提高他们创造性思维的质量。

（3）情感性

所谓教学艺术的情感性是指教学艺术具有以情感人、以情动人的特点。教学活动，是教师对学生的影响活动。教师对学生的影响，既可以从理性层面，通过摆事实、讲道理影响学生；也可以从情感层面，从满足学生的好恶、兴趣出发，影响学生。如激发学习动机，既可以用摆事实、讲道理的方法，从提高学生的认识入手（晓之以理）；也可以从兴趣、爱好出发（动之以情）。达到教学艺术水平的教师，不只是任理性去影响学生，而且注重情感对学生的影响，从而发挥情感与理性两方面对学生的影响作用。

教学中问候语就很能起到交流沟通师生之间情感的作用，而很多人不明白其实问候语也要讲究艺术，一旦问候语中具备情感因素，整个教学也就向成功迈出了一步。当上课铃声响起，老师走进课堂之后所做的第一件事就是与学生互相问候。传统的形式是这样的：

老师：上课！

班长：起立！

老师：同学们，早上好！

学生：老师，早上好！

老师：请坐！

毫无疑问这种一成不变的问候形式是生硬呆板的，日复一日，就很难达到互相交流感情的目的。每节课的开端对后面的教学环节起着非常重要的作用。如果老师能改变传统的问候模式，运用其他合理的语言与学生们沟通，即使短短几句话也能稳定学生的情绪，对活跃课堂气氛、调动学生学习的积极性起到很重要的作用。老师应充分利用与学生建立友谊的机会，并用真挚的话语感染学生。我们看下面的例子，做个比较：

老师：非常高兴再次见到大家！今天大家感觉如何？

学生：很好！谢谢！

老师：今天天气不错，我看大家的精神状态也不错，我相信这堂课也会上得很出色，大家同意吗？

学生：同意！

老师：很好！那现在开始上课！

很明显，这样的问候更贴近学生，缩短了师生间的距离。这样亲切而又富有激励性的语言能够鼓励学生尽全力去认真听讲，因为这样学生才会感到在课堂中他们也是主人，不仅是学习者还是参与者。有些时候，这节课不是全天的第一节课，学生的注意力有些分散，老师可以这样设计自己的开场白："刚结束了数学课，是不是很累啊？""刚刚参加的语文测验，大家感觉如何啊？"这样的问候能够使师生间陈旧的问候形式变得新鲜，变成了朋友之间亲切的问候。通过这样的开始给学生上课要比直接上课好得多。无论如何，老师应该精心设计课堂问候语，它是课堂教学艺术的表现之一。

（4）魅力性

所谓魅力，从心理学的角度说，是一种悦人心目、牵人情思的吸引力，是一种扣人心弦，激励追求的感染力。教学艺术的魅力性是指教学艺术所具有的使学生喜欢学习、向往学习的吸引力和感染力。魅力性可以说是基于科学性、创造性、灵活性与情感性的一个必然结果。

小学语文名师窦桂梅的课堂教学每每是在一种充满真情的氛围中进行的。无论是听她的正常授课，还是听她的公开课，这种艺术感染力都会分外鲜明地体现出来。她全身心地投入，讲到激动处，激情飞扬；讲到愤慨时，扼腕长叹。可以说，每次课堂教学就是她和学生进行的一次心灵的共振——课始激情情始生。窦桂梅认为，课堂教学是师生双边交流的一种最直接的知识对话，而课始的情能否激发则是一节课成败的关键。下面我们来看看窦老师的几个教学案例：

《难忘的一课》讲的是"我"在50年前，目睹台湾一所普通乡村小学里师生们学习祖国语言文字的情景。上课伊始，伴随着张明敏的《中国心》，窦桂梅就以当时发生的中美撞机事件巧妙导入新课，学生们的情感在她的一步步调动下一点点激发出来了。"我是中国人，我爱中国！"课文出现了三次。这是整篇课文的要旨，窦桂梅紧紧抓住这一要点，调动多种教学手段让学生逐次仔细领悟。在体悟课文情感的时候，她让学生齐读、默读、自读、领读，一节课里，"我是中国人，我爱中国！"就在这种不同层次的感悟中让学生读了十几遍，看得出，学生的情感一次次得到了升华，他们不仅领悟到了作者的思想感情，重要的是自己在情感的世界里走了一趟！从开头窦桂梅和学生在黑板上、本子上一笔一画、认认真真地书写着"我是中国人，我爱中国"这几个字，到最后她又和学生用颤抖的笔再一次书写着"我是中国人，我爱中国"时，那几个鲜红的大字已经映出学生的情感，已经镂刻在学生的心灵。在悠悠的《思乡曲》中，她把余光中的《乡愁》适时地引入，并饱含深情地，用优美而哽咽的声音表达了"乡愁是一湾浅浅的海峡，我在这头，大陆在那头"的台湾人民强烈的民族精神和爱国情意。当孩子们含着泪水再次高声朗诵"我是中国人，我爱中国！"时，全场900多位教师也含着泪水跟着学生朗读。她感动了听课的师生，也感动了自己……

在上二年级语文《葡萄沟》这节课的时候，出现了一个小插曲，也从一个侧面体现出窦桂梅老师课中悟情的教学魅力。因是上课时才和学生见的第一面，窦桂梅对学生不熟，当师生陶醉在"葡萄沟真是个好地方"时，她发现一个女学生趴在课桌上哭了，窦桂梅毫不犹豫地停下课:"孩子,你怎么哭了?可以告诉老师吗?"那位女同学委屈地回答说:"老师,你为什么不叫我啊?我都举了好多次手了!"孩子充满真情的回答让在座的老师们都深深地感动了。窦桂梅特意安排她当了一次导游介绍葡萄沟。会后,女孩的任课老师深有感触地说,这孩子原来在课堂上很少发言,今天居然还会为一次发言的机会哭了,窦老师真不简单!是啊,一节简单的课,一次可能会讲得空洞的爱国主义思想教育,而当窦桂梅把全部的真情和挚爱都融进去时,这节课就成为一种艺术的熏染,这就是窦桂梅课中悟情的内质,这种内质丰厚,自然,延绵不绝——课终谙情情未了。如果说一节课是教师与学生进行双边活动的一座桥梁的话,那么教师对学生课后的教学启迪则应是这座桥梁的基石,抓住课终时机,使学生的情感得到进一步的升华。

(三)教学艺术的节奏

教学作为一门艺术,要提高效率,增强感染力,不能不注意教学的节奏。一堂成功的课犹如奏乐,按照旋律、曲调抑扬顿挫,音节疏密相间,节奏明快和谐,各个环节有机相连。整个课的节奏体现音乐性,就会给人以艺术享受,所谓教学艺术节奏是指教师教学活动的组织富有美感的旋律性变化。教学艺术节奏主要表现在以下几个方面:

1.快慢得宜

这里所谓"快"和"慢",是就教学过程的速度而言的,教学速度的快、慢安排,既包括对教学内容各个部分、教学活动各步骤的时间分配比率,更强调对教学过程中时间消耗速率的有效控制和灵活调节,教学内容有难有易,有重点与非重点,所以教师在设计教学节奏时,宜突出重点,突破难点,切忌平均用力,这就要求教师将内容安排得错落有致,时间分配大体要适当。重点要突出,可反复地讲;难点要分散,则缓慢地讲;一般内容要交代,可简明地讲;新课引入宜快,时间不能拖得太长;需要学生记笔记的地方,则应适当放慢速度;学生易懂的内容可以一带而过,学生难懂的问题则要重锤敲打;两个小步骤之间的过渡可以快些,而两个大步骤之间的过渡就需慢些。怎样才算教学艺术节奏快慢得宜呢?

(1)使用快节奏时,学生的思路能跟上讲课的进度,不致使中差生出现掉队现象。

(2)使用慢节奏时,仍能保证学生适度紧张的学习活动,不致使他们觉得无事可做,注意力涣散。

(3)课堂教学中快、慢节奏交替出现"柔性"转换,使教学组织结构如行云流水,顺畅自然。

2.动静结合

这里所谓"动"和"静"是就教学活动的外部表现而言的,教师课堂教学方式的间隔变换,有助于学生消除疲劳,保持注意力,提高教学效率,教师组织教学时,要巧于安排教学方式,使之有动有静,动静结合,如把教师讲学生听、教师演示学生观察、教师提问学生回答、学生动手教师指导、学生自学老师辅导等教学双边活动,按照科学顺序有机组合搭配起来，使教学活动在运动交替中有节奏地进行。如在学生答问、讨论之后，教师得出一总结，写板书，学生做笔记，课堂气氛由闹转为静，这样做可以加深学生对讨论问题的理解，把讨论问题条理化，提到理论高度来认识，达到动静相成、动静相生的好效果。此外，在小学低年级，针对学生的年龄、特点，上课时可以加些课中操、唱歌、游戏、休息等活动，来调节学生大脑，减少疲劳，使学生在紧张而愉快的课堂气氛中，学到更多的科学文化知识与技能。

例如，在学习人教版六年级上册《我的战友邱少云》这篇课文时，一位教师设计了角色置换的游戏。在课文学习到邱少云被大火烧身的时候，让学生来替代文中的人物进行思考、说话，为文中的邱少云表达自己的想法，并想一想是不是还有更好的方法，并让学生来扮演邱少云，如果真的受不了，跳起来之后的情况会是什么样的。让学生亲身体会到在这种危急关头，只有牺牲自己一个才能保住其他千千万万的战友和人民大众。让学生通过自己的角色置换的切身体会，激发他们的爱国精神，同时，课堂气氛也活跃起来。

3.起伏错落

这里所谓"起"和"伏"，是就教学过程的态势而言的。潮有涨落，山有峰谷，事物运动的过程往往呈现波浪式状态，教学过程也是贵在曲折起伏、跌宕有致，才能富于变化，引人入胜，而如果一味地平铺直叙那就乏味了。苏联的调查研究表明，45分钟的一节课当中，学生的认识积极性呈现一个波形，最初的3~5分钟注意力不稳定，学生处于上一节课的影响之中，其后的30分钟是一般学生进入注意力最积极的时期，下课之前的7~10分钟，注意力又开始逐渐地趋于衰退。因此，教师要精心安排教学的开始、发展、高潮和结局，使教学过程有起有伏，形成节奏。

小学语文特级教师于永正就特别注意教学的起伏性，他在教学人教版小学二年级课文《狐假虎威》后半部分时，为了帮助学生通过了解狐狸如何借老虎的威风在百兽面前神气活现的样子，领会寓意，抓住"狐狸和老虎谁在前谁在后，为什么？"这个很不起眼但极富启发性的问题，借助模拟表演这一形式，引导学生研读，学生如临其境，抽象的语言文字顿时"活"起来了，思维也"活"起来了：

师：下面两节就是写他们到森林去的情景。这两节写得非常精彩。请仔细读一读，过一会儿，我请几个小朋友把这两节写的事表演一下。要想演好，必须读好。

（学生认真读书。之后，老师找了五位小朋友，一位戴上老虎头饰，一位戴上狐狸头饰，另外三位分别戴上小鹿、兔子、野猪头饰。）

师：其余同学都来当导演，导演更了不起。各位导演看看狐狸和老虎谁在前，谁在后，为什么？请读书，根据书上的要求指导。

生：狐狸在前面走，老虎跟在后面走。因为书上说"再往狐狸身后一看，一只大老虎"。

生：图上画的狐狸在前，老虎在后。

师：这两位导演读书很认真……小兔啦，野猪啦，应在什么地方？

生：他们在森林深处，要站得远一点。

师:(问"老虎")你东张西望什么?

"虎":我看看动物们是不是怕狐狸。(众笑)

("狐狸""老虎"继续往前走。"小兔""小鹿"等一见"老虎""呀"的一声,撒腿就跑。)

师:(问"小鹿")你为什么跑? 害怕谁?

"鹿":我怕的是老虎。

师:不是怕狐狸?

"鹿":谁怕它呀!(众笑)

师:同学们,不,各位导演们,对他们的表演有什么意见吗?(小朋友给予充分的肯定)

务"实"赢得高潮,高林生先生称赞于永正老师的教学艺术:"从心所欲而不逾矩。""从心所欲",赞的正是上面提及的于永正课堂教学的"活":出神入化,收发由心;但"活"是形式,是手段,其目的是学生学得"实"。"不逾矩",夸的就是于老师课堂教学的另一面:实。外"活"内"实",常使他的课赢得满堂喝彩,赢得高潮涌动。

4.抑扬顿挫

这里所谓"抑"和"扬"是就教师教学语言的特点而言的,是指教学语言中节拍的强弱、力度的大小等的交替变换以及句子长短、语调升降的有规律的变化,教学语言的抑扬顿挫可明显增强表达力和感染力。

小学语文教学名师窦桂梅特别注重教学中语言的感染力,这种感染往往与她在教学中独特的语言分不开,那就是她善于引导学生读出语言的味道。在她的教学中,她经常变化语调,凸显出语言的抑扬顿挫。下面我们看窦桂梅老师在教学《游园不值》中的一个教学片段:

学生背《黄鹤楼送孟浩然之广陵》:

师:课前同学们背了那么多的诗。有人说,诗是推敲出来的。这便让我想起一个诗人,谁啊?

生齐答:贾岛《题李凝幽居》。

(师出示"闲居少……")

师:读过这首诗吗? 谁愿意给大家读一读?

(个别读)

师:诗要读得字正腔圆。所以我们可以像刚才这位同学一样来读,一个字一个字读,里面有停顿。我们还可以按古人最基本的读法:四声读法,一声二声可以拉长声音读;三声四声读得短促一点。"闲"是第几声?

生:第二声。

师范读:闲——居——少(短促,有点夸张)邻——并——

师:好,下面我不说了。看看怎么读? 谁愿意读给大家听?

[一学生读,读得很好笑。"闲——居——少邻——并草径入荒——园——鸟宿池——边——树(很短)僧——敲——月下门——"]

师：给他掌声。刚才他"敲"字读得特别重。有同学知道推敲的故事吗？

生：当时贾岛不知道用敲还是用推好，所以……

师：他的灵感来自一个人的建议，他是谁啊？

生：韩愈。

师：这个同学课外知识了解得这么多，给他掌声。于是"推敲"这个词出来了，于是它成了韩愈和贾岛的典故，于是……

师：再给大家一首贾岛的诗。(出示《寻隐者不遇》)这回要读出五言的韵味来啊！

师生齐读：松下问童子……(窦老师把平声读得特别强调并辅以手势)师：有意思。谢谢亲爱的同学们。你有没有发现，现在是寻——隐者不遇。刚才是……都是找隐者的。都是没有见到，贾岛却偏偏把它写下来。想必推敲出来的字句一定很多很多，他一定会引发大家的思考，那么他为什么把"不遇"记下来呢？(读了一些诗，这些诗里都有"不遇"。)人生有多少个"不遇"，看来这"不遇"有值得我们回味的东西，不然前人为什么要把这些"不遇"记下来呢？(京味很浓重，很好听。)

师：所以，亲爱的同学们，今天咱和他们不同，他们"不遇"，我却和同学们——(生说相遇)。这也是人生的一大幸。就让我们带着彼此这难得的相遇——上课。

这是窦桂梅老师在教学即将开始前与学生的对话，但我们从对话中却能够感受出窦老师教学语言的抑扬顿挫，富有变化的语调与古诗教学紧密相连，不仅教给学生正确朗读的方法，而且增强了表达力与感染力。

而在课文的教学中，窦桂梅老师在教学语言抑扬顿挫节奏的把握上是这样做的，再看下面这个片段：

师：上课！同学(短促轻快)，你好！

生：老师(有点拖音)，您好！

师：注意节奏！请再来一遍。同学，你好！

生：(注意了节奏，和老师合拍)老师，您好！

师：所以这堂课我会特别注意听同学们的节奏，因为那是给人以美的享受啊！

师：(指着板书)亲爱的同学们，咱们来看，雨过天晴，我们跟着一位宋朝的诗人。

生接：叶绍翁。

师：一起来——

生接：游园。

师：我们一起来推敲推敲——

生接：不值。

师：你们也知道这个"值"的意思就是——

生：相遇。

师：不值呢？

生：没有相遇。

师：简单变成两个字呢？

生：不值就是不遇。

师：谢谢！亲爱的同学们，你们真了不起！叶绍翁在游园的时候不遇，那么他在不遇中又遇到了些什么呢？让我们先读读这首诗，再聊一聊。谁愿意读给大家听？

师：提个小要求：刚才是五言，现在是七言，看你该怎么读？

生读：应怜屐齿印苍苔，小扣柴扉久不开。春色满园关不住，一枝红杏出墙来。（根据刚才教的平仄来读，也带有一些自己的味儿，基本属于读得比较好，做到了字正腔圆，且有诗味儿。）

师：谢谢他，有些地方是他自己的创造。第二声都是平声，可以拉长。师范读：应——怜——屐——齿（短）印（短）苍——苔小扣柴——扉——久（短）不开——春——色满园——关——不住（短促，乍停）一枝——红——杏出——墙——来——

师：再读第三行。

（生读。）

师：其实我们读得有些夸张。但是如果我们自己倾听我们的朗读，我们自己就陶醉在自己的朗读中。（这句话记得不太全。）

师：再请一个同学来读。

（一女生读，师给她配以手势指导。）

师：俗话说"书读百遍其义自见"，尽管我们只读了几遍，那我们来聊聊吧。作者在游园时遇到了——

这样的教学语言往往能够让教学过程更具有活力，也能让学生受到教师语言魅力的感染。

（四）教学艺术的形成策略

1.了解学情，精心备课

要教学生，教师必须对所教的每个学生进行了解，了解他们的个性特长，做他们的"知音"，才能因材施教，长善救失。

了解学生的目的是便于建立情感，区别对待，因材施教。不同的对象选择不同的教学目标，采取不同的教学措施，让他们在原有的基础上有所提高，在不同程度上各有所得。所谓了解，包括认知和分析。学生中确实存在知识程度的优劣，智商水平的高低，能力表现的强弱，身心状态的差别，学习态度的不同，生活习惯的差异。如果我们不了解学生的这些差异存在，就会按照统一的目标、统一的标准、统一的程序进行，学生的学习活动完全服从于教师。这样的教学不仅不能适应学生的差异，而且阻碍了不同学生的个性发展，甚至会压抑学生的学习积极性和独立性。了解到学生的差异和个性，教师课前就可以精心研究策划学生学习活动的计划，提供教学过程一系列的学习活动建议和学习所需的物质条件、时空条件等，从而精心组织、协调学生的学习活动。

有一位男同学，看他学习很用功，但数学成绩总是上不来，到了六年级他几乎滑到了要放弃这门学科的边缘。教师看到这种情况，对他进行了深入的了解。发现他数学学不好的原因有三个:(1)缺乏正确的学习方法;(2)教师的教法不适应他，他上课的时间几乎毫无收获;（3）过高的教学要求与他的实际学习能力和水平差距较大。针对这种情况，教师课堂上降低了对他的要求，作业和考试也单独要求，并对他学习上每一个微小的进步给予充分肯定，他的学习信心越来越大，最后终于冲上去了，并考上了重点中学。所以教师了解学生的学情，并针对其学习实际情况，给予他们创造或提供学习上成功的机会，这是帮助他们在学习上取得成功的重要手段。

　　2.妙导渐进，层次分明

组织教学是一项多侧面、多层次、多因素的相关活动，是教学组织的科学性与灵活性的统一。它是一项复杂而创造性很强的教学艺术活动。

（1）巧妙导课，以趣启思。根据教学内容特点和学生学习的实际，进行创造性设计和灵活运用。联系已知，温故知新;解词释义，破题入手;激情启趣，因势利导;设疑布阵，造成悬念;补充材料，搭桥铺路;演示实验、直观导入;等等。"导语"设计，贵在"巧"而不在多。如短小的故事、有趣的新闻、富有哲理性的格言警句，一些与课文有关的照片或绘画，乃至一个实物、一条消息都可以作为"引子"，巧妙导入课文内容，启开学生思维的门扉，让学生在兴致勃勃、情趣盎然中进入对新知识的求索过程。如一位语文老师是这样处理教学的:她刚走进课堂，看见同学们都在扭头看窗外的雪，当即决定，把这节课临时改成观察写作课。"同学们，你们一定很想出去看看好久未见的雪景吧! 我理解大家爱雪的心情，我就给大家15分钟时间出去赏雪好吗? "同学们高兴得手舞足蹈，跑出了教室。15分钟后，回到教室，这位老师布置了作文题《喜雪》。30分钟后，一篇篇二三百字的小短文交到了她的面前。从近到远，从远到近，从上到下，从房屋到树木，描写的雪景虽各不相同，却都很生动细腻。

（2）循序渐进，结构紧凑

课堂教学按照学生的认识规律来组织。学生认识一般是从感性到理性，从理论到实践（或从实践到理论），由浅入深，由低到高，逐步向前发展。课堂教学结构中的所有环节的联系与衔接要自然有序，有机结合，浑然一体。各个阶段的教学活动应注意环环相扣，严格要求，并结合教学，发展学生多方面能力。如通过学生的动手实验，发展学生的探知创新能力;通过阅读理解教材，发展学生的抽象思维能力;通过指导学生运用知识形成技能技巧，发展学生综合思维和实际操作能力。

（3）重点突出，层次分明

教学内容有难有易，有重点与非重点，所以在组织课堂教学时，要突出重点，突破难点，切忌平均用力。重点突出，反复精讲精练;难点分散，各个击破;一般内容，简单交代，使学生感到层次清楚，节奏明快。教学重点、难点之处要设法激起教学节奏上的高潮。设法使学生精神亢奋、情绪高涨，此时，学生脑子最灵活，学习最入神，效率最高。教师巧妙的启发，一次新颖有趣的演示，别致而富神韵的师生表演，既妙趣横生，又能令学生豁然醒悟。学生在创造激情和成功欲望之中解决了教学重点和难点。

一位教师在执教语文版小学语文教材四年级《爬山》一课时就利用问题的形式把本课的教学重点、难点凸显出来，而且教学过程层次比较清楚。我们来看看这位教师的教学片段：

师：这次爬山，"我"最大的感受是什么？

生：从青山那里，"我"学到了沉静；从父亲身上，"我"学到了智慧。

师：再读这句话，你有什么问题吗？

生：为什么说从青山那里，"我"学到了沉静？

生："我"从父亲身上学到了什么智慧？

师：大家提的问题非常有价值。我们先来看沉静是什么意思？

生：冷静。

生：沉着。

师：山的沉静是什么意思呢？

生：山的寂静。

生：山的宁静。

师：说得不错，山的沉静就是指山的寂静、沉着、稳定，怪不得有一个词语叫"稳如泰山"。为什么说，从青山那里，"我"学到了沉静？又为什么说，从父亲身上，"我"学到了智慧呢？让我们走进文本，细细品味。

师：请同学们自由读课文，边读边画出父亲所说的值得深思的话，想一想父亲是在什么情况下说的？

（生读文画句子。）

生：对于我们爱流汗的人来说，爬山是一件格外辛苦的事，别人爬山是为了征服山，我们爬山是为了征服自己。

师：这段话是在什么情况下说的？

生：在上山时。

师：还有吗？

生：爬到山顶固然令人高兴，但爬山的过程更让人愉悦。其实能不能爬到山顶并不重要，重要的是你是否尽了力。

师：那么这句话是父亲在什么地方对"我"说的？

生：是在山顶上。

师：还有其他句子吗？

生：大自然的美景，不但要用眼睛去看，还要用耳朵去听，更要用心去体会，最后用你的脑袋去思考。

师：这段话是父亲在什么地方说的？

生：是在下山时说的。

师:让我们先来读读父亲上山时说的话。

(出示:"对于我们爱流汗的人来说,爬山是一件格外辛苦的事,别人爬山是为了征服山,我们爬山是为了征服自己。")

师:读一读,看这段话中的哪个词让你感受最深?

生:征服。

生:征服自己。

师:征服可以换成什么词?

生:可以换成克服。

生:战胜。

生:打倒。

师:征服山是什么意思?

生:就是爬上山。

生:登上山顶,把山踩在脚底下。

师:征服自己呢?

生:努力去做一件事。

生:就是克服困难。

师:读读2至4自然段,画出描写在爬山时我和父亲的样子的词句,想象一下我和父亲在爬山时会遇到哪些困难?

生:不知不觉已浑身是汗。

师:谈谈自己的理解。

生:太阳才刚出来,我和父亲就出汗了。

师:这时可能遇到什么困难?

生:太热了,不想爬了。

师:才走了这么一会儿,你就出汗了,山那么高,你们能爬上去吗?别爬了吧?

生:不行,我相信我能爬上去。

师:真是有信心的孩子。这就叫征服自己。你还画出了哪些词句?

生:父亲说着,脱下湿透了的外衣。我体会到他很热。

师:是啊,把外衣都湿透了,太热了,别爬了吧?

生:不行,我一定要坚持爬到山顶。

师:真是有毅力的孩子。这就叫征服自己。还有其他句子吗?

生:太阳越来越烈,汗水越来越多,不觉已浑身是汗。

师:这时,我们会遇到什么困难?

生:我们会很热,很渴,累得筋疲力尽。

师:既然你们又累又热,就坐下来休息一下吧,别爬了。

生:不行,我一定要坚持。

师：坚持到底，说得真好。这就是征服自己。现在谁来说说征服自己是什么意思？

生：就是要做一个有信心的人。

生：就是要做一个有毅力，坚持到底的人。

师：说得很好。只是在爬山时征服自己吗？

生：做任何一件事都要征服自己。

生：不论做任何事，遇到什么困难都要有信心，坚持下去，克服困难。

师：非常棒。这就是"我"从父亲身上学到的智慧。

（生齐读父亲的话。）

一篇文章，总有牵一发而动全身的点，即文章的关键词句，我们也叫文眼。阅读教学中，抓住了文眼，就抓住了解读文本的钥匙。这篇课文，山的沉静及父亲的智慧就是本文的灵魂、中心。理解了这两个词，就理解了课文。所以，先引导学生找出揭示文本中心的句子和词语，让生初步谈感受，并由此铺开，辐射全文。父亲的三句话是理解"我"学到了什么智慧的关键。学生通过读书找出来这三句话，也就找到了解决重难点的突破口。而在此环节中，教师从重点词语"征服"入手，让生初谈体会，然后设计问题，引领学生潜入文本，从具体的语言文字中去体会，接着创设师生对话的情境，在师生交流中进一步领悟，最后让学生谈对"征服"的再认识。这样层层深入，环环相扣，学生的领悟由浅入深，水到渠成。

（4）新颖有趣，激疑解惑。教学要生动活泼、妙趣横生，必须在组织教学时下一番匠心独运的功夫。幽默诙谐的课堂讲解，精巧设计的彩色画面，新颖有趣的教学活动，无不具有引入的魅力，使学生兴趣盎然，注意集中。在学习过程中有意设置困难，激起学生的疑问。疑，是发出问题的前提；问，是探索知识的起步。教师善于激疑，也就是在平凡的知识中，启迪学生发现疑点，然后逐步启发，让学生自己加以解释。所谓解惑，就是解决学生学习中的困惑和疑难。解惑不能简单地学生问、教师答，而要诱导得法，促其自得。对学生提出的问题，不要立即做出正面答复，而要针对学生产生问题的知识缺陷或理解错误之处，步步启发，层层引路，使学生通过自己的思维，有所琢磨，有所领会，然后自己解决问题。解题过程中，切忌急于告诉学生如何解答，而要启迪学生怎样思考，必要时可指引一条思路，让他们通过自己的思维去寻求解题方法。

（5）画龙点睛，首尾呼应。教学也应注意结尾的设计，做到善始善终，而不要虎头蛇尾，草草收场。结尾好坏，往往关系到这节课的成败。结束课堂教学，要归纳总结，强调重点；留下悬念，引人遐思；含蓄深远，回味无穷；新旧联系，铺路搭桥；等等。课堂教学的结尾是整堂课的"点睛之笔"，要留有余味。要做到这一点，就不能讲绝，否则便失去了"启发"想象的机会和余地。教学要以"不全"求"全"，在有限中追求无限，力求突破课堂教学的时空局限。在结束课堂教学时，注意浓郁的色彩、艺术的含蓄，使学生感到"言已尽意无穷"，课后引起咀嚼回味，展开丰富想象。

王崧舟老师的教学艺术体现在课堂中。他认为赏析一堂好课，如一幅国画，总要讲究整体的布局和格调，从启课、结课、板块、细节、承接、转换，文本、拓展，他都力求上得精美、上得别致。在人教版小学语文四年级《长城》一课中，他以题词导入教学，又以题词结束教学，首尾呼应、结构精致，将一条横贯东西、逶迤曲折的人工长城演绎成融会古今、坚强刚毅的人文长城。课始，他充满激情地朗读了世界各国元首献给长城的题词：

师：英国女王伊丽莎白游览长城以后，留下了这样的题词："我到过世界上的许多地方，中国的万里长城是最美的！"西班牙首相阿斯纳尔游览长城以后，留下了这样的题词："对于凝聚着中国千年文明、智慧和力量的长城，我深表敬佩。"美国总统克林顿游览长城以后，留下了这样的题词："长城是一个奇迹，一个由伟大的民族创造的伟大的奇迹。"听完这些国家元首的题词，你有些什么感受？

生：我感到很自豪。我们的长城真伟大！

生：我真想马上去长城看一看。

生：我很兴奋。因为有那么多的国家领导人赞美我们的长城。

生：我为自己是一个中国人而感到骄傲！

（课终，鼓励学生为长城题词。）

师：同学们，面对这巍然屹立的万里长城，你最想说的是什么？请把你的话写下来，那就是你献给长城的题词。

（学生写题词。全班交流题词。）

生：长城是个奇迹，一个由伟大的民族创造的气魄雄伟、年代久远、工程浩大、施工艰难的伟大奇迹！题词人：张亮。

师：超过克林顿。

（笑声）

生：我爱我们伟大的长城，更爱我们伟大的中华！题词人：鲁平凡。

师：感情真挚，表达凝练！

生：我爱长城！我爱中华！题词人：王晓梦。

生：长城是我的骄傲，我们的骄傲，我们中华民族的骄傲。正如美国总统克林顿所言："长城是一个奇迹，一个伟大的民族创造的伟大的奇迹。"题词人：李为栋。

（掌声）

师：由我到我们再到中华民族，一气呵成、激情澎湃，真好！

生：刚毅、庄重的万里长城，是我国劳动人民血汗和智慧的结晶，是我们的骄傲。我为自己是一个中国人而感到自豪。题词人：任勤奋。

师：肺腑之言！

生：万里长城下的一砖一瓦、一土一石，都蕴含、渗透着古代劳动人民的血汗和智慧。题词人：詹诚。

师："蕴含""渗透"，多雅致的两个字眼，用得真好！

生：我爱长城，我爱中华，我为我是一个中国人感到无比自豪。题词人：金虹。

师：把无比自豪的感受大声地读出来。

（生再读，略）

生：这万里长城，不是石砖建的，而是由千万个生命、千万滴血汗组成的。坚强、刚毅、庄重的万里长城不是风风雨雨、电闪雷鸣所摧得垮的。题词人：方毅民。

（掌声）

师：说得好！两千多年的风风雨雨、电闪雷鸣，早已证明了这一点。

生：万里长城，你是我国人民的骄傲！你代表中国坚贞不屈的精神！你象征一条正在腾飞的中国巨龙！题词人：谭瑛。

（掌声）

师：巨龙已经腾飞！巨龙必将在你们的欢呼下飞得更高、飞得更远！

3.动之以情，晓之以理

如果说教师是园丁，那么学生就是一棵棵幼苗；幼苗最不可缺少的是雨露阳光，那么学生最需要的就是情感清泉的滋润。庄子说："真者，精诚之至也。不精不诚，不能动人。""真"就是真心实意的情感，师生之间就需要这种情感的升华，才能取得更好的教学效果。学习需要动力，而动力又来源于动机。学习动机的心理因素包括学习的需要、兴趣、爱好或习惯等。其中，学习的需要以及能使这种需要得到满足的目标，是学习动机的重要构成因素。成功是激励学习的基础，激励动因就在于学生成功的需要能否得到满足。在学习过程中，他们渴求教师的理解、信任和帮助。在课堂上，教师的眼神、语气和行为都要使他们感觉到对他们的理解、信任和期望。这一切他们会牢记在心、发愤努力。这就叫"皮格马利翁效应"，又称"罗森塔尔效应"。它是指教师对学生的爱、关怀和期待在教育效果上所产生的相应于这种期望特性的良好作用。

（五）教学艺术境界的追求策略

作为未来的教师，我们终将面对活泼可爱的学生，面对多变的课堂，开展持久的教学活动。而在教学中应着力追求艺术化的境界，这才是一个教师该有的教学追求。那么，如何追求教学的艺术境界呢？具体可以从两方面入手：

1.教学艺术境界形成阶段的追求策略

（1）模仿。它是个体社会化的一种手段，也是人类学习的一条重要途径。任何技能技巧的获得一般都要经历这个阶段，教学艺术的追求创造同样以模仿为基础，优秀教师的教学经验通常是学习模仿的对象，将这些教学经验融于自己的教学实践中，可以使自己少走弯路，尽快成熟起来。

（2）借鉴。模仿不等于照搬，即使是特级教师的经验也不可能攀登教学艺术的高峰，原因在于只能是肖其形而不能得其神，对于他人经验，学习者应当根据自身条件有选择学习，不是把个别的方式、方法机械地搬用到自己的工作中去，而是移植其思想。

例如，在具体的一次教学中，两位教师同为一堂课（一章、一节的一个课题）共同备课确定共同的教学目标、重点难点，采用同种方式方法，A教师（名教师）先讲，B教师（新教师）跟着学，然后由B教师照着讲，二人教学效果差异很大。对于同一句话，A教师嘴一撇，眼一瞪，腰一摆，肩一耸，学生心领神会；B教师一字不差地背几遍，味同嚼蜡，学生呆若木鸡，一味仿照他人，丑若东施效颦。

（3）创造。创造性是教学艺术的灵魂，教学中有了创造行为则说明教学渐入艺术性的境界。完整的教学艺术创造包括教学艺术构思和教学艺术的传达两步骤。

首先是构思。"意在笔先"即教学艺术在表现之前构思，教师只有做到胸有成竹，才能在实际教学中挥洒自如。所以说，教师在头脑中对教学艺术形象的设计是教学艺术创造的基础和前提，实际上，备课即是构思过程，涉及范围很广，大到教师自身、学生和教材在教学过程中的地位与作用的考虑安排，教学方式的选择确立；小到对各个教学环节的联系过渡，甚至对自己表情动作的精心准备。在教学艺术构思的各种心理活动中，想象活动占有重要地位，教师的教学艺术想象总是以他已有的知识和经验为基础，所积累的知识越多，想象活动也就越自由，有创造性。泰勒说得好："具有丰富知识和经验的人比有一种知识和经验的人更容易产生新的联想和独到见解。"

其次是传达。教师驾驭物质媒介（语言、表情、动作、教具等）将头脑中的构思表达出来，同时必须掌握这些物质材料的性能和规律，进行长期的教学基本技能训练来体现教学艺术的创造意图。在优秀教师的教学艺术创造活动中，技能技巧的运用，无不体现出高度自由的境界。

2.教学艺术境界追求中的基本原则

（1）以知、情、意三位一体为原则。知，即求知，就是教师对教学科学的不断探索和对教学艺术规律的逐渐管理。教学的科学性是教学艺术形成的基础，教学艺术是教学科学个性化的表现，它们统一于教学过程之中，从而使教学达到"真"与"活"的效果。情感性是教学艺术的突出特点，教学艺术追求过程中，教师应将情感的培养放在重要地位。首先认识到学生是富有感情的人，教学艺术所创造的教学美是师生用真情厚谊交融而成的。其次，教学行为本身就是"从善"，将奉献放在首位，将一切苦恼置于教室之外，以忘我精神面对学生。最后，以自己的学高身正作为学生情感导向，赢得学生尊敬。教学艺术是教学的理想境界，对其追求是一个漫长曲折过程，教师要有克服一切困难的心理准备，坚持不懈，意志是追求教学艺术性境界所必需的心理品质。

（2）做到课内、课外相结合。课堂是教学艺术形成的关键，在课堂上要做到尝试、调整、改良教学技能、技巧，不断提高教学水平，反复练习，认真思考，使每节课都有所长进。最后，要重视练习、思考，为教学艺术的形成创造条件。首先，写好"教学后记"，以帮助教师明得失、解困惑、知学生，优化教学。其次，练好教学艺术基本功。经常听、讲普通话；练好"副语言"，做到表情温和乐观，举止大方得体；练习粉笔字，板书做到简洁明了。培养创新精神，把求异思维习惯的养成迁移到教学当中。再次，学好专业理论、教育教学理论，还应谙熟教学艺术理论、审美理论。

（3）分层分步、循序渐进。教学艺术形成在水平上因时因人而异，具有一定的历时性和个体差异性。据此，可将教学艺术划分为初级、中级、高级、超级等不同层次的教学艺术。每一层应有一定标准，教师达到了规定的标准，就标志着对该层次教学艺术的追求程度，然后提出更高层次的要求，为实现下一个目标而努力。

教学艺术的形成实非一朝之能为，要在分化的基础上综合。即先分步掌握教学艺术不同方面的能力，对己之长采用大步子快速提高，对己之短采用小步子逐渐内化，之后要综合贯通，学会用已有的各种素质服务于教学艺术性境界的追求创造之中，使教学艺术达到真、善、美的统一。

三、教学机智技能

俄国教育家乌申斯基在《人是教育的对象》中提出："不论教育者怎样地研究了教育学理论，如果他没有教育机智，他就不能成为一个优良的教育实践者。"可见，教育机智在教学中具有重要作用。

（一）教学机智的概念及作用

常说的教学机智，是教师在教学过程中面对瞬息万变的教育情境准确迅速地做出判断，果断恰到好处地处理，收到理想的教学效果，达到最佳的教学境界。教学机智是教师的特殊能力，是教师面对偶发事件做出判断，选择最优方案加以处理的能力，它是建立在一定教育科学理论和实践的基础上，是教育理论和实践经验有机结合的产物。

教学机智的运用在教学过程中有着多方面的作用，具体表现在以下几方面：

1.适应教育对象、满足和促进学生发展的需要

教学实质是学生在教师指导下一种特殊的认识和发展。学生作为一个活生生的人，他们的身体、智力、道德情感、认知结构都千差万别。学生时刻都在变化着，况且教学过程也是一个不断发展和变化、充满活力的过程，教师要根据学生发展变化的特点而采取不同的措施，这就要求教师要有教学机变的艺术。

2.保持教学系统平衡的需要

从整体上说，教学是教育系统的子系统，教学又是由教师、学生和教学内容、教学方法、教学手段构成的有机整体。教学过程实质上是一种信息传递过程。在这个过程中，教师是信息的输出者，教学内容是信息资源，学生是信息的输入者。这三种方式通过教学方法和手段相联系，组成一个动态平衡的教学过程。说它是动态的，是因为在教学中，学生在听课时，时时刻刻对教学信息进行比较、分析、综合、演绎和归纳贮存，教师要随时随地根据学生接受情况进行调控，以此来保持整个教学过程的平衡。然而，教学中一些偶发事件、难以预测的事件往往会造成平衡失调。这种偶发事件的产生有内部干扰也有外部干扰。偶发事件

的发生要求教师有教学机变的艺术，及时调整原有教学信息传输程序，以维持整个教学系统的动态平衡。

(二)教学机智的基本要求

1.学习和掌握教育科学理论，注重教学实践经验的积累

教学机智的艺术不是偶然发生的，更不是随心所欲地灵机一动，而是教师深思熟虑和果断相结合的一种高超的教学艺术。这种艺术是教育实践经验和教育科学理论长期结合的产物。教师要想形成较高的教学机智艺术，必须在教育理论指导下，进行教学实践，在实践中联系遇到的实际问题学习教育理论。并且，在教育实践中教师要灵活运用教育理论，不能生搬硬套。

2.要具有敏锐的观察力

在教学过程中教师所面对的是天性活泼的小学生，教师要随时根据学生表现出的细微变化做出相应的反应。这些离不开教师敏锐的观察力。因此，教学机智艺术的发挥要以敏锐的观察力为前提，优秀教师是具有极好教学机智的教师，他们能从学生的眼神、动作表现中洞悉学生的内心世界，觉察偶发事件，防患于未然，维持好教学平衡。此外，他们也利用敏锐的观察力，捕捉学生的优点，经过精心启发、诱导，使学生乐于按教师的要求去做。

3.要具有灵活敏捷的思维

在教学中，偶发事件的发生是不可预测、随机的，是不能预先计划和准备的。因此，教学中教师灵活地处理偶发事件实际上是一种应激。所谓应激是在出乎意料的紧急情况下所引起的情绪状况。这种应激要求教师在极短时间内做出反应，迅速解决问题，这就要求教师具有灵活、敏捷的思维。一方面教师要从不同层次、角度、方向、方面用多种方法来解决问题；另一方面，教师做出决定的过程要迅速。可以说，灵活敏捷的思维是教师发挥教学机智艺术的思想基础，没有思维的灵活性，教学机变的艺术就难以实现。

4.要对学生有真挚的爱

教师要想形成高超的教学机智艺术，必须有真挚的教育爱。这种爱是教师出于一种对祖国和人民负责，关心下一代成长的高尚的理性的爱。古今中外，那些热爱教育事业的教师具有一种极大的教育力量，能把教学机智的艺术发挥出来。在教学过程中，许多偶发事件大多是由学困生所为，而在传统观念中，教师对学困生往往带有偏见，极易形成师生对立。教学机智艺术要求教师有教育爱，正是这种教育爱，才能在一种和谐健康的气氛中解决冲突，促使学困生转化，化不利为有利，抓住契机，产生积极的教育效果。

一位老师在教《挑山工》一课时，要求同学A用自己的话描述挑山工的形象，然后请大家对她的描述进行评议。此时，同学B站起来说："我认为她说挑山工都很憨厚朴实不恰当，有的挑山工也许很狡猾呢！"接着举了自己去旅游被挑山工欺骗的事情，他的话音一落，课堂

立刻引起一阵骚动，老师也一怔，但随即微笑着说："同学A说挑山工用自己辛勤的劳动来维持生活，用自己的劳动为旅游者服务。因此，说他们是憨厚而朴实显然是没有错的，但同学B的意见也有一定的道理，因为现实生活中也确实有那样的人。所以我以为将同学A话中的'都'字改为'一般'，大家说怎么样？""可以。"大家对此表示同意。这个案例中，如果老师是简单地呵斥、否定那位学生的话，整堂课就会死气沉沉，是教师的教育机智"化干戈为玉帛"，使这堂课能顺利地进行下去。

第二节　小学教师科研

一、教师科研概述

"教师科研"是"教育科研"的下位概念，它是以中小学教师为主体，通过学习、运用教育教学理论，将教育教学实践和教育管理实践过程中已出现的或可能存在的问题作为课题，进行有意识的反思，设计出解决方案并加以实施，从而提高教育教学质量，更好地促进学生的发展和自身专业素质提高的一种实践活动。对此定义，可进一步从以下几方面来理解：第一，"教师科研"的主体是广大教师，他们不再是别人的理论成果的接受者和享用者，而是主动进行探索的研究者。当然，这里强调教师是"教师科研"的主体，并不否认他们可以同理论工作者进行合作研究，事实上这种合作是有益的、必要的。第二，这种研究置身于特定的教育情境之中，是教师对自己教育实践的反省反思，同教师的日常工作、生活密切联系在一起，基本上属于一种应用研究，在某种程度上可以说是"学习""反思"的同义词。第三，教师从事科研并不一定或者主要不是要强求发现什么规律、建立某种理论，其主要的目的是解决教育教学中的实际问题，是对自己行为的一种提高和改进。

对于中小学教师科研来说，绝大多数最终都要在教育教学实践活动中来进行，在课堂中进行，就是少数基础性的理论研究，其成果也要在教学中得到检验和应用。教育科研工作对教师来说不应该是额外的工作，教师的教学和科研不是截然分开的"两张皮"，其实，真正的教学活动有着研究的性质和色彩。有效的教学不是日复一日地简单重复，而是教师自觉学习新的教育成果和理论，充满激情的创造性探索活动。中小学教师更多的是需要在情境式、体验式、生活式的教育教学实践中展开研究，相对于科学性而言，更多的时候会诉诸人文性，因为"许多教育问题不是单一地通过科学和技术就能解决的，而要通过人文关怀、艺术手段，甚至是搭建非理性的'云梯'来解决，充分体现人文精神的力量"。这自然也就提供给我们对中小学进行教育科研的一种基本指引："教育科学研究既不是描述性的理论，也不是诊断性的处方，而是要表达教育的智慧，激发教育者的观察与想象、批判与创造。与其说中小学教育科研是通过界定概念、完成推理、寻求技术取胜，倒不如说是对其解释力、与教学的结合度及其对教学实践的指导性的确证。"

1.教师科研的特点及作用

中小学教师科研的特点是：①研究主体的群众性，包括课题研究组织形式的群众性、学术团体的群众性、教育科研管理的群众性；②价值取向的三重性，即出成果、出成绩、出人才的和谐统一；③研究内容的实践性；④研究方法的多样性。

"教师科研"的作用有以下几点：

（1）中小学"教师科研"应该能够解决中小学教育存在的问题，是中小学按教育规律办学的需要。教育工作中问题和办学规律的探索必须通过"教师科研"来进行。

（2）中小学"教师科研"能够深化教育改革。高度重视教师科研已经成为教育领域改革中不可阻挡的一大趋势。教育工作者只有积极投身于教育科研，在科研中求改革，在改革中求发展，在发展中求创新，才能使教育具有旺盛的生机和活力，才能与时俱进。

（3）中小学"教师科研"能够提高学校教育教学质量。通过对学校内部管理体制改革的研究、对育人环境的研究、对教师培养的研究、对教学方法策略和手段的研究、对学生学习方法策略和学习心理的研究等促进教育质量的大面积提高。

（4）中小学"教师科研"能够促使决策科学化。只有以教育研究为基础的决策才是科学的教育决策。教育科研以其综合的知识体系和科学的研究方法，帮助人们观察分析复杂多变的教育现象，并对它做出符合教育规律的鉴别、判断和预测，具有促进中小学校长领导职能的转变和教育决策的科学化、民主化的功能，领导决策要达到科学化时刻离不开"教师科研"。

（5）中小学"教师科研"应该为教育理论与教育实践之间建立起沟通的桥梁，为教育理论转化实际应用提供条件，促进经验向理论提升。教育理论可以指导教育实践，教育实践又可以检验、深化、丰富和完善教育理论，提升教育理论。这就需要在理论与实践中间必须有一个中间环节进行沟通，那就是创造性地运用理论的环节——"教师科研"。

（6）中小学"教师科研"能够促进教师专业化发展。"教师科研"是提高教师素质和职业价值的必由之路。新课程呼唤广大中小学教师的专业化发展，而教师专业化的核心是"教科研素养"。通过教学研究改进教师自己的专业工作是最直接最适宜的方式。教师通过认真研究，就能懂得教育规律，提高教育理论水平，更好地从事教育工作；就能了解教育发展的趋势，不断更新教育观念，改进自己的教育工作。使教师角色实现从"经验型"向"科研型"，从"教书匠"向"学者型"的转变。

同时，中小学"教师科研"也能够帮助教师总结和推广教育经验和成果，创造人生价值。教师在培养学生的同时也应该不断地积累经验，丰富成果，将自己在多年的教育工作中对教育规律的认识和教育经验的总结，升华到教育理论的高度，撰写出各种教育科研成果，并加以推广应用，为教育改革贡献力量，创造完美的人生价值。最后，当今社会赋予未来教师更多的责任和权利，提出更高的要求和期望，通过教师科研，教师应获得新的能力。

2.中小学教师教育科研的程序和方法

学者们关于中小学教师教育科研程序和方法的主张也无异于一般教育科研所主张的：思维过程大体为发现问题、了解情况、深入思考、实践验证；具体而言需历经选择研究问题、提出研究假设、设计研究方法、搜集研究资料、分析研究资料、得出研究结论等研究步骤；要根据研究实际，选择适当的研究方法：问卷调查法、经验总结法、历史文献法、比较法、统计法、实验研究法、测量研究法、评价研究法、质的研究法、个案研究法、行动研究法、叙事研究法等，并进行方法整合。刘力在《要在培养教师的研究意识和运用研究成果的能力上下功夫》一文中总结了目前中小学教学研究所大致采用的四种途径和方式：第一种是教师碰到问题时，向该方面的教育学专家进行咨询，从而解决了问题的带有偶然性尝试性的研究；第二种是教师根据教学活动的变化情况，自己进行经验教训总结的经验性教学研究；第三种是由"上头"做出的，并聘请专家做咨询、指导的，但忽视了全体教师作为"股东"进行参与的教学研究；第四种就是在第三种基础上再前进了一步的建立在科学实验基础上的教学实验研究。对于教育科研成果的表达，中小学教师除了可以采用严谨的教育调查报告、教育课题实验报告、教育课题研究报告、教育课题研究工作报告、教育科研学术论文等方式外，学者们也提倡教育反思、教育案例、教学课例、教育叙事、教育日志（博客）等比较灵活的形式。

二、小学教师科研素养的应然要求

21世纪之初，教育部开始大力推进第八次基础教育课程改革，调整和改革基础教育的课程体系、结构、内容，构建符合素质教育要求的新的基础教育课程体系。时至今日，新课程已初步成形，全国范围内正在大力推广和进一步改进。这对于广大中小学来说是一个巨大的挑战，因为这从根本上动摇了教师特别是小学教师原有的角色定位，向他们提出了新的要求，要求教师在新课程的实施中，把自己定位为研究者，具备良好的科研素养。小学教师科研素养的应然要求包括：

（一）要具有较强烈的科研意识

科研意识是指人积极从事科学研究的心态，潜心捕捉和发现科研课题的求知欲，它是科研活动的内在动力，是教师进行教育科研的前提。教师的科研意识是指教师对教育科研的意义有充分的认识，有强烈的科研需求和内在动力。衡量一个教师有无科研意识，主要标志就是看其是不是不愿简单重复传统的观念、行为和做法，对新理论、新经验保持敏感，能在学校生存和发展的现状中发现问题，产生忧患，善于在深入思考的基础上，在新理论、新经验的指导下，大胆尝试、勇于创新，在教学工作中是否自觉自愿地主动给自己提出科研的任务要求。对于中小学教师在科研意识方面的具体要求如下：

1.要有较清晰的角色意识

所谓角色意识，即教师对教师职业应进行教育科研的态度和观念，对科研型教师的认识状态以及对自己科研能力、科研优势的认识状态等。意识越清醒，行动越坚定。一个致力于教学改革的教师只有具备了清晰的角色意识，才能充分了解社会对自己的期望和教学改革对自己的要求，也才能和谐地处理好教学改革中自身多重角色变换与冲突的问题。同时，教师自身对教师的专业认同程度，间接地反映出教师对教学工作的基本态度，也表明教师对教学环境的心理适应状况和悦纳程度。教师只有通过自身对专业角色的认识，了解专业角色的本质，体味专业角色的价值，才能成为自觉的创新教学的研究者和实践者。

2.要有较敏锐的问题意识

所谓问题意识，即教师对教育对象的认识状态，对教育成绩与事物的正确判断水平，具体又表现在教师对科研课题的选定上。对教育现象越能透过现象看本质，其选题的准确程度就越高，对新情况、新问题就越敏感。问题意识不仅体现了个体思维品质的活跃性和深刻性，也反映了思维的独立性和创造性。教师没有敏锐的问题意识，就不可能激发学生的质疑精神。只有通过深入研究并从新的角度去思考问题，才往往会有新的发现与突破。教师要善于创设宽松的教学环境，允许说错，鼓励发问，虚心与学生共同探讨、分析和思考，这不仅有利于调动教与学两方面的积极性，更有可能利于问题情景的产生。

3.要有较主动的反思意识

所谓反思意识，即教师对教育教学中所发现的问题在头脑做出回应的一种认识状态，它既是教师角色意识、问题意识所应承接的结果，又是初步形成教育科研能力的萌芽。伯莱克认为：反思是立足于自我之外的批判的考查自己的行动及情景的能力，使用这种能力的目的是促进努力思考以职业知识而不是以习惯、传统或冲动的简单作用为基础的令人信服的行动。具有主动的反思意识，教师就应把理论或以认识为基础的经验同实践联系起来，分析自己的教学和以实现改革为目的的课堂情景；应反思课堂情景中各种教育教学技能与技术的有效性；应审慎地考虑自己实践的伦理意义并乐意根据顿悟校正不良行为；应把自我反思作为自己专业化研究态度的组成部分；应成为自己和自己学生优秀的诊断者和观察者。

(二)要具有必备的基本的科研知识

科研知识是教师开展教育科研必须具备的基础知识，即进行教育科研所必备的理论知识与方法。它是每个教师必备的基本功，是教师进行教育科研的基础。理论是行动的指南，学习理论是教育科研的起点和基点，不学习理论就谈不上教育科研；没有理论的指导，教育科研就会陷入盲目性，只能在黑暗中徘徊，劳而无功。由于教育科研对象的特殊性，所需要的知识非常广泛，也非常深入；同时，对于农村小学教师而言，开展教育科研还需要掌握更多的具有农村实情的知识。具体而言，小学教师要基本掌握如下的科研知识。

1.要掌握教育科研的基础知识

教育科研的基础知识主要包括教育学、心理学、教育心理学、教育统计学、学校管理学、教育社会学等，它对教育科研具有普遍指导价值。教师只有掌握这些基本知识，才能遵循教育教学活动规律和青少年身心发展规律，树立科学教育观念，掌握有效的教育教学方法和手段；才能顺利、高效地完成教学任务，取得最佳的教育教学效果；也才能在这些教育教学实践中有效地发现教育教学问题，不至于长期日复一日默默耕耘，而又囿于低层次经验摸索，缺乏科学理论的指导。

2.要基本掌握教育科研的专门知识

教育科研作为一项具体的科学实践，有其特定的研究对象、研究过程、研究方法和研究成果。因而必须有其特定的研究规范和要求，它已形成一门较为独立的学科，包括教育科研原理和教育科研方法，它是保证教育科研规范性、有效性的前提和基础。教师只有认真学习和掌握教育科研基本知识，了解教育科研意义，明确教育科研一般过程，掌握教育科研方法论，运用经验总结、调查分析、实验研究、个案分析、行动研究等方法，去思考、解决问题，发现、总结规律，掌握对教育科研成果进行表述、评价、管理等方面的专门知识，才能够有重点地选择教育科研对象，有针对性地开展教育科研。

3.要了解教育科研的相关知识

中小学教育科研的复杂性要求教师从事教育科研，除需要掌握教育科研的基础知识、专门知识外，还得了解与此相关的其他学科知识，如政治学、哲学、伦理学、美学、电脑统计知识等，建立起纵横贯通的知识网络，还要时常关注国内外教改动态、热门话题，保持与时代同步。只有这样，才能使得教师打开研究的视野，取得研究的实效。

（三）要具有较全面的科研能力

教育科研能力是把教育科研知识运用于教育科研情景，解决相应问题的实际操作能力，它是教师进行教育科研的核心。教师的科研能力是指教师在教育实践的同时，还需理论联系实际，从事与教育教学相关的各类课题的教育研究，不断探索教育活动内在规律及其表现形式，以提高在教育活动中的自由度和创造性，实现对教育环境的积极影响与改造的一种能力；能独立地选择有价值的课题，设计切实可行的研究方案；能熟练操作、收集和整理研究资料，表述和评价研究报告和成果。具体而言，对农村小学教师有以下几方面的科研能力要求：

1.要能发现选择课题

教育科研是从选题开始的，其始于发现问题、选择课题。在教育教学实践中发现有价值的问题，并把它确定为研究课题是整个教育科学研究的前提。小学教师常常会对一些教育现象产生疑问和困惑，希望加以认识和解决，这种欲望使得他们应当具有善于观察和分析，发现问题并选择课题的能力：要能从教育教学实践中的典型经验中总结生发出科研课题，要能从教育改革与发展中出现的热点和难点问题里选择科研课题，甚至能从理论文献和对国内外教育信息的分析总结中发现选择科研课题。如此他们才有可能在教育教学实践中有目的地去研究，做到有的放矢。

2.要能设计科研方案

设计科研方案，即教师根据自己已经掌握的信息，设计整个课题的工作思路与目标。课题选定后，就要在广泛查阅文献资料的基础上，着手进行教育科研方案的编制，这实际上就是对这一课题研究的计划和部署。在课题研究方案中教师要能阐明课题研究的范围和对象，课题研究的目的和意义，课题研究的指导思想和原则，课题的假设，研究实施的步骤和程序，研究方法的选择，研究成果的表现形式，课题研究的组织与管理等内容。如此，才能保证课题研究的开展与落实。

3.要能筛选处理信息

信息的筛选与处理即对相关信息的获取、识别、分类与编码，也包括对这些信息的分析和评估，以及利用信息做出决策、解决问题等。当今社会信息来源多，信息量大，这种能力愈来愈显现出其价值。面对搜集的大量的信息，小学教师要能对资料进行系统化的分类整理，核对考证，比较分析，去粗取精、去伪存真，并能对信息、资料做出实事求是的评价。如此，才能在教育科研中获得准确有效的信息，从而保证研究结论真实可靠，符合实际。

4.要能实施科研操作

教育科研的操作实施能力是课题研究的重点能力，亦即落实、调整课题各工作环节的能力。进行科研的实施操作，首先就是落实研究对象，根据研究对象的性质、特点及研究方案开展科学、广泛的研究活动，随后要能运用科学研究的方法，获取研究对象的事实材料，能做好研究前的准备工作和研究时的管理工作。具体而言，要能做好课题研究计划的具体落实、对研究人员的专业培训、对执行情况的检查、研究资料的管理、经费设备的管理，要能及时反馈信息、交流研究进展、掌握研究进度。如此，才能保证教育科研有条不紊地进行，确保课题研究的质量。

5.要能表述科研成果

教育科研成果的表述能力即研究者把经过潜心研究得出的新认识、新思想、新办法等诉诸文字，通过教育科研报告、科研论文、科研著作等形式表达出来的能力。进行科研成果的表述，是科研工作的最后一环，也是不可缺少的一环，它是教育科研工作全过程的缩影，是研究成果的文字记载，它影响着科研成果作用的发挥。科研成果表述要求逻辑严谨、精练明确、浅显易懂，不求华而不实。因此，小学教师要有良好的文字功夫，要掌握教育案例、科研文章、科研报告、科研论文的写作方法，明确各种表述方式的结构、格式、步骤、要求及注意事项等。如此，才能使自己的科研成果得以交流和共享，实现价值的发挥。

(四)要具有高尚的科研道德

教育科研道德主要是指在进行教育科研的过程中必须遵守的道德规范,它是教师进行教育科研的保证。科研道德是衡量科研人员素质的重要标准,科研人员应尽力避免浮躁的心理,致力于实在的研究,除了要杜绝明显的抄袭行为,也要避免一些隐形的,诸如过分夸大意义或者牵强附会的举动。在小学教师的科研素养方面,他们不仅首先要有作为教育工作者的职业道德素养,更要具有作为研究者的高尚的科研道德素养。具体而言,有如下要求:

1.须实事求是、审慎严肃

从事教育科研,不能以印象替代现象,以经验替代规律,必须脚踏实地、一丝不苟、严谨治学,来不得半点虚假和臆断。无论是科研资料信息的核实考究,还是科研数据信息的调查获取,都要确保真实准确、严密完整。那种马马虎虎,甚至弄虚作假、抄袭盗窃的行为,是为教育科研道德和法规所唾弃和禁止的。要审慎解释科研成果和结论,详尽解释科研成果有效性的条件和范围,不能因为私利或其他原因来曲解研究成果骗取公众信赖,避免错误结论或不真实成果付诸实践产生难以估量的不良后果。

2.要民主合作、尊重爱护

学术上允许不同观点的存在,才会百花齐放、百家争鸣。小学教师进行教育科研时相互的配合协作,共同攻关十分重要,这不仅是方法问题,同时也是科研道德问题。应该在教育科研协作中,学会共事、学会尊重、学会帮助,优势互补、共享成果。同样,在进行教育科研时,小学教师也要尊重小学生作为研究对象所应有的权利:有私人不参加协作权;有保持不署名权;有保密权;有要求实验者承担责任权。要爱护学生,尽量避免或一定消除科研实验等对学生造成的不利影响。

(五)要具有执着的科研精神

教育科研精神是指勇于摆脱障碍,刻苦钻研;能坚持真理,勇于奉献;批判继承,不守旧,勇于创新等心理品质,它是教师进行教育科研的动力。新课程理念下的中小学教师,不仅要想科研,而且要敢科研,敢于扫除对教育科研的心理障碍:习惯心理,即教师习惯传统教育教学模式,依赖千篇一律的教育教学方法,轻车熟路,不去研究新模式、新方法;从众心理,即科研时羞于在众人中崭露头角,不由自主地向众人看齐;迷信心理,即认为搞科研艰深莫测,自忖不是这块料;以及畏难心理、逆反心理等。要勇于承担课题,并以坚强的毅力支撑课题,积极实践,勇于探索,乐于吃苦和奉献,能在科研中既坚持、维护真理,继承民族和国外先进的理念和思想,又不迷信权威、妄自菲薄,敢于创新,具有努力攀登教育科研领域高峰的信心和决心。对于农村小学教师而言,衡量其科研精神,首要的标志就是看其在科研中是否能知难而进,善始善终,而不至于使课题半途而废。

第三节 小学语文教师的专业发展

教师专业发展是当下教育改革实践的一个具有重大理论意义的课题，是适应当今时代潮流与改革潮流的。只有在自主自律的专业发展过程中，教师在教育实践和教育改革中的主体地位和主体作用才能得以确认，教师职业的专业地位才能得以认可。教师的专业发展是在教师职业作为一种专业的前提下展开的，因而，讨论教师专业发展对教师的职业生涯具有重要意义。

教师专业发展是当下教育改革实践的一个具有重大理论意义的课题，是适应当今时代潮流与改革潮流的。只有在自主自律的专业发展过程中，教师在教育实践和教育改革中的主体地位和主体作用才能得以确认，教师职业的专业地位才能得以认可。教师的专业发展是在教师职业作为一种专业的前提下展开的，而讨论教师职业是否作为一种专业意义重大。

一、小学语文教师的专业发展概述

新世纪语文教育改革的关键在教师，广大语文教师需要重新对自己进行角色定位。各国都把教师素质的提高作为教育改革的核心，教师素质的提高过程也是教师专业发展的过程。近30年来，尤其是20世纪80年代以来，教师专业发展成为国外教育研究的一个专门领域。按照他们的研究脉络，教师专业发展经历了由被动发展到主动发展的转变。这里探讨的教师专业发展主要指教师在相关条件支持下的自律性发展。小学语文教师的专业发展作为具体学科具体学段教师的专业发展，探讨小学教师在语文教学方面应具备的专业发展。

（一）教师专业发展

尽管在学术领域教师主动的专业发展倾向日益受到人们的关注，但是就现有的相关研究来看，对教师专业发展实际变化过程的研究较多也较为成熟，研究的内容也几乎涉及教师专业认知、行为、态度、道德、伦理等很多方面。相对而言，对教师专业发展的深层结构因素、教师在专业发展中的能动作用以及有意识促进和影响教师专业发展的途径、策略的研究还比较薄弱。目前，我国有学者提出"自我专业发展意识与自我更新"取向的教师专业发展思路，探讨了教师专业发展的深层结构，这恰恰是对当前教师专业发展研究的补充和深入。本书认为教师专业化强调的是教师职业应成为社会认可的专业，应具有与其他专业同等的社会地位以及为取得、巩固这种地位而做出的各种专业努力。与之相比而言，教师专业发展则是在认可教师作为一种专业的前提下探讨教师如何发展的问题。教师专业发展的动因可能来自外，也可能来自内，但最终都表现为教师主动的个人选择。即使专业发展的动力来自外在的激化、引导，也完全可能转变为教师的一种主动选择，在教师专业发展进程中表现出一种他律性自律。

自我专业发展意识是贯穿于教师专业发展始终的，只是在教师不同的专业发展阶段，自觉发展意识和主体意识随着教师对专业角色的期待、准备、扮演、发展呈现出总体递增的趋势，直到退职为止。这其中支持教师专业成长的外部因素，包括教师职前教育、入职培训以及职后继续教育，对教师专业发展或者说对教师自我发展意识的唤起具有十分重要的作用。但同时，教师专业发展的外在支持对于以高度的职业自律、自我专业发展意识为统领的教师专业发展是不可逾越的。许多研究已经显示，让教师自我制定专业发展的目的和自我指导专业发展活动，对于促进教学实践有意义的、持续的改变具有决定性作用。但问题是，如果没有人帮助教师对实践进行反思，没有人向他们教授崭新的教学策略，没有人提供激化改进的元素，大多数教师不会在行为上发生改变。内因决定发展，但外因对内因发生作用的支持性意义与内因的决定意义是同样不能忽视的。因此，教师职业自律与自我专业发展意识为教师专业发展提供了很好的"内涵发展"的思路，但同时我们又要重视促进教师专业发展的外部因素，特别是外在的动态支持，这样我们就同时需要反思我国教师教育与教师培训及与之相应的深层观念。

(二)小学语文教师的专业发展

教师专业化对教师的执教学科和学生的年龄段是有所要求的，美国的全国专业教学标准委员会（NBPTS)的教师资格证书包括两大项，一项是学生的年龄段，分成幼儿期、儿童期、少年期、青年期；另一项是执教学科或领域，如数学、英语及通识（指教师要知道所教年龄段的所有学科）。比如一个四年级教师就申请NBPTS的儿童期"通识"资格证书。我国目前，"教师资格按照幼儿、小学、初中、高中等依次分为7个层次，既无按教授学科更精细的划分，也无按任教年限或职称作分级上的设置，并且一经获得终身有效"。就是说就专业发展而言，语文教师应有什么不同于数学教师之处，小学老师应有什么不同于中学老师之处，到目前为止并没有这方面可资利用的研究成果，而这样的分学科分学段的教师专业发展更有助于具体的教育教学实践。

1.语文教育要求语文教师的专业发展

随着"深入教育改革，推进素质教育"思想的确立，语文教育面临的问题和改革的任务，对当代语文教师的素质提出新的挑战。语文教师必须重新定位自己的角色，专注于自身的专业发展。传统的以知识传授为主的语文课堂教学中，教师是知识的卫道士，课堂教学形式是讲述—接受型的，考试也均以标准化、规范化的答案去要求学生，语文所需要的吟咏涵颂、丰富的想象，不确定、不规范的整体思维被破坏了。而新课程改革要求的教学需要我们把语文教学更多地视为学生主动进行的言语实践活动的过程。因此，语文教师首先要从整体上把握语文学科的性质——人文性与工具性的统一，要真切地体会到语文学科所具有的深厚的人文魅力。语文教育的人文性是语文的本义和内在价值，它可以贴近学生的心灵世界与情感世界，如教学诗歌是对人类灵魂与命运的一种解释，教学散文是对语言所浸润的情感的一种体悟。其次，语文教师更应认识到，语文的外延与生活的外延是相等的，要树立大语文教育观，关注学生的创新精神与实践能力的培养，要使学生学会从大自然中、从生活中挖掘素材、捕捉灵感。再次，语文教师要树立言语本位的教学观和语文教学的实践观。实践性是工具性、人文性的衍生性质，人文性、工具性实现的依托是学生的言语实践活动，只有在语文实践中学生才懂得如何学语文、用语文，并体悟语文对人的情感世界和生存状态的人性关注。学生语言能力的形成是运用言语作品并把它内化为自己心理要素的结果。"语文教学是以言语内容为中介使学生获得言语规律和技巧的教学活动；语文课的本质是通过开展语文活动（言语活动）来培养学生的语言运用能力（言语能力）。"因此，"语文教学是从事言语教学，而不是语言教学，而言语的内容包括了社会性、思想性、情感性，反映出社会规范与人的尊严、价值、个性、理想、信念、品德、情操的统一。因而语文学科的人文品位或语言文化特质显而易见"。基于言语本位的教学观，语文课应以关注学生语言实践为主，其主要任务是培养学生的听、说、读、写能力，即语文能力。最后，要实现这些观念的转变，首先需要教师重新审视自己的角色扮演，努力在各个方面促进自己的专业发展。实现与考试制度、评价制度改革相适应的语文教师心理的变革，这才是语文教育改革的关键。

因此，新基础教育改革要求的语文教师的专业发展首先要求语文教师转变过去语文的知识教育的观念。注重语文对人的熏陶、感染、塑造作用，强调语文人文性与工具性的统一，不断更新语文教师的原有专业结构，包括观念结构、知识结构、能力结构等。

2.小学语文学科特性要求小学语文教师的专业发展

语文教育是关于中华民族共同语言的教育，是我国基础教育中最重要的部分，小学语文教育更是基础的基础。在小学教育阶段，教师对于小学生的影响表现于多个方面，特别是与儿童此年龄阶段相应的心理特征相关，小学生更多地把教师作为模仿、认同的对象。与父母相比，教师作为职业工作者对儿童的影响更具有目的性、计划性、稳定性和专业性；从教师与小学生关系的性质上看，教师对小学儿童的影响更具有权威性，"教师对儿童的教导、要求、指导、纠正更能激发儿童形成或改变自身观念和行为的动机，儿童更容易接受教师对自身观念和行为的要求"。正是由于小学阶段儿童鲜明的向师性，小学教师的语文素养、教育素养对小学生的发展才显得尤为重要。对于小学教师，从学科专业角度讲，社会要求教师接受的是一种通识教育，更多地强调整合教育，不提倡学科分化，这也正是基础性教育的要义之一。但我们在这里讨论小学语文教师的专业发展，主要是从小学语文教学的角度出发，探讨从事小学语文教学的教师的专业发展应该是什么样子的，而不是研究一个小学教师应该具备哪些方面的专业发展。

小学语文教师的专业发展是指小学语文教师在一定的专业发展背景支持下，通过反思基本认同或形成新的小学语文教育理念，并不断扩充、更新原有专业结构，主动实现自我的专业发展。它最终表现为小学语文教师的主动的发展，但在强调教师主动发展的同时，更注重小学语文教师的专业发展背景或外部的环境支持。因此，我们说小学语文教师的专业发展具有自律性和他律自律性。这主要源于以下三个方面，即小学生的身体、心理发展的特殊性对小学语文教师提出的要求，小学语文教师从自身专业需求出发（作为一个语文教师的专业发展需求）的发展方面和社会要求的小学语文教师的专业发展，小学语文教师的专业发展应实现这三方面的统一。同时，小学语文教师自身的基于语文教育的专业发展需求又融合于另外两个方面。因为任何一个小学语文教师在进入学校的师一生界面后，他面对的作为教育三大要素之一的受教育者是教师必须与之交往，并要根据他原有的知识、经验帮助其建构起新的更有意义的知识、经验的对象。基于教师这个特殊的社会角色，对于学生的认知和理解是其专业发展的重要组成部分。另外，关于社会对小学语文教师的专业发展要求，说得再高位一点儿，就是语文学科的总取向问题。我国在20世纪90年代进行过语文教育的大讨论，就语文教育总体取向而言，"有的学者提出，语文教育要具有两个高度，一是培养学生语文能力的高度，二是审美教育的高度；有的语文教育研究者主张，'语文教育新的路标'是'语感中心说'；还有人认为，语文教育以'语用能力'为'一元化的目的论'等"。可见，各种争论仁者见仁，智者见智，但我们认为语文教育的发展需要从一个国家的时代发展、社会发展的需求出发，从语文教育的政策层面来把握，单从语文教育的专业领域来讨论语文学科的取向是有争论的。因此小学语文教师应自觉地把国家、社会对语文教育的要求纳入自己的专业发展领域，更具体地表现为要把挖掘课程的时代意义与构建学生生活的个体意义统一起来。

对于小学语文教师的专业发展，不管它具有自律性还是他律自律性，其最终的发展内容都要落实到小学语文教师的专业结构上，主要体现为其专业结构的拓展、变化。那么，小学语文教师应具备一个什么样的专业结构，应取决于小学生的特点和小学语文的学科特点。

二、小学语文教师的专业结构

探究小学语文教师的专业发展过程，必须明确从哪些方面进行考虑，这就是小学语文教师的专业结构要解决的问题。20世纪90年代以前对教师专业结构的研究主要集中在"专业特质"和"教师素质"两个方面，一些学者试图通过教师群体的特质研究，把教师职业与其他职业区别开，提升教师职业的专业地位，关于教师素质的研究又主要以优秀教师应具备的素质作为出发点。

各个时期关于教师专业结构的研究不尽相同，但专业知识与传业精神是他们都共有的。20世纪90年代以后对教师素质的研究很多时候等价于教师专业结构的研究，对我们探讨教师专业结构也很有启发，比如顾明远从三个方面提出教师的特质：①职业意识；②业务能力；③心理素质。邓志伟也从三个方面提出对教师的要求：①教学素质，包括专业素质、个人素质和管理素质；②个性和经验，包括经验、意识、技能、智慧、意图；③操作模式。但这些对于教师的专业自觉意识与专业发展的外部支持则探讨得比较少。在我国，伴随着新基础教育课程改革，教师研究被带入一个突出的研究领域，我国学者白益民博士在其《教师专业发展论》研究中，在其师叶澜教授研究成果的基础上，提出教师的专业结构包括以下几个维度：即教人信念、知识、能力，专业态度和动机，自我专业发展需要和意识。然而，本书认为专业态度和动机与教育信念是相辅相成的，坚定正确的教育信念肯定会导致积极的教学态度和动机，反之则异。因此本书将从教育教学信念、专业知识、专业能力、教学教育经验、自我专业发展意识几个方面作为讨论教师专业结构的维度。小学语文教师的专业结构亦与此框架相吻合，只是通过对小学阶段的语文学科的具体论述使之具体化。教师的专业结构最终要落实到具体学段、具体学科领域，这是毋庸置疑的。

(一)教育教学信念

每一个教师一般都具有自己的教育教学信念，它可能形成于具体的教学实践，也可能是接受外在观念的结果。总之，凡叫作信念的东西大多具有长期性（形成的长期性和影响的长期性）、稳定性、内隐性等特点，对人的行为方式具有主导作用。20世纪七八十年代以来，教师认知研究的重点集中在教师实践背后的知识和信念上，也正是由于把教师信念作为教师认知系统的一个组成部分来研究，所以教师信念往往与教师认知有关的概念交织在一起。"较早研究教师信念的西方学者，如格罗斯曼、威尔逊和舒尔曼等人也特别强调教师信念与教师学科知识之间的密切关系。"但是，西方学者较强调以系统的理论知识为基础的教师信念，而我国学者则更强调以精神、理性为基础的教师信念，常把教师教育信念叫作教育理念，认为"教育理念是指教师在对教育工作本质理解基础上形成的关于教育的观念和理性信念"。小学语文教师的教育信念可看作是小学语文教师的师生观、儿童观以及对儿童发展与教育和小学语文学科的特定价值等方面的教育观念的总和，其中儿童观和小学语文教育价值观占主导地位。"儿童观是指教师基于儿童的基本看法，包括对儿童身心发展特点、规律和心理发展动力等一系列问题的一般性认识及由此形成的对儿童的特定期望等。"小学语文教育的价值观是指对于小学语文教育在形成小学生的语文能力和人文精神方面的特定意义的充分认识。

就小学阶段教育来讲，小学生的发展是一切教育活动的出发点和归宿。基础教育是整个教育系统的奠基部分，小学教育是基础教育的基础，这是不管任何时代都不会改变的。随着科学技术的发展和知识经济时代的来临，我们在确定基础教育的任务时，更强调学生对未来社会的适应能力，强调为人的终身学习与发展打好基础。传统的学生观对小学生的看法，强调他们缺乏知识、经验的一面，没有看到他们的潜在性和内在的积极性，忽视了学生主体的作用。而新的学生观倾向于把学生看作具有多种发展可能、具有主观能动性的个体。对于任何一个教师眼中的小学生来说，他们都应该是能动发展的主体。20世纪六七十年代，受行为主义思维方式的影响，学生被看成被动接受知识的容器，特别是小学生，由于其心智方面的非成熟性，教师便把他们处处视为一个处于弱势的群体，认为外界的知识和行为方式的输入是小学生成长的全部，忽视了小学生的非成熟性正是他们可塑性的代名词。20世纪70年代以后的认知行为主义、认知主义和20世纪80年代的建构主义对人的知识形成观和儿童观产生了重要影响。建构主义不仅是一种教育理论，而且是人们的一种认识方式，它强调儿童经验对于其未来学习的至关重要性，认为学习者能构造自己的知识结构，知识不是简单地由教师传授给学生，而是在学习者的头脑中建构起来的。如果教师能把自己看作是学习者，能提出一些自己也不明白的问题，在探究的过程中愿意改变教学内容和方法，把学生和自己的努力看作是进步中的尝试，而不是最终的结果，那么，学生身上也很可能具有这些品质。因此，每个小学教师都应该充分认识到小学生的发展潜力，深入儿童的内心世界，为他们提供各种尝试表达自我的机会，体验一种由成功带来的快乐。只有这样，课堂才能变为舞台，学校才能变为乐园。另外，儿童的身心发展水平、认知能力、个性特征和行为方式等常常会影响教师的教育观念、教育目标和内容及教育行为等多个方面，儿童的特点是教师儿童观的重要素材。由于小学生的认知、情感、意志方面的未成熟性，在心理上表现出注意的短暂性、思维的形象性、直观抽象性（小学高年级）、感知觉的不完整性和容易移情等特点，教师应根据小学生的身心特点形成对正在成长中的儿童的正确期望。根据小学生的性别特征、生理特征、个性特征及学习表现等对学生提出恰当的要求，其实所谓的"因材施教"就是找准每一个孩子的最近发展区，并给他们提出恰当的期望目标。

就学科教育信念（小学语文教育的价值观）而言，小学语文教师应坚信小学语文学科的独特的育人功能并对之有充分的了解和把握。首先，"培育学生的语文素养，培育学生热爱祖国语言文字的思想感情，指导学生正确理解和运用祖国语文，丰富语文积累，培养语感，发展思维，使他们具有适应实际需要的识字写字能力、阅读能力、写作能力、口语交际能力，还应重视提高学生的品德修养和审美情趣，使他们逐步形成良好的个性和健全人格，促进德智体美和谐发展"。其次，挖掘语文教育的人文内涵，正确把握语文教育的特点；重视语文的熏陶感染作用，注意教学内容的价值取向，尊重学生在学习过程中的独特体验。再次，倡导自主、合作、探究的学习方式。根据学生身心发展和语文学科的特点，关注学生的个体差异和不同的学习需要，爱护学生的好奇心和求知欲，充分激发学生的主动意识和进取精神，倡导自主、合作、探究的学习方式。最后，要努力形成开放而有活力的小学语文课程以及相应的小学语文教材。应拓宽语文学习和运用的领域，开阔学生视野，注重课内与课外的衔接，树立大语文教育观。人文学科，特别是语文学科，课内与课外的界限要比其他自然学科更为模糊，尤其对于小学生来讲，生活处处皆语文。

（二）专业知识

任何专业活动都务必包含一套系统化、理论化的知识体系，以确保专业实践活动的合理性。教师的知识结构往往直接支配着他的教学活动：知识结构规定了思考问题的视野，也规定了他的实践工作范围。一个人的思想和行为实际上始终是在他的知识范围之内进行的。从教育心理学角度讲，教师掌握的知识越多，可资利用的促进教学迁移的材料越多，越容易融会贯通地运用知识，这样更有利于教师的教学设计。小学语文教师作为一个语文学科教学工作者和儿童教育工作者，应具备从事小学语文教学所特有的专业知识。

第一，小学语文教师应具备小学语文学科知识和一般性知识。首先，小学语文教师作为一名通识教育者，首先要掌握小学语文学科知识，但并不一定多高、多深，达到某种水平即可，多了对教师的教学并不一定起作用。其次，小学语文教师应具有广博的人文素养。语文教学强调学生对文本的独特的体验，不仅仅是知识教学，小学语文教学亦如此。一个语文教师，要想使学生从语文教学中得到涵养，使语文课堂充满人文性，教师必须具有良好的人文素养。一个情感丰富、会感动的教师，才知道如何让学生和他一起感动，才能在课堂上培植起一种人文情怀。

第二，教育专业知识。越来越多的人相信，教师知道什么以及他们怎样表达他们的知识对学生的学习是至关重要的，这也是教育学中人们常说的"是什么"和"怎么样"的关系问题。就小学阶段教学而言，教师拥有的如何进行教学的条件性知识（教育教学知识）要比本体性知识（专业学科知识）更为重要。有研究表明，"教师的本体性知识与学生成绩之间几乎不存在统计上的高相关"。

小学生的发展具有潜在性和多种可能性。他们自主性弱，情感胜于理智；思维具有直观性、形象性；他们对教育、教学活动的外在表现的兴趣常常胜于对活动内容本身的兴趣。小学语文课堂对小学生来说应是一个充满想象的空间，教师对小学生的各种表现应更多地关注他们的思维逻辑而不是现实逻辑、正确逻辑（事实上所谓的正确都具有相对性）。例如，语文课上教师要求小学生画一条鱼，而有的学生却在纸上画上了水和草。这看来不符合教师的要求，但符合小学生的思维逻辑。如何解释、处理类似事件，这就需要小学语文教师掌握系统的小学生教育学、心理学知识，特别是与小学生相关的教育心理学知识。教育专业知识的掌握有助于教师把握小学生的心理特点，有的放矢地进行教学，在一定程度上能够排解教师"如何教"的困惑。另外，小学语文教师应掌握相应的语文课程知识，熟悉小学语文课程的发展史（包括小学语文教材史），对语文教材中入选的文章具有审美的能力，善于引导学生感悟、体验教材的思想情感；应积极关注小学语文教学的最新研究成果及相应的教学思想知识，比如，当今《语文课程标准》所体现的语文教育新理念等。

第三，学科教学法知识。学科教学法的知识应属于教育专业知识领域，它是基于教育理论指导下的用于指导小学语文教学实践的方法知识。对于小学语文教师而言，教学法的知识更具有指导性。但我们同时强调教师对具体教学法背后的理论支持的了解，以便于使理论与实践密切相连，相互修正，不断发展。

小学语文教学法是指依据小学语文学科的教学理论和实践的关于教师的教如何指导学生的学的知识，它体现了小学语文学科的性质和特点。对于小学语文教学中的识字和写字教学、阅读教学、写作教学的教学法研究能帮助教师有效地设计教学。随着教育教学改革的不断深入，教学法研究百花齐放，各种小学语文教学的模式研究深入而广泛，不同的教学模式本身就蕴含着不同的教学方法。

（三）专业能力

小学语文教师在具备专业知识的基础上，应有哪些方面的能力也是教师专业结构不可或缺的。我们这里所指的专业能力即指小学语文教师的专业特殊能力（因为作为一般能力的智力而言，普通师范生和入职教师都已具备）。对于教师应具备的专业特殊能力的研究已有很多，人们大都提到教师的组织、沟通、交往、引导及研究等能力。本书将小学语文教师的专业能力概括为三个方面，即小学语文教师的教学能力、教研能力和反思能力。

小学语文教学能力是指小学语文教师所具备的良好的听、说、读、写能力和特有的感悟、审美能力以及对小学语文教材的解读，对教学方法的灵活应用，对教程的组织设计以及对教学效果的检验等多层次、多序列的能力系统。但更为重要的是小学语文教师对儿童语文的独特的感受和审美，并能深入到具体的教学情境中通过自己对美的领悟，调动、激发小学生的灵感，使课堂教学充满基于文本的对美好事物的体验。与小学语文教师的专业知识相比，我们更希望教师对语文课堂的全身心投入，实现具体教学情境中的知识向能力的转化。

小学语文教师的教研能力是指探讨小学语文教育规律，用以指导小学语文教育实践的革新能力和研究能力，是小学语文教师的教育教学能力和创新意识的集中体现。随着人们对行动研究模式的普遍认可，对于中小学教师广泛参与教学研究已达成共识，特别是新的基础教育课程改革为小学语文教师参与研究提供了广阔的空间。新的小学语文课程改革在语文独立设置综合科的课程结构条件下，倡导语文课程的多元形态，而且具体的课程形态要转化为多元的教材形态并在课堂中转化为师生的教学形态，这客观上要求所有的小学语文教师都要参与小学语文课程的研制、开发，并在教学中进一步生成、改造小学语文课程，促使小学语文课程、教材、教学的一体化。因此，新时期小学语文教师要以新的课程改革为契机，在形成与新课程理念相适应的多元化的小学语文教材和多元化的小学语文课堂教学形态方面充分施展自己的才华，挖掘自己的研究潜力，实现教学创新。

(四)教育教学经验

教育教学经验也是一种知识，它是教师个人的实践知识，是与教师的思想和行动过程保持着"共生"关系的知识。近一两年来，我国教育界对教师的经验知识给予了积极关注，人们赋予它不同的名称:实践知识、个人知识、缄默知识、隐性知识等。或许从知识学的角度讲，这些名称可能会指称不同的知识范围，但有一点是明确的，那就是大家都认识到所有的教师都是带着与其教学实践相关的实践知识或经验知识来从事教学工作的。因此，教师的教育教学经验理应受到关注，国外有关教师的研究在这方面有更为明显的倾向。从教师基本专业素质的内容上看，"美国的研究倾向于探讨教师的个性品质及教师教学行为本身的个性色彩。尤其注重教师的教育临床技能、教学技能、教师与学生及课程的关系、教师个体教育人格修养方面的素质。而我国学者一般比较强调普遍的、理想的结论与意义:注重教师素质结构的系统、完整和社会的期望"。我国一些学者也注意到要研究教师专业发展，"必须在理解教师工作的'临床'和现场特质上深入下去，要准确地把握教师在教学实践中独特的认知和情感特征，否则我们将难以回应社会以成熟的专门职业特征为标准对教师专业形象特性做进一步的解释和梳理"。也难怪一些教师研究工作者疾呼:教师的确需要获得并拥有一种与现有教育学科中的高深知识不同的专业知识。但教育研究的成果并没有向他们提供所需要的东西。

教师的实践知识所基于的实践理性与一般专业知识所基于的工具理性有所不同。工具理性强调实践者对普遍结论的有效运用并获得预期的结果，而实践理性则强调教育教学的日常性、情境性与行动性。教师所面对的教育实践是极为复杂的，需要对不确定的复杂情境做出解释并做出对于具体教育教学行为的决策。在这种情况下，教师所需要的知识产生于处理不确定情境过程本身，或者说是一种反思性实践知识，它是教师基于实践的个人知识或经验知识。教师的实践理性对于教育教学有着不可替代的作用，教师不仅要通过正规学习直接获得一般专业知识，而且要在自己的专业实践活动中不断获得实践知识，这是教师专业成熟的一个重要表现。因此，教师实践知识或教育教学经验成为教师专业发展的重要组成部分。对于小学语文教师而言，他们所面对的最大的实践就是小学儿童。在对学生丰富心理活动的洞察和对学生个别差异的把握的基础上，以小学语文课程为中介，通过对小学语文教材的合理解读，使小学生得到一种基于教材范本的对真实生活的体悟，以达到对学生心灵的浸润，对美的感受与鉴赏。

小学语文教师作为小学语文课堂教学的设计者，应该为学生构筑一个儿童语文世界，为他们空出大片想象的空间，努力在小学语文教学中培养学生的创新能力和审美能力。

教师实践知识作为一种独特的知识形式，它横跨知识、态度与技能三个方面的学习领域，是由言语信息、智慧技能、认知策略、动作技能和态度五种学习结果综合而成的习得性能。实践知识的形成具有"转知成智"的特点，就是说教师能在当自己所知的一般的知识、原理、信念与具体的教育情境交汇时，通过直觉与顿悟实现"转知成智"的飞跃。正是从这个角度讲，教师实践知识是否可以习得，是否可通过无意识的经验积累就能达到，这是有待于进一步研究的问题。但是我们也不能因此把它神秘化、不可知化，智慧从一定意义上来说，也是积累、反思与激发的结果，教师实践知识的养成与教师日常的教学实践是密不可分的。也正是教师实践知识的这种特殊性，为教师专业自主权的诉求提供了有力的支持。

(五)教师自我专业发展意识

教师自我专业发展意识是教师的主体性的表现。主体性是人的本质属性，是现代人的基本特点，越来越多的有识之士认识到，教育的根本任务就是不断提升受教育者的主体意识，使学生学会发展自己。联合国教科文组织也提出学会生存、学会学习、学会做事、学会交往是一个人生存的四大支柱，这些都是对人的主体意识的提倡。当今社会为人的主体性的张扬提供了前所未有的时代养料，同时，时代也普遍要求人主动地提升自身的主体意识。在我国当今时代，由于科学主义的膨胀，在强调人对自然立法的同时，忽视了人对自身的主体性的充分认同。教师在传承传道、受业、解惑的传统教师功能的同时对自身的专业发展则缺少规划，压抑了教师创造的本能。从教师的职业角度讲，专业发展是其职业生涯的核心，而自我专业发展意识又是教师专业发展的核心。因此，自我专业发展意识是教师专业结构的灵魂，主要表现为以下几个方面：

首先，教师的自我发展意识表现为对自我的专业发展规划。教师应制订自己的专业发展规划，对自己的发展方向要做到心中有数，特别是已入职的教师。面对一个新的工作环境，面对学生，怎样既做到为人师表，又能使自己得到真实的发展。这就需要有一个对工作的规划，对自己的规划，大到围绕自己职业的终身奋斗目标，小到每一堂课的教学设计以及和一个学生的谈心计划。自我发展规划是教师行动的指针，是教师自己设计出来的，当然教师设计自己的行动计划也要考虑外在的工作规范，把外在的要求与内在的需要统一起来本身就是教师主体性的一个基本表现。

其次，教师应不断地反思自己的专业成长过程。自我意识、主体意识最集中的表现就是自我反思的自动化、经常化。反思建立在教师对自己的专业发展预期是否在逐渐接近和实现的基础上。反思的内容有理念领域的，也有操作领域的，对教师来说，反思来源于由旧理念导向下的教学实践的困惑与迷茫而产生的自我意识的觉醒。就是说，反思来源于"意识到的自我意识"，因此自我意识经常地表现为反思。在反思的过程中，教师能主动地将自己认知系统中与所面对的教学行为有关的因素纳入教学过程中去，重新审视自己在课堂教学或课堂监控中所依据的思想，并积极寻求更合适的新策略来解决遇到的问题。

教师的专业发展不仅有赖于先天素质和外部环境，而且也有赖于他逐渐形成的自我发展意识和主体意识，就是"我作为一个主体的我、能动的我，如何做一个自我主宰的我"的问题。当然，我们说教师的职业追求是永无止境的，要使自己超越现实，就必须处于不断自我提升的状态中。但我们所提倡的教师的自我发展的主体意识并不是让教师不关注群体支持和教学的社会背景，而是希望教师能尽可能地把这些纳入自我专业发展领域。如果教师把专业发展仅仅作为个体所追求的活动，这必然会限制教师发展的潜力。

三、小学语文教师专业发展的途径与策略

小学语文教师的专业发展表现为教师在外在的动态激化、支持下的主动发展，从观念层面、意识层面强调教师由被动向主动的发展，但它更强调教师专业发展的外部环境支持。那么，提供什么样的环境支持才能促使教师转变观念并获得专业发展的方法、技能，这就涉及小学语文教师专业发展的途径与策略问题。小学语文教师的专业发展是有很多途径可寻的，小学语文教师的专业发展是整个教师教育与教师发展系统的一个子系统，就像"素质教育""尊师重教"这些理念的贯彻一样，是以社会大背景为依托的。

对于已入职的小学语文教师来说，他们已经接受过师范院校的教育或参加过类似师范教育的上岗培训，掌握了一些必备的学科知识和一般教育专业知识，这些作为一种显性的知识结构已经部分地被纳入他们的认知结构。但是理论与实践是有客观差别的，当小学语文教师面对小学生，面对具体的课堂师生、生生互动情景，他们会把以往学习的东西暂时搁在一边，开始应对实际的教学情景。因此，如何使初入职的教师顺利适应小学语文教学实践，使已经胜任的教师继续钻研教材、研究学生，实现专业的精深发展是亟须探究的课题。广大基层学校必须意识到：立足校本的教师专业发展是促进教师成长的实质性出路。本书拟提出几项提高小学语文教师校本专业发展的建议：

（一）开展基于行动研究的教育实验

教育实验是教师进行教育教学研究的平台，随着人们对"科研兴教""科研兴校"的逐步重视，教育实验对教师教学水平提高的作用得到充分确证。教师教育工作者都希望教师把教学与研究结合起来，把教室当作天然实验室，把学生当作真实情境中的被试。一些教育界专家也大声疾呼"时代呼唤研究型教师"。近年来，教师即研究者的理念日益受到重视，而教师即研究者的观念是基于行动研究提出的，它不同于理论工作者的科学研究。行动研究是教学工作者为解决自己遇到的实际问题，改进教学实践而进行的一种研究，是以解决实际问题为旨趣的，是教师专业发展的一种形式。行动研究除了解决实际问题外，也能使理论更具有适切性，因此它能融合理论与实践的差距，对于小学教师而言，是一种有效的研究形式。

小学语文教师要想成为一名合格的行动研究者：首先，要掌握中小学教育科学研究方法，知道何为教育科研，怎样开展小学教育科研，自己需要做些什么，需要和哪些人合作，初步树立起小学教育科研意识。其次，应对语文课程、语文教学有充分的理解和认识。小学语文教学发展到今天，如何教的问题应紧密结合时代形势，要培养学生学会独立思考、能通过语言文字准确地接收信息和传递信息并且能流利地表达自己的思想和情意的能力。信息社会对人的要求是全新的，创新精神的养成是素质教育的核心。小学语文教师要在允许学生创造，给予创造空间的同时，培养学生的创造性人格，力争使小学语文课堂成为师生精神生活的一方天地，共同体验一种独特的儿童文化氛围。再次，要通晓教育实验研究的基本程序和规范。从课题来源、课题选择到具体研究方法和研究程序的确定，再到实验过程的进行，最后是研究结果的表述，各个研究环节都有其实施的学术规范。小学语文教师要认真学习小学教育科研，懂得学术研究的基本规范，学会利用外界提供的良好研究环境。最后，小学语文教师应在日常教学实践中仔细观察、认真反思，不要神化研究，认为它是大学教授的事情。小学语文教师从事的是基于小学语文教学实践的行动研究，现实中，与复杂的、不确定的小学语文课堂教学情景相伴随的小学语文教学研究无处不在。

（二）引导小学语文教师在教学实践中反思并形成自己的教学风格

简单地说，反思就是反省思维，一般是指行为主体立足于自我之外的批判地考查自己的行为及其情景的能力。反思性教学是教学主体借助行动研究，不断探究与解决自身和教学目的以及教学工具等方面的问题，将"学会教学"和"学会学习"结合起来，努力提升教学实践的合理性，使自己成为学者型教师的过程。目前在我国教育界对于教师成为反思性实践者的大力倡导可以说是教育研究的一大成果，这是教育情境性、复杂性、不确定性的内在要求。日常性、情境性是教师反思的基本特点，特别是对于小学教师更是这样。作为一名小学语文教师，相对于"教什么"的问题，可能更多应反思的是"如何教"的问题，如何为学生听、说、读、写打好基础，语文课堂如何向课外延伸，如何搞好小学生的语文实践活动以及如何使小学语文教学有利于形成学生的创新能力、审美能力、实践能力等，都是小学语文教师反思的内容。

反思性教学实践是对技术理性的一种反动，它强调教师在教学改革实践中的主动作用，其思想的产生和形成是与行动研究的思潮和实践理论的发展紧密联系在一起的。反思性教学实践是基于教师教学行为的反思，是教师专业发展的一种有效措施，下面就小学语文教师反思的内容和策略进行简单探讨。

1.反思的内容

简言之，小学语文教师的反思包括两个方面，一是指理念方面的，二是指实践操作方面的。理念层面的反思是指一个小学语文教师对于小学语文教学的目的观、价值观、儿童观等的反思。小学语文对于形成小学儿童基本的语言文字能力和应有的情感体验方面应具备基础性的作用，它是学生在语文方面甚至是其他学科方面进一步学习的生长点。另外，小学语文教师要确确实实认识到小学语文人文教育对一个人成长的重要作用，与这样一种建立在充分把握小学语文学科性质基础上的价值认识相对应的就形成了小学语文教师的学生观、师生观、教学观。对于学生来说，人文关怀首先意味着他们拥有作为人的自主感，而不是什么都是教师说了算，教师在学生面前永远是权威。新的课程改革理念要求教师角色由过去的权威者、传知者变成学生学习的促进者、参与者、引导者。小学语文教师应努力为学生创造一个儿童世界，自己也将移情于其中，这样更容易与小学生平等地交流，洞察他们的内心世界。小学语文教师的实践操作层面的反思主要是指对与小学语文课堂教学密切联系的具体事件的反思，包括课堂内的行为选择、方法选择和各种策略的应用效果等以及课内教学与课外教育的衔接、统一。理念反思的结果会潜移默化地渗透到具体的教学行为中，对具体教学行为的反思又会不断地修正、调整已有的小学语文教育理念。总之，二者调和的结果是使教师的教学活动更具有反思性、自觉性，更符合时代精神。新课程理念的贯彻过程也是在反思的基础上不断修正原有观念的过程。

2.反思的策略

有效的反思需要有效的反思策略。首先，小学语文教师在亲历小学语文教学实践和勤奋思考的基础上，应经常写反思日记。记录、描述课堂教学中的关键事件或教师认为的冲突情境，并尽可能结合所学理论对此进行一种教育学的分析。其次，教师应在参与行动研究的过程中，通过相关课题的研究进行多方面的反思，形成良好的反思习惯。再次，小学语文教师在系统学习理论知识的基础上，形成自己的自我反思和对教学进行反思的反思模式。不同发展阶段的教师，可基于自己的经验丰富程度形成适合于自己的模式。反思的模式可来自已有的研究，比如熊川武教授在其《反思性教学》一书中提到的埃拜的"反思计划—教学—评价"模型、爱德华兹等人的行动研究螺旋模型和拉博斯凯的实践经验与理论理解相结合的模型等，也可以创设适合于自己风格的反思模型。总之，模式应是极个性化的，教师可以根据小学语文的教学内容、教学情境发挥自己的思维智慧，任何模式只要是有利于小学语文教学目标的实现，即为合理。最后，小学语文教师要形成日常思考问题的习惯，切莫淹没在重复的教学程序中。只要思维常新，教学就会常新，每天的教学活动就会使人有创造之感，师生自然会乐在其中。

3.寻找促进小学语文教师专业发展的隐性知识显性化的方式

不管是校本的，还是非校本的教师培训，一种最常见的方式就是请专家或名人做报告，讲授新思想、新观念、新理论，把相关领域的学术前沿动态传达给广大中小学教师，以期对他们的教学实践产生一种冲击。这对于提高广大教师的理论素养无疑是一种好的方式，但它并不是教师发展的充分条件。实践证明，教师在教学实践中，其个性化的教育观经常以内隐的形式发挥作用，这对于促进教学有积极的一面，也有消极的一面。有人说，显性知识相对于隐性知识来说只是"冰山的一角"，隐性知识是智力资本，它隐藏在人们的经验中。如何使这种隐性的知识通过各种方式尽可能显性化，使教师自觉意识到它的存在，强化、推广其积极的一面，修正、克制其消极的一面。这就需要我们探讨隐性知识显性化的方式，只有显性化了，才能使积极的东西得到巩固，消极的东西得以抑制，显性化也是一种提升教师认识自觉性的过程。下面我们对小学语文教师隐性知识显性化的方式做一阐述：

第一，为了促使教师隐性知识的显性化，教师树立一种理念是十分必要的，那就是习得、探究、参与、交流。习得是指教师要及时学习关于小学语文教学的新理论、新方法、新技术，要善于学习；探究是指在习得的基础上，研究新的理论、方法与目前小学语文教学的适切性，吸取其中合理的成分，排斥不合理的成分，充分修正理论；参与和交流是指在探究的过程中，广大教师要发挥团队精神，在参与研究的同时与同行充分地交流、互动，分享成果，启迪智慧。通过隐性知识显性化的方式促进小学语文教师的专业发展，只有树立这样的理念才有可能寻找到适合的隐性知识显性化的途径。因此，这种理念的树立本身也可作为一条途径。

第二，课后小结与交流。在每天或每星期的课堂教学结束后，学校应创设条件让同一年级组的语文老师进行互相交流。在交流中，可汇报自己一堂课的教学设计，比如对于新理念的贯彻是从哪些方面体现的或如何巩固了过去的传统做法，等等；也可相互交流自己使用的独特的教学方法，以及使用该方法的教学效果；也可交流如何对学生进行评价以及对课堂上的一些随机事件的处理等，并将交流的结果在年级组内形成文字材料，存入档案。学校可规定每月一次定期召开小学各年级语文教师教学经验交流会，小学低、中、高年级语文教师可彼此分享经验，找到相互可借鉴之处以及适合于不同年级学生的不同的施教方法。课后小结与交流可以使教师的教学经验及时显性化，而且有利于养成教师反思的习惯，促进一线教师的专业发展。

第三，开展小学语文教师专业发展成长史研究。教师专业发展的过程是教师自我设计、自我预期不断实现的过程。课后小结、交流主要是对教师每周或每月教学经验的总结、共享。而教师专业发展成长史研究则要求每一位教师通过对自己专业成长的回顾，追忆一下自己之所以有今天的教学水平，是哪些因素或条件在起作用，比如什么因素对专业发展起主要作用；专业成长的转折点是什么；最常用的教学方法是什么；取得突出教学成绩的诀窍是什么；在初入职的时期，在专业发展方面有什么困难，解决的方式是什么；认知方式有什么特点；教学风格是什么样的；等等。围绕这样一系列问题，帮助教师写出自己的专业成长史，特别是一些经验丰富的教师。从教师的成长史中可以发现他们的价值追求、认知类型和教学风格以及形成这些的影响因素，这对于一些自认为有类似认知类型的年轻教师来说可成为模仿的榜样。一些年轻教师虽然入职时间相对较短，但也可以记述自己几年来的专业发展历程，最重要的是要在课后小结与交流的基础上，逐渐确认自己的认知类型、教学倾向性，预测自己的教学风格类型，并且要提出进一步专业发展所需要的帮助。

4.开发小学语文校本课程

教师与课程打交道的历史即使从现代意义的课程算起，也已经有着近百年的历史，但教师却一直充当着执行课程的"工具"。虽然人们也认识到教师在课程发展中的潜在作用，但直到20世纪70年代，人们才开始普遍意识到教师内在的实践经验、研究能力、创造能力对课程的改革和重构起着十分重要的作用。特别是对于倡导教师专业化而言，无论是从教学专业化的需要来说，还是从教师作为专业人员的权利来说，参与课程开发已成为教师专业生活的重要组成部分。同时，20世纪70年代出现了"过程模式""实践模式"等课程开发模式，使课程在结构化程度方面大大降低，课程的外延开始变得模糊，内涵却不断丰富。新的课程理念要求人们树立开放的大课程观，课程被界定为包括活动类课程和潜在课程在内的育人媒体。所有这些观念的变化在教师与课程发展的关系方面，都大大提高了教师参与课程开发的合法地位，也为教师参与课程开发提供了理论支持。因此，所有的校本课程开发研究都无一例外地把教师专业发展作为校本课程开发的决定性条件，很多人倡导以教师专业发展为核心的校本课程开发，提高教师在课程实施中的自觉性。但从教师专业发展的角度来看，教师的发展离不开学校教学实践，因为学校是教师专业生活的场所。而校本课程开发又是以学校为基础的一种课程开发策略，因此也必然是教师专业发展的有效途径，它从以下几方面促进了教师的专业发展：

从思想方面讲，小学语文教师在开发小学语文校本课程的过程中，首先要树立"以学生发展为本"的学科教学理念。"生本"是校本课程开发的最基本的出发点，小学儿童的发展应是全面的、基础性的，小学语文在重视小学生听、说、读、写基本能力的培养的时候，切不能把语文课程肢解成知识条块。我国小学语文教学历来重视读、写训练，忽视学生听、说能力的培养，而且注重单项训练，缺乏集听、说、读、写为一体的综合训练。新的《语文课程标准》一改过去的风格，突出了小学语文的口语交际和综合性学习训练，这也是小学语文教学新理念的反映。其次，小学语文校本课程的开发有利于小学语文教师形成正确的专业发展观。小学语文教师基于对学生的了解，对学校内部及周围环境中可资利用的小学语文方面的课程资源的发现，从反思教学实践入手，形成对小学语文课程的新认识，形成小学语文校本课程开发的新理念，这一系列的过程都对小学语文教师专业发展理念的形成具有重要作用。再次，小学语文校本课程开发有利于形成小学语文教师同行之间以及与其他人员的合作精神。所有的小学语文教师都有权利参与校本课程开发，参与则意味着合作，不仅要与其他小学语文教师合作，也要与小学语文课程专家、学校领导、家长、学生、社区人员进行广泛的合作，长此以往则有利于教师合作精神的发展。

从知识方面讲，小学语文校本课程开发不仅能使教师正确地认识知识的本质，而且充实了他们的知识结构。就知识的本质而言，一种观点认为知识是人类文化的结晶，它是作为一种结果而存在的；另一种观点认为知识也包括人们获得、改造它的过程。英国课程专家斯腾毫斯认为知识并不是让学生接受的现成的东西，而是学生思考的对象。小学语文校本课程开发特别强调学生独特的体验，学生作为课程开发的参与者和课程的消费者，要从中体会到所开发的课程对他们自己的意义。我们说，校本课程开发的本意就是强调课程在形成的过程中对于学生的价值，而不是等课程开发好了，然后把结果传授给学生。所以说校本课程开发有助于小学语文教师形成正确的知识本质观：知识不仅仅表现为结果。另外，小学语文校本课程开发与教师参与行动研究的教育实验一样，能够提高教师的知识水平，扩展教师的知识结构。校本课程开发本身就是一种研究，而且是一种典型的行动研究。小学语文教师要参与小学语文校本课程开发，首先必须具备相当的课程知识和小学语文理论知识，由于需要，教师就会通过不同途径去掌握这些知识。同时，小学语文教师还应具备一般的教育专业知识，特别是与小学语文教材有关的专业知识（包括教材内容知识，教材教法知识，学科课程知识），这些知识的学习不断充实着教师的知识结构。

从能力角度讲，小学语文教师参与校本课程开发有助于教师的语文能力、教学能力、研究能力、反思能力及信息收集、处理信息等各方面能力的提高。首先就语文能力而言，为了进行校本课程开发，小学语文教师必须涉猎广博的文化知识。小学语文校本课程旨在丰富小学生的基础知识、生活常识，加强学生的语文综合素养，特别是在强调具有人文意蕴的儿童文学方面，突出它对国家和地方小学语文课程的补充作用。这就需要小学语文教师在这些方面必须广泛学习，语文能力则相应的有所提高。其次，小学语文校本课程开发也可以提高小学语文教师的学科教学能力。通过参与校本课程开发，教师在认真领会小学语文课程新理念的基础上，使国家课程与校本课程互相补充，合理处理教材，形成和谐全面的小学语文育人媒介。合理地处理教材本身就需要深入钻研教材，深入挖掘教材是良好教学设计的基本前提。可以这样说，对一个小学语文教师来说，成功的教学主要取决于教师对学生的了解和对教材的钻研。小学语文校本课程开发强调学生本位，教师也必须以此为出发点来处理教材。因此，小学语文校本课程开发有利于教师取得良好的教学效果，提高学科教学能力。再次，小学语文校本课程开发能促进小学语文教师研究能力的发展。校本课程开发本身就需要教师参与科研，而且要求教师作为一个行动研究者，要从"一个教室或学校中正在发生什么，应采取什么样的行动去改进或改变某种情景或行为"这样的问题出发，不断追问，不断反思。通过对相关课程理论的学习和对学校、学生的研究，再加上每个教师都有自己的开发任务，就会使教师逐渐培养起问题意识，从实践中发现课程问题，然后想办法开发出有用的课程，使教学实践更为有效。所以，小学语文校本课程的开发过程本身就是小学语文教师参与行动研究的过程，即教师作为一个行动研究者。最后，小学语文校本课程的开发更有利于教师反思能力的提高。

第十章 小学语文教学评价

第一节 语文教学评价概述

一、语文教学评价的功能

1.导向

教学工作的指向和侧重点常常与教学评价标准的指向和侧重点相关。义务教育语文课程标准中，要重视情感、态度与价值观的评价；评价的目的不仅是为了考查学生达到学习目标的程度，更是为了检查和改进学生的语文学习和教师的教学。这就必将促使语文教师关注教学活动对学生全面发展的影响，促使师生围绕课程教学评价的指标开展教与学活动，积极主动地探寻有效的教与学的策略。实践证明，适时而客观的评价可使师生明确需要努力的方向，对语文教学的改革起着积极的导向作用。

2.反馈

教学评价是检查教学工作的重要手段。教学与评价是语文教学活动中联系紧密、相互促进的两个方面。在评价活动中，根据评价标准和收集到的事实信息资料，对评价对象（师生）的活动价值做出科学的判断，衡量其水平状态和达到目标的程度，为师生的教与学提供丰富而较为准确的反馈信息。理解和利用教学评价的反馈功能，可以减少评价给师生带来的焦虑感，促进师生反思自己的教学思想和行为，进而调整教与学的策略，使语文教学过程实现自我调节和良性循环，不断提高教学效率。

3.评定

语文教学评价最重要的功能在于它能对学生的语文学习、对教师的语文教学工作进行评定，因此校内组织的期中、期末考试和校外组织的水平考试具有评定功能，而对学生的升学（中考、高考）还具有选拔的功能。

4.激励

教学评价是一把双刃剑，它可能给学生学习的力量，也可能使学生丧失学习的信心。虽然教学评价不是为了鉴定、甄别和选拔,评价的终极目标是促进学生的发展。但是教学评价会区分出水平的高低,做出评定等级的结论,这就直接影响着评价对象的形象、利益和荣誉等。因此,加强教学评价能激发评价对象的成就动机,促使评价对象实事求是地看待取得的成绩和存在的问题,有针对性地加以改进,能激励评价对象不断努力,积极进取。

二、语文教学评价的内容

语文教学评价应根据语文课程标准规定的教学目标,抓住关键,突出重点,全面而综合地进行。所以,语文教学评价包括了两个方面的内容:一是判断教学活动是否达到了语文教学的预设目标;二是评定学习效果是否达到了教学目标规定的标准。也就是说评价目标既可以是语文教师在教学活动中的教学行为,比如,教学思想、教学态度、教材研究、教学目标、教学内容、教学环节、教学方法、教学能力等;也可以是学生的学习情况,比如知识与技能掌握、学习过程与方法、情感态度与价值观等。简单说,语文教学评价内容包括以教师为对象的教学评价和以学生为对象的教学评价两个方面。以学生为对象的语文评价,不仅要评价学生语文基础知识的掌握,听、说、读、写能力的养成,而且还要评价学生语文学习的过程与方法、情感态度和价值观等。

三、语文教学评价的方式

根据语文教学评价的原则和内容,语文教学评价相应地有如下几种方式。

1.定性评价为主,结合定量评价

定性评价是通过自然的观察、调查,力图全面充分地描述和揭示评价对象的特质,从而揭示其中意义,增进对评价对象的理解的一种评价方式。对教师的教学评价是一种质量分析,应该有一种质量标准,利用这个标准作为一般的尺度去衡量、分析,才能做出科学的、恰当的价值判断。教师的成长过程和教学的过程都是动态的,评价对象毕竟是有灵性、有可塑性的人,不能像一般产品那样可以只作量化评价。同时也因学科、教学内容的不同难以用同一标准进行质量评价。因此,语文教学评价要以定性评价为主,做好定量与定性相结合的分析。

课堂教学可体现出语文教师贯穿在整个教学过程中的师生观、教学观、知识素养和能力素养,因而考查课堂教学便成为教学评价的主要内容项目,也就是听课评课。评价语文课堂教学的标准由如下几个方面来确定:

(1)评教学目标

①能把"知识与技能、过程与方法、情感态度与价值观"有机地结合起来;②教学目标全面、具体、适宜,符合课程标准理念、学生实际、教师的素质和现有的教学条件;③能突出教学目标指向、标准和激励作用,重点、难点把握得当。

（2）评教学内容

①教学内容准确、科学，能根据教学规律、教学目标、学生的知识基础和年龄特点，对教材进行合理的调整、补充等教学艺术加工；②准确把握重点，突破难点，抓住关键。

（3）评教学过程

①教学思路清晰，结构严谨，过渡自然，教学密度合理；②面向全体学生，公平、公正地对待每一位学生的发展，因材施教；③课堂容量适中，传授知识的量和技能训练的度比较适宜；④能创造轻松、有趣的课堂学习气氛，引导学生主动参与学习，训练自主学习意识，培养主动获取知识的能力；⑤坚持知识与能力、过程与方法、情感态度与价值观三维目标的实现，学习结果与学习过程并重，更注重学习过程的体验，激发学生的成就感。

（4）评教学效果

①课堂气氛融洽和谐，学生能保持浓厚的学习兴趣和良好的交往状态，主动参与学习的全过程，有良好的学习自信心；②教师能收集和利用多种信息资源评价学生学习，参与并指导学生评价自己的学习，进而用评价结果指导教学；③学生的语文能力在原有基础上都有进步，在"知识、能力、方法、情感、态度、价值观"等方面达到了教学目标的要求。

（5）评教师基本素质

①教学态度端正、严谨，能透彻研究教材和学生，课前准备充分，教案熟悉，演示熟练，时间把握适宜，能灵活处理课堂突发事件，关爱学生；②能把握科学的教学理念，坚持面向全体学生和学生的全面发展，注重学生学习方式的转变；③能根据教材、学生和教师的实际合理选择教学方法，教学方法灵活多样，能激发学生的学习兴趣，努力提高教学的实际效果；④教学语言简洁流畅，生动、形象，有激情，贴近学生，体态语言能辅助有声语言，增强教学效果；⑤板书工整、美观，言简意赅，层次清楚；教态亲切、自然、端庄、大方；有较强的课堂应变调控能力，保证课堂教学持续、有效地进行；⑥教学设计符合教学内容实际和学生的实际，层次清晰，有独创性，运用效果较好；⑦有进行教学反思的意识，能做好教后的反思记录（写教学后记或教学叙事），能分析出得失的原因，反思效果好。

以上是全面评价教师语文课堂教学的标准。进行定性定量评价时的结果表述应给人一个总体印象，即综合课堂教学的各方面因素，依照评价标准，分优秀、良好、一般、差四个等级予以判断。此外，还应进行评定陈述，用描述性语言将总体印象具体化。为便于实践操作，使教学评价常态化，可将定性定量评价的表述制作成表格。

2.形成性评价为主，结合终结性评价

教学评价本质上是对教师专业发展的一种引领与促进。评价标准和评价项目本身就为教师提供了一个教学设计的基本框架，但这个框架同时又带有明晰的动态性与灵活性的特点，在不同内容、学生和环境下把握好可变中的不变性，是教师教学水平、功力的最本质体现，而这又非每年做一两次教学评价的结论所能真实反映出来的。因此，教学评价也应以形成性评价为主，它是教学中的评价，再结合终结性评价，使前一个阶段评价的结果，成为后一个阶段评价的新起点，使教学评价具有可持续性和发展性。

语文教学的形成性评价要重视评价资料的获取与收集。

首先，要建立保存教师教学档案资料的制度，积累教师日常教学工作的材料作为可供评价的素材。这些教学档案资料包括教师制订的教学计划、教案、课件、所布置及批改的作业、教学反思记录、听课和评课记录、学生评教记录、教师继续教育记录、教研活动记录、撰写的论文、所获的荣誉及奖励等。这些材料是教师教学工作全方位的"实录"，是教师教学思想和教学能力的真实反映，是教学评价的有力支持材料。

其次，要建立听课、评课制度（包括学校管理人员和有经验的语文教师作为评价者的听课）。这是课堂教学评价的一种组织形式。评价的过程包括课前评价、课堂评价和课后评价三个部分。

课前评价的目的是与评价对象进行有效交流。它要求评价对象回答五个问题：①这节课您准备教什么？您准备如何将学年目标与单元目标整合进您的课堂里？②这节课结束后，您期待您的学生学到什么？③您和您的学生将会开展什么活动？④您怎样知道您的课会获得成功？⑤您是否希望我观察您这节课的某些方面？

课堂评价就是听课人员对评价对象进行课堂观察，并按照课堂教学评价标准中的各项指标逐一回答待评价的问题，对各项指标分别予以赋值，填写教学评价表，给出总体印象，进行评价综述。

课后评价就是在课堂评价结束后进行课后分析与反思。评价者要根据自己的观察做出评价对象是否达到评价标准要求的判断。具体内容是对照评价标准中的各项指标，分析评价对象在哪些具体指标上达到或没有达到要求。还要与课前的交流结合起来，针对下列问题做出自己的判断：这节课是如何展开的？怎样能够证明这节课达到了哪些标准？这节课的哪些部分是有效的（教学策略、教学材料、教学活动等）？有哪些建议或评论？

最后，要建立定期座谈制度。成立教学评价小组，组织评价者、评价对象、语文课代表、班干部或学生家长一起，就语文教学问题通过定期座谈、互相交流，及时反馈的方式进行教学评价。

形成性评价与终结性评价有机结合这种评价方式增加了教学评价的透明度，有利于评价对象对自己教学行为的诊断和反思，有利于评价者全面地了解评价对象的教学实际，有利于以动态的、发展的眼光进行评价，避免了以一节课论成败的现象。

3.自我评价为主，结合相互评价

教学评价应以指导教学为手段，达到促进教师快速成长的目的。任何形式的教学评价，最终还得经过评价对象本人的反思、内化才能起作用。这就要求评价主体积极参与，实施以自我评价为主，学校领导、教师、学生和家长共同参与的多元评价方式。首先自我评价是评价对象根据教学评价标准，反思自己的教学行为和教学效果，做出价值判断；它是根据评价者对自己的教学评价进行再反思，从而对自己的教学进行修正，优化自己的语文教学，提高自己的教学能力。自我评价可以增强教师的自尊心和自信心，同时可以使教师发现自身的长处与不足，使评价过程成为自我激励与提高的过程。相互评价首先是同行评价。语文教研组内教师之间交往较多，对彼此的工作态度、工作热情、教学思想、教学水平和能力了解比较全面，评价的结果会比较客观、可靠。其次是学生评教。新课程倡导"以学论教"，学生是教师教学活动的直接受益者，是教学过程的主体，他们对教学目标的达成、教学方式的选择、教学能力的高低等方面观察和体验更直接更细致，而且学生参与评教有利于师生沟通，有助于提高教学水平。最后是学校评价小组的评价。评价小组注重的是帮助教师成长，不但对教师的教学提出自己的看法，而且要结合听取评价对象本人、其他教师及学生的意见，对评价对象做出全面、客观、准确的评价。这种多元评价方式的赋值权重可分配为：自我评价与教师互评占30%；学生评价（结合家长评价）占30%；学校评价小组评价占40%。综合评价结果可以分优秀、良好、一般和较差四个等级来表述。

上述三种评价方式，都为评价者与评价对象提供了很好的交流机会，使得评价变成了民主协商、主体参与的过程，评价更准确有效，更具有科学性。这种评价能及时反馈信息，做到以诊断问题为基点，以指导教学为手段，以激励教师为目标，使评价对象感到振奋和受益，不断提升其教学水平。

第二节 小学语文课堂教学评价

一、语文课程的教学目标评价

（一）知识和能力的评价

1.对语文知识的评价

知识和能力是语文学习的基础，学生语文素养的提高离不开语文知识的积累和语文能力的提高。

语文知识包括字、词、句、篇、语、修、逻、文的基础知识和文学知识等。

2.对语文能力的评价

语文能力：

（1）听、说、读、写这些语文的基本能力。

（2）语文的"发展能力"，即认识能力、思维能力、自学能力、想象力和创造潜能等。

知识和能力的评价应根据《语文课程标准》对不同学段的要求制定不同学段的评价标准，评价中应着重关注：识字写字知识评价、读写知识评价、文学知识评价、听说读写基本能力的评价、语文发展能力的评价。

（二）过程和方法的评价

过程与方法是语文学习的重点，关系到学生的终身学习。

过程与方法的评价应根据《语文课程标准》对不同学段的要求制定不同学段的评价标准，评价中应着重关注：听说读写的过程与方法、观察和积累的过程与方法、思维想象的过程与方法、自学的过程与方法、语文学习习惯和方法的养成。

（三）情感态度和价值观的评价

情感态度和价值观是语文学习的动力，培养学生高尚的道德情操和健康的审美情趣，形成正确的价值观和积极的人生态度，是语文课程的重要内容。情感态度和价值观是在以语言文字为载体的各种材料的积累中，在听说读写的言语实践中逐渐培养形成的。因此学习语文课程，还有一个在语言积累的过程中发展语感、提高文化品位和审美情趣的问题。

评价情感态度和价值观应着重关注：语文学习的兴趣、语文学习的态度和习惯、语文学习的交往与合作、语文学习过程中的价值取向、参与语文实践的情况等。

评价的难点在第二和第三维度。

改革的思路是：

第一和第二维度可以定量评价。

第三维度评价用定性评价。

二、语文课程的教学内容评价

语文课程的评价内容应"突出语文课程评价的整体性和综合性，要从知识与能力、过程与方法、情感态度与价值观几个方面进行评价，以全面考查学生的语文素养"。评价时应注意各学段的层次性。

（一）汉语拼音

1.结果性评价：具体考查学生借助汉语拼音认读汉字、学习普通话的能力，能运用音序法查字典。

2.过程性评价：考查学生能读准声母、韵母、声调和整体认读音节。能准确地拼读音节，正确书写声母、韵母和音节。认识大写字母，熟记《汉语拼音字母表》。

（二）识字与写字

1.结果性评价：考查识字量、书写的质量（正确、端正、整洁），对要求掌握的汉字的意思理解。掌握汉字的基本笔画和常用的偏旁部首；能按笔顺规则用硬笔书写楷书，行款整齐，有一定的速度，能用毛笔书写楷书。

2.过程性评价:关注学生日常识字的兴趣,关注学生写字的姿势与习惯,初步感受汉字的形体美,重视书写积极性。

(三)阅读

阅读评价综合考查阅读过程(感受、体验、理解与价值取向),阅读兴趣与习惯(选择材料、阅读量)和阅读方法(精读、略读、浏览)的运用。

加强感情朗读,鼓励在诵读中增加积累、发展语感、加深领悟。提倡多角度、有创意阅读,尊重独特体验。

语言文字知识不求系统,但求实用,语法、修辞知识不做考试内容。阅读评价要点:

《语文课程标准》指出"阅读评价要综合考查学生在阅读中的感受、体验、理解和价值取向。考察其阅读的兴趣、方法与习惯以及阅读材料的筛选和阅读量。重视对学生多角度、有创意的评价"。

(1)朗读、默读的评价。朗读是阅读教学评价的重点。评价学生的朗读,可从语音语调和感情等方面进行综合考察,还应注意考察区分不同文体,并考察其对内容的理解。评价默读,应根据各学段目标,从学生默读的方法、速度、效果和习惯等方面进行综合考察。

(2)精读的评价。精读的评价应重点评价学生对读物的综合理解能力,要重视评价学生的情感体验和创造性理解,根据各学段的目标,具体考察学生在词句理解、文意把握、要点概括、内容探究、作品感受等方面的表现。

(3)略读和浏览的评价。略读与浏览不同于精读的深入钻研,而只求通览全篇、概览大意、吸取其精华、获得其旨趣。因此评价学生的略读和浏览能力,不能从语言的品位、思路的展开到主旨的把握、写作的探究全面加以考核,而应把重点放在阅读方法和由此获得的信息量上。评价略读,重在考察能否把握阅读材料的大意,评价浏览能力,重在考察能否从阅读材料中捕捉重要信息。

(4)阅读理解能力的评价。理解是阅读过程的中心环节,它要求综合读物所有的字词、句段、篇章,获得对读物的一种整体性的理解,并获得自己独特的主观感受。文学作品阅读的评价,着重考察学生对形象的感受和情感的体验,对学生独特的感受和体验应加以鼓励。古诗文阅读的评价,重点不在于考查学生对词法、句法等文言知识的掌握程度,而在于考察学生记诵积累的过程,考察他们能否凭借注释和工具书理解诗文大意,并通过他们记诵积累的情况,考查其在发展语感方面的努力程度。

(5)背诵的评价。背诵一定量的名篇佳作,是积累语言材料的必要途径,也是培养语感的一种重要方法。对学生背诵的评价,重在理解的基础上的记诵积累,反对生吞活剥的死记硬背。要保护和扶植学生背诵名篇佳作的积极性,反对把背诵当成是惩罚学生的手段。

(四)习作

1.结果性评价

(1)在写话中乐于运用阅读和生活中学到的词语。

（2）能写简单的纪实作文和想象作文，内容具体，感情真实。能根据习作内容表达的需要，分段表述。

（3）学写读书笔记和常见应用文。

（4）能根据表达需要，使用常用的标点符号。

（5）修改自己的习作，并主动与他人交换修改，做到语句通顺，行款正确，书写规范、整洁。

（6）40分钟能按要求完成规定字数的习作。

2.过程性评价

（1）重视考查学生写作兴趣（如编书、办报）和良好的习惯，是否表达了真情实感。

（2）重视考查学生搜集素材的方法。

（3）考查学生修改作文的态度、方法和习惯，引导学生通过自改和互改提高写作水平。

（五）口语交际

1.结果性评价

（1）听别人的话，能理解并复述大意。

（2）对感兴趣的话题发表意见。

2.过程性评价

重点考查学生参与交流的情感和态度，在真实的交际情景中考查学生。

（1）是否养成讲普通话的习惯。

（2）能认真听别人讲话，努力了解讲话的主要内容。

（3）与别人交谈，态度自然大方，有礼貌。

（六）综合性学习

1.结果性评价

见课标各学段要求。

2.过程性评价

着重考查学生探究精神和创新意识。

（1）在活动中的合作态度和参与程度。

（2）能否在活动中主动地发现问题和探索问题。

（3）能否积极地为解决问题去搜集信息和整理资料。

（4）能否根据已有的课内外材料，形成自己的假设或观点。

（5）语文知识和能力综合运用的表现。

（6）学习成果的展示和交流。

第三节 小学学生语文学习评价

一、语文学习评价的内容

语文学习评价应以语文素质教育为依据，以《语文课程标准》的课程目标为基准。它规定了评价的范围、内容和各项具体要求，综合反映了对语文教学的整体要求，即对语文学习"评价什么"做出了明确的规定。这里仅从知识和技能、过程和方法、情感态度和价值观三个维度来阐述学生语文学习评价的内容。

1.知识和能力的评价

知识和能力的关系是手段与目的的关系，知识是手段，能力是目的，两者都是语文学习的基础。学生学习语文课程，与"知识和技能"相关的，有一个语文知识积累，以及在积累的过程中发展感悟、提高文化品位和审美情趣的问题。因此，《语文课程标准》设置了三个尺度：一是广度，就是看学生在多大的范围内接触了语文作品（《全日制义务教育语文课程标准》中要求学生"九年课外阅读总量应在400万字以上"）；二是品位，就是从学生对语文作品的选择来看他们的价值取向和阅读趣味；三是深度，看学生在多大程度上内化了这些语文作品，使它们成为自己的价值追求和人格内化的重要因素。在知识和能力的评价上，一要评知识的"量"，语文知识是形成语文能力的必不可少的要素，语文能力的培养离不开语文知识的积累；二要评知识的"质"，语文知识包括语言知识、文章知识和文学知识，学生通过对这些知识的学习，促进语文能力的提高、个性的发展和价值观的形成；三要评语文能力的"用"，学生运用语文的能力包括识字与写字能力、阅读能力、写作能力和口语交际能力，除对这些能力做单项评价外，还要在语文综合性学习的评价中评价这些能力；四要评语文能力的"创"，除了上述的会读、会写、会口语交际的一般能力外，学生还应有发展能力，能够独立分析评价生活，独立思考并提出问题，学会讨论并分析问题，敢于创新并解决问题。

2.过程和方法的评价

过程和方法是语文教学的重点。语文学习是一个过程，是语言的活动和交往、语言的运用和实践的过程。语文学习离开了过程，就难以使语文知识内化为语文能力，难以养成良好的语文行为习惯。对过程和方法的评价，实质上是对学生能否学会学习的衡量。因此，对学生语文学习的过程和方法的评价，一要评文献检索的能力，熟练运用工具书和各种途径索引资料；二要评科学思维的方法，主动参与学习，质疑讨论，发表见解；三要评语文学习的操作，学会预习、复习，能正确、流利、有感情地朗读，学会默读，边读边想边批注；四要评语文学习习惯的养成，学会摘录、剪贴和笔记，善于观察和想象生活，勤于练笔。

3.情感态度和价值观的评价

情感态度和价值观是语文课程人文性的突出体现，是语文学习的动力机制，又是语文课程内容蕴含的教育因素。学生的情感态度和价值观是在语文学习的过程中养成的。学生在语文学习过程中，总要借助一定的方法，伴随一定的情感态度，具有一定的价值取向，这是一种客观存在。因此，对学生情感态度和价值观的评价，一要评对语文学习的兴趣，要热爱语文，热爱生活，培养语感；二要评对语文学习的习惯，要关心科学、人文，关心文化；三要评对语文学习的方法，要参与社会实践，学会交流，认识自我，珍爱人生；四要评对语文学习的交往，要学会合作，共同探究，共享成果。

二、语文学习评价的方法

方式是方法的基础，同一种方式，其具体的评价方法又是多种多样的。定量评价常用测验法、统计分析法，定性评价有观察法、评语法、档案袋法等形式，还有综合运用了质性评价方式和量化评价方式的学生成长手册等。从语文课程的评价对象来看，又可以分为评价学生的方法（如考试法、评语法等）、评价语文教师的方法（如听课法、调查法等）、评价学校的语文教学工作的方法（如访谈法、问卷法等）。下面重点介绍几种常用的语文课程评价的方法：

（一）考试法

考试法是对被评价者的语文成效所进行的数量化评价，一般用于评价学生。由教师预先出好试卷，学生用笔答或口答的方式解答试卷上的试题，考试成绩用分数体现。考试按不同的标准、从不同的角度可分为口试和笔试、开卷和闭卷、客观考试和论文（作文）考试、单项考试和综合考试、常模参照考试和标准参照考试等。

从国内外中小学成绩测验中可以看到，学业成绩的考核和评定对调动学生学习的积极性有一定作用，正确地运用和对待考试，有利于学生培养自我检查、自我评价的能力。但是，由于片面强化考试的甄别和选拔功能，我国的语文课程长期没有根本性的变革，改革语文考试已成为语文课程评价改革的当务之急。改革语文考试的评价思路如下：

1.树立先进的考试观

说到考试，曾有不少人误认为评价就是考试。其实评价和考试是两个既有联系又有区别的概念。考试作为一种测量的结果，是评价的一种重要依据和重要组成部分。前者是后者的手段；前者是局部，后者是整体，把考试作为评价学生语文学习成效的唯一手段是片面的。语文课程评价不仅是为了考查学生达到学习目标的程度，更是为了促进学生的发展。因此，必须改变以分数为中心、以考试为目的的现实状况，让考试真正成为推进语文课程发展的有效手段。在语文考试结果处理上，不得公布学生考试成绩并按考试成绩排队，而是要求做出具体的分析指导，为学生提供建设性的改进意见。

2.明确语文考试命题的原则

语文考试命题要符合语文学科特点，遵循语文学习的规律，突出语文考试的个性。其基本原则是：

（1）依标据本的原则。即以语文课程目标和语文教材为依据。

（2）以能力为中心的原则。知识与技能相结合，而又以能力为主，语法、修辞知识不作为考试内容。

（3）难易适度的原则。针对不同目的的考试应确定不同的难易比例和难易程度。

3.改革语文考试的内容

语文考试的内容逐渐注意到了加强社会实际和学生生活经验的联系，重视考查分析问题和解决问题的能力。在阅读和写作方面，更是加大了改革的力度，努力拓展试题的维度，摒弃强调答案唯一性的要求，给学生较大的自由作答和个性思维的空间。例如，让学生自读一篇短文后，让他说说自己最喜欢或最不喜欢的地方（或词或句或段或人物或事件），并说出一定的理由；或者就短文的事件或人物发表自己的意见。在作文方面，注意设计一些贴近学生的生活、便于发挥他们的想象力的题目。例如"假如世界上没有了电，请你想象一下世界会发生什么变化"。

4.考试的形式多样化

笔试和口试相结合，闭卷、开卷、半开卷形式相结合逐渐成为考试评价的趋势，甚至还可以让学生自主命题、自选考试的方式、允许多次考试等。如：广州市越秀区小学语文考试试行了开卷和闭卷的形式，开卷部分注意给学生多次的机会，允许学生重做自认为完成得不理想的题目，特别是朗读、说话的题目，可以做到满意为止才给予评价。

（二）考查法

考查法是通过口试、笔试、调查和日常观察等方式，对被评价者参与语文课程实施的情况进行评价的方法。考查通常也含有考试的性质，但在成绩的评定上以轻度定量的等级制为主，多用于难以定量评分的检测内容，如观察能力、思维能力和非智力因素之类。考查既可以用于对学校的语文教学工作的考查，也可以用于对语文教师的考查，更多地用于对学生的考查。以对学生的考查为例，考查通常分为两种：

1.日常性考查

日常考查主要是对学生平时语文学习的情况进行的考查。课堂提问与课堂观察是常用的日常考查的方式。它便于语文教师直接了解学生的语文学习情况，也便于教师根据需要，有针对性地进行启发或提问，督促学生巩固所学知识，树立正确的语文学习态度和方法。检查作业也是日常考查常用的方式，它可以使教师确切了解学生掌握语文知识、技能的情况，并能就较广泛的问题对全班每个学生进行考查。

2.总结性考查

总结性考查通常在单元、学年、学期终结时进行，主要考查学生实现课程目标的程度。

总结性考查有口试和笔试两种。口试就是要求学生口头回答问题，如考查学生的朗读能力、背诵能力、口语交际能力等。笔试就是要求学生按试题的要求书面回答问题，通常采用开卷的形式，考查学生运用语文的能力，题型灵活，测试范围广，能较好地反映学生语文学习的真实情况。

考查要及时评价，并进行分析，注意将日常考查和总结性考查结合起来，以全面、及时地反映学生的语文学习情况。

(三)评语法

评语法指运用口头语言或书面文字，对被评价者参与语文课程实施的表现做出价值判断，并得出相应的评价结论的方法。评语法是我国传统的评价方法，多用于评价学生。评价学生常用的评语有两种。

1.语文课堂教学中的即时口头评语

语文课堂教学中的即时口头评语是语文课程评价中最直接、最快捷、对学生影响最大的一种过程性评价方法。它具有即时性、针对性的特点，重视不同学生的差异性，能培养学生良好的语文学习习惯，形成正确的情感、态度与价值观，也有利于从单一化的评价主体向多元化的评价主体转化，将自评、互评、师评有效结合起来。如在学生朗读之后，教师可以让学生谈谈："他读得怎么样？""如果你来读，你会怎样读？"教师还可以在多元评价的基础上进行再评价，注意使用一些激励性的评语。如："你读得这么动情，老师都听得入迷了。""这次读得好多了。"

2.作业、作文中的书面评语

书面评语过去多用于作文评语中，其实在平时的作业中也可以适当运用。还可以使用一些师生合作的有效评语，如："作业中有两个错别字，请找出来并改正，相信你一定行","这次作业有进步，谈谈你的想法"等。

书面评语的要求：

一是准确性。准确、恰当，符合学生的实际，有较强的针对性，通过评语能给学生以具体的方向性指导。

二是规范化。行文规范，用词恰当，字体工整，无错别字，无病句，给学生以行文的榜样。最好能用儿童化、散文般的语言，使学生感到亲切而温暖。

三是期望性。《语文课程标准》指出"应以鼓励、表扬等积极的评价为主，采用激励性的评语，尽量从正面加以引导"。教师的评语应充满期待与关心，让学生能通过教师鼓励性的话语找到自信，获得前进的动力和勇气。只有这样，评语才具有可接受性，才能引起学生的积极反应。

结　语

　　长久以来，语文教学在应试教育和传统教育观念的影响下一直走着以教师和课本为中心、按照大纲所列知识点进行刻板教学的老路，教师在课堂上扮演的不是一个引导者而是知识的罗列者。"满堂灌"的课程模式普遍存在，从词句分析到段落总结，从中心思想到写作特点，语文教学丧失了最初的性质和作用；教师抱着教案上课，思路跟随各种资料辅导而走，学生的成绩提高了，但学生的实践能力和自我发展却未得到提高，使原来实践性、开放性很强的语文教学失去了应有的作用。要实现真正意义上的高标准素质教育，必须在课程改革的理论背景下，从改革课程体系入手，运用科学课堂实践理论，把原来单一的课程进行压缩分解，增设读写课、赏析课、综合课，为学生营造积极健康的学习环境，让他们成为课堂的主人公，在语文世界里发挥创造性思维的翅膀，在实践中积极主动探索语文世界的奥秘，不断增强自己的领悟能力和理解能力。

　　新课程为教学提出了许多全新的教育理念。面对新的课程标准，我们在兴奋之余，不能不重新审视和思考我们的小学语文教学。同时新课程也为教师提供了崭新的平台，给教师提供了自由伸展的空间。让语文课堂教学面貌发生了根本性的变化，语文课堂充满了生机，焕发出活力，涌现出一大批新课例和一些好做法，令人欣喜，叫人振奋。

　　总而言之，小学语文教师应当以身作则，充分理解掌握新课程的目标和理念，在此基础上积极实践，结合自身条件创造性地开展高效的多样化的小学语文教学研究，不断实现新时期教育课程改革模式的大胆创新，不断更新自己的教学理念和教学方法，不断培养学生勇于探索的精神，让学生在主动学习中体会学习之乐趣，习得学习之本领。

参考文献

［1］曹志新.浅谈小学语文阅读教学的实践与创新［J］.学周刊,2021(10):71-72.

［2］王玲.新课程背景下小学语文教学中渗透德育的策略［J］.学周刊,2021(10):131-132.

［3］胡红霞.新课程背景下小学语文写作教学中存在的问题与改进策略［J］.学周刊,2021（10）:141-142.

［4］袁小春.新课程下小学语文阅读教学方式探究［J］读写算,2021(5):13-14.

［5］赵军,孙健.小学语文新课程多媒体教学相机融入模式浅探［J］.中小学电教（教学）,2021(2):71-72.

［6］王黎黎.探究新课程理念下小学语文的教学策略［J］.天津教育,2021(5):99-100.

［7］熊艳瑾.探究提高小学语文课堂教学效率的方法[J].天天爱科学（教育前沿）,2021(3):191-192.

［8］朱凤玲.新课程背景下的小学语文阅读教学策略［J］.天津教育,2021(4):95-96.

［9］张丽.新课程下的小学语文作文教学仿写训练［J］.小学生作文辅导（语文园地）,2021（1）:59.

［10］王海珠.新课改背景下小学语文古诗词教学策略研究［J］.新课程,2021(3):72-73.

［11］吴玲玲.对新课程改革后小学语文低年级阅读课堂教学的思考［A］.福建省商贸协会.华南教育信息化研究经验交流会2021论文汇编（二）［C］.福建省商贸协会:福建省商贸协会,2021:3.

［12］冯禄荣.新课程背景下小学语文教学中的情感教育［A］.福建省商贸协会.华南教育信息化研究经验交流会2021论文汇编（二）［C］.福建省商贸协会:福建省商贸协会,2021:2.

［13］张守林.小学语文拼音教学潜在问题与策略研究［A］.福建省商贸协会.华南教育信息化研究经验交流会2021论文汇编（三）［C］.福建省商贸协会:福建省商贸协会,2021:4.

［14］张学萍.新课程改革背景下小学语文个性化阅读教学研究［J］.求知导刊,2021(2):22-23.

［15］王春兰.新课程改革下信息技术在小学语文课堂教学中的应用探讨［J］.新课程,2021（1）:14-15.

［16］李琴.新课程背景下小学语文习作教学剖析［J］.新课程,2021(1):112.

［17］李彩琴.新课程改革下提高小学语文阅读教学的对策研究［J］.学周刊,2021(4):83-84.

［18］杜欢.浅议小学语文教学中合作学习的教学效果［J］试题与研究,2020(36):86-87.

［19］于雪梅.浅析提高小学语文教学效率的措施［J］.天天爱科学（教学研究）,2021(1):133-134.

［20］万晓丽.新课程下小学语文综合实践教学分析［J］.家庭生活指南,2020(12):126-127.

［21］陈银霞.论新课程理念下的小学语文文言文教学［A］.广东教育学会.广东教育学会2019-2020年度学术成果集［C］.广东教育学会:广东教育学会,2020:8.

［22］丁晨.新课程实施中小学语文教学的问题及解决策略［J］.新课程,2020(48):140.

［23］钟国富.新课程改革背景下小学高年级语文作文教学的有效策略探究［J］.新课程,2020(48):75.

［24］汪爱全.新课程标准背景下小学语文如何做好情感教学研究［J］.新课程,2020(48):76.

［25］刘主科.提高小学语文教学质量的有效方法［J］.天津教育,2020(34):148-149.

［26］费晨艳.探讨合作学习在小学语文教学中的应用价值［J］.考试周刊,2020(95):27-28.

［27］杨翠蓉.新课程理念下小学语文阅读教学方式探究［J］.天津教育,2020(33):110-111.

［28］王嫚.探究小学语文情境化课堂中的识字教学方法［J］.天天爱科学（教学研究）,2020(12):119.

［29］仇全涛.关于小学语文教学的几点心得体会［A］.中国市场学会.中国市场学会2020年全国代表大会会议论文集（卷三）［C］.中国市场学会:中国市场学会食药同源发展工作委员会,2020:2.

［30］吴建山.在小学语文教学中培养学生的自主学习能力［J］.散文百家（新语文活页）,2020(11):116.

［31］苏江.浅谈语文本色回归教学对小学生人文素养的培养［J］.智力,2020(32):49-50.

［32］文嘉颖.新课程理念下的小学语文教学策略探究［A］.教育部基础教育课程改革研究中心.2020年"基于核心素养的课堂教学改革"研讨会论文集［C］.教育部基础教育课程改革研究中心:教育部基础教育课程改革研究中心,2020:2.

［33］李华泉.新课程标准下小学语文阅读教学模式探究［A］.教育部基础教育课程改革研究中心.2020年"基于核心素养的课堂教学改革"研讨会论文集［C］.教育部基础教育课程改革研究中心:教育部基础教育课程改革研究中心,2020:3.

［34］徐茹.小学语文教学读写结合策略探究［J］.试题与研究,2020(31):86-87.

［35］熊翌辰.新课程理念指导下的小学语文创新思维培育［J］.科学咨询（教育科研）,2020(11):159.

［36］刘坤.新课程理念指导下的小学语文创新思维教育模式探讨［J］.科学咨询（教育科研）,2020(11):132.

［37］张春玲.新课改下小学语文阅读教学创新探讨［J］.小学生（中旬刊）,2020(12):91.

［38］虞敏.核心素养下的小学语文高效课堂的构建［J］.考试与评价,2020(11):67.

［39］田玉臻.读写结合在小学语文教学中的应用策略研究［J］.求知导刊,2020(44):48-49.

［40］宋茜.信息化教学与小学语文课程相融合的教学策略［J］.新课程教学（电子版），2020(20)：118-119.

［41］杨艳红.新课程背景下的小学语文课外阅读教学策略［J］.新课程教学（电子版），2020(20)：26-27.

［42］唐占清.浅析新课程背景下小学语文教学现状与生活化语文教学之道［J］.考试周刊，2020(89)：49-50.

［43］嵇康.新课程下小学语文教学中的知识可视化策略［J］.小学生（下旬刊），2020(11)：34.

［44］陶文凤.新课程下小学语文教师专业素养的发展方向探寻［A］.教育部基础教育课程改革研究中心.2020年基础教育发展研究高峰论坛论文集［C］.教育部基础教育课程改革研究中心：教育部基础教育课程改革研究中心，2020：2.

［45］张丽霞.新课程背景下小学语文特色阅读实践［J］.散文百家（新语文活页），2020(10)：142.

［46］汪学娟.新课标下的小学语文教育教学策略研究［J］.散文百家（新语文活页），2020（10）：161.